现代推销技术

（微课版）

蔡春红 余远坤 冯 强 蒋 勇 ◎编著

清华大学出版社
北京

内 容 简 介

本书根据高职高专人才培养目标和企业推销人员岗位需求的标准及要求,以项目为导向、职业能力为核心,将推销工作流程分为 8 个学习情境,25 个任务,详细介绍了推销的各种技术和技巧。本书内容既全面涵盖了现代推销的基本理论,又形成了一个完整的推销工作过程。书中的前七个学习情境均配有导入案例,以及与知识点寓意相关的小案例,内容实用,可读性强;最后一个学习情境安排了综合模拟实训,帮助学生掌握所学的推销技术与方法,提高分析和解决实际问题的能力。

本书可作为高职高专院校市场营销及经济管理类相关专业学生的教材,也可作为高职高专院校工科类专业学生和广大在职营销人员的培训教材。

本书封面贴有清华大学出版社防伪标签,无标签者不得销售。
版权所有,侵权必究。举报:010-62782989,beiqinquan@tup.tsinghua.edu.cn。

图书在版编目(CIP)数据

现代推销技术:微课版 / 蔡春红等编著. —北京:清华大学出版社,2022.5
ISBN 978-7-302-60578-2

Ⅰ. ①现… Ⅱ. ①蔡… Ⅲ. ①推销—高等职业教育—教材 Ⅳ. ①F713.3

中国版本图书馆 CIP 数据核字(2022)第 064254 号

责任编辑:杜春杰
封面设计:刘　超
版式设计:文森时代
责任校对:马军令
责任印制:宋　林

出版发行:清华大学出版社
网　　址:http://www.tup.com.cn,http://www.wqbook.com
地　　址:北京清华大学学研大厦 A 座　　邮　编:100084
社 总 机:010-83470000　　邮　购:010-62786544
投稿与读者服务:010-62776969,c-service@tup.tsinghua.edu.cn
质量反馈:010-62772015,zhiliang@tup.tsinghua.edu.cn
印 装 者:三河市龙大印装有限公司
经　　销:全国新华书店
开　　本:185mm×260mm　　印　张:15.5　　字　数:363 千字
版　　次:2022 年 6 月第 1 版　　印　次:2022 年 6 月第 1 次印刷
定　　价:59.00 元

产品编号:093402-01

前 言

为什么有人 11 年内卖出 1 万多辆汽车？为什么有人能连续 23 年平均每天销售两架飞机？为什么有人收获业绩的同时还能赢得客户的尊重？要回答这些问题，我们就需要深刻理解这些优秀推销员的推销技术，从而学习先进的推销理念，掌握灵活多变的推销实战技术。推销既是企业发展的助推器，也是个人走向成功的法宝。拥有良好的销售思维、认知，不仅可以全面提升推销人员的推销能力和推销业绩，也能提升日常沟通能力，以及与他人建立关系的能力。

本书是根据教育部高职高专教材的总体编写要求，针对高职高专教育的特点，并结合时代发展对推销技术的要求而编写的一本适合高职高专教学需要、反映科技发展和时代特征的教材，是广东省高职院校高水平专业群建设项目——电子商务专业群（立项编号：GSPZYQ2020127）阶段成果。与《推销技巧与实战（第 2 版）》相比，本书以学生为主体，更注重对学生学习能力和实践能力的培养，在教材的形式和内容组织方面也做了一些调整，在原有知识目标、技能目标的基础上补充了素质目标，更新了业务技能自测、实训题、案例及相关小知识，因而具有更强的针对性、操作性和实用性。

本书在具体的编写过程中，遵循实用和便于学生掌握的原则，突出以下特色。

（1）按推销工作的基本流程，系统介绍了推销各个环节的推销技术，注重原理与案例相结合，理论与实践相结合，强调实用性，更加强调对推销人员职业素养的培养与提高。

（2）针对每一章节教学内容，补充增加 57 个知识点的微课，使学生学习更加便捷。

（3）前七个学习情境都配有教学导入案例，以及与知识点寓意相关的小案例，既适合学生仿真实践操作，也适合企业为广大销售人员进行培训，充分体现了高职高专教育教学改革的新成果。

（4）书中穿插了各种实用案例、小知识、趣味故事等，内容通俗易懂，突出实用性。理论问题的阐述大多围绕实例展开，有理有据，趣味性强。

（5）每个学习情境结束都配有技能自测题，可进一步检测学习者的学习质量，也便于老师对学生的测试。

本书由广东职业技术学院蔡春红、广东理工职业学院余远坤、广东职业技术学院冯强、广州番禺职业技术学院蒋勇编著，其他参编人员有：佛山恒洁卫浴集团黄涌，联邦家私集团方培韩及广东职业技术学院傅小龙，全书由蔡春红总纂定稿。在编写过程中，本书参考了大量的文献资料，在此感谢所有参考文献的作者！

由于编者水平有限，书中难免会有缺陷和不足之处，诚恳地希望各位专家和读者提出宝贵意见，以便日后修订，使之更加完善。

编 者
2021 年 11 月于佛山

目 录

学习情境一 感悟推销 1

任务一 感知推销内涵 2
一、推销的概念 2
二、推销的三要素 5
三、推销的特点 6
四、推销的原则 7

任务二 推销人员的职责与素质能力分析 9
一、推销人员的职责 9
二、推销人员的职业素质与职业能力 15
三、推销人员的基本礼仪 22

任务三 推销理论与推销模式分析 30
一、推销方格理论 30
二、推销模式 36

学习情境二 寻找和审查潜在顾客 45

任务一 寻找潜在顾客 46
一、潜在顾客的含义 47
二、潜在顾客与顾客的关系 47
三、潜在顾客的基本条件 47
四、寻找潜在顾客的原则 48
五、潜在顾客的类型 49

任务二 寻找顾客的方法 51
一、寻找顾客的传统方法 52
二、寻找顾客的创新方法 63

任务三 顾客资格审查 67
一、顾客资格审查的作用 68
二、顾客购买需求审查 69
三、顾客购买力审查 70
四、顾客购买决策权审查 71

学习情境三　约见和接近顾客 77

任务一　接近顾客的准备工作 78
一、接近准备 78
二、接近准备的内容 78

任务二　约见顾客 83
一、约见顾客的含义 83
二、约见顾客的内容 84
三、约见顾客的方式和技巧 88

任务三　接近顾客 93
一、接近顾客的含义 94
二、接近顾客的策略 94
三、接近顾客的方法 96

学习情境四　推销洽谈 108

任务一　确定推销洽谈的任务与内容 109
一、推销洽谈的任务 109
二、推销洽谈的内容 112

任务二　建立推销洽谈的原则与进程 113
一、推销洽谈的原则 114
二、推销洽谈的程序 115

任务三　制订推销洽谈的策略、方法与技巧 121
一、推销洽谈的策略 122
二、推销洽谈的方法 126
三、推销洽谈的技巧 132

学习情境五　处理顾客异议 142

任务一　弄清顾客异议的类型与成因 143
一、顾客异议的含义 143
二、顾客异议的类型 144
三、顾客异议的成因 147

任务二　处理顾客异议的原则和方法 150
一、处理顾客异议的原则 151
二、处理顾客异议的方法 155

学习情境六　推销成交与售后服务 165

任务一　把握成交信号 166
一、克服心理障碍 166
二、识别成交信号 167

三、捕捉成交信号 170
任务二　掌握成交的策略和方法 171
　　一、常用的成交策略 171
　　二、促进成交的方法 173
任务三　做好售后管理 182
　　一、成交后的追踪 182
　　二、售后服务 185

学习情境七　推销管理 193

任务一　推销人员的组织管理 194
　　一、推销人员的选拔 194
　　二、推销人员的培训 197
　　三、推销人员的激励 201
　　四、推销人员的绩效评估 204
任务二　确立推销人员的组织与规模 207
　　一、推销人员组织的基本类型 207
　　二、确定推销人员组织规模 210
任务三　客户管理 211
　　一、客户管理的内容 212
　　二、客户管理的原则 214
　　三、客户分析 214
　　四、客户管理的流程 217

学习情境八　综合模拟实训 223

任务一　推销准备 223
　　一、推销岗位准备 223
　　二、职业素养准备 224
　　三、推销礼仪准备 224
任务二　寻找目标顾客 226
　　一、顾客需求调研 226
　　二、顾客资料整理 227
　　三、顾客资格审查 227
任务三　推销约见和接近 228
　　一、顾客约见 228
　　二、顾客接近 229
任务四　推销洽谈 229
　　一、洽谈方案制订 229

二、洽谈过程实施 230
　　三、顾客异议处理 232
任务五　交易达成 233
　　一、成交洽谈 233
　　二、买卖合同拟订 234
　　三、售后服务 235
参考文献 236

学习情境一 感悟推销

知识目标

1. 理解推销的含义、特点和原则。
2. 掌握推销与市场营销的关系。
3. 了解推销岗位的分类及特征。
4. 掌握推销人员的能力素质要求。
5. 掌握推销人员礼仪的主要内容和要求。
6. 理解常用推销模式的含义、推销步骤和要点。
7. 掌握推销的方格理论与顾客方格理论。

技能目标

1. 初步具有运用推销流程、推销方法设计推销方案,满足消费者需求的能力。
2. 具有运用推销人员礼仪的能力。
3. 具有能根据实际情况灵活运用各种推销模式进行推销活动的能力。
4. 初步具有灵活运用推销理论的能力。

素质目标

1. 培养以顾客需求为导向,为顾客创造价值的推销理念。
2. 培养吃苦耐劳、敬业爱岗的精神。
3. 培养学生良好的礼仪习惯。
4. 提升学生调查、分析、解决问题的能力。

导入案例

三位同学的工作经历

阿峰、阿斌、阿强大学毕业后同时进入某公司,成为公司的销售代表。

阿峰很喜欢自己的这份工作,并做了长远规划,他把销售工作当作自己的事业来做,总是在实践中不断地认真学习和提高自己的能力。他还经常花费双倍的时间、精力解决销售环节中出现的问题。

阿斌工作非常踏实,渴望在工作上做出成绩,以获得领导的赏识,有时也喜欢偷懒,偶尔会寻找各种借口来逃避责任,但总体上对自己要求还是比较严格的。

阿强则对这份工作缺乏热情，他只是把工作当作一种谋生的手段，按照公司规定办事，终日昏昏沉沉地过着。

10年过去了，三个人的境况大不相同。阿峰因为能力过人、业绩突出，一路升职，现为最初应聘的那家公司的销售总裁；阿斌后来跳槽，被一家公司聘为销售部经理；而阿强却一事无成，依然落魄，没有一点成就。

资料来源：曹华宗. 销售攻心术[M]. 北京：中华工商联合出版社，2010：22.

任务一　感知推销内涵

任务引入

张伟大学毕业后来到北京某公司销售部当推销人员。在学校里，他学过一些市场营销知识，知道在市场中有很多竞争对手，所以在和顾客洽谈前，他对所推销的产品进行了专门的研究，并同主要竞争对手的产品的各种性能进行了比较，从中发现了公司产品的优势。在和顾客洽谈时，他把比较数据作为推销谈判的主要内容。你觉得张伟的推销方法是否有问题？为什么？

任务1：张伟需要理解推销的内涵。

任务2：张伟需要掌握成功推销的原则。

任务分析

信息时代，市场瞬息万变，竞争也日趋激烈，产品销售已经成为企业竞争优势的重要组成部分。可以这样说，产品能否实现顺利销售直接决定着产品的命运和企业的兴衰存亡。企业推销人员的能力与业绩，对企业、推销人员个人都有着至关重要的意义。推销是一门科学、一种技术、一项艺术。推销活动有着自身的规律和程序、原理和方法。推销人员要对推销工作有正确的认识，在推销过程中，必须善于结合自身条件和市场环境，对各项推销技术巧妙运用，才能取得良好的推销效果。

知识链接

一、推销的概念

有人说："推销是耍嘴皮、吹牛的职业。"

有人说："推销是贩卖幸福的人。"

有人说："人人都是推销人员。"

有人说："销售门槛很低，只要能打电话、拉关系，实在不行给点回扣就能做成业务。"

……

人们对推销的概念和推销的职业有许多不同的看法，众说纷纭，莫衷一是。究竟应该怎样理解推销的概念和推销类职业呢？

推销是一个古老的名词，是人们所熟悉的一种社会现象，它随着商品交换的产生而产生，伴随着商品交换的发展而发展。它是现代企业经营活动中的一个重要环节，渗透在人们的日常生活之中。推销，就其本质而言，是人人都在做的事情。人类要生存，就要交流，而正是在交流中彼此展示着自身存在的价值。世界首席保险推销员齐藤竹之助在几十年的实践中总结出的经验是，"无论干什么都是一种自我显示，也就是一种自我推销"。但由于历史和现实的原因，有些人对推销有着种种误会和曲解，甚至形成了习惯性的思维，总是把推销与沿街叫卖、上门兜售及不同形式的减价抛售联系在一起；对于推销人员，则认为他们唯利是图，不择手段。这种错误的认识使人们忽视了对推销活动规律的探讨和研究，也影响了一支优秀职业推销队伍的建立。因此，正确认识推销是熟悉推销业务、掌握推销技巧的前提。

推销的内涵

随着社会的变迁，推销的含义也在不断地演变。在社会发展的不同阶段，人们会对推销有着不同的理解和认识。

（一）广义的推销

从广义上讲，推销是指一个活动主体试图通过一定的方法和技巧，使特定对象接受某种事物和思想的行为过程。但是，这种广义上的推销并不是本书所要研究的对象。本书所要研究的是一个特定范畴中的推销，即狭义的推销。

（二）狭义的推销

狭义的推销是指商品交换范畴的推销，即商品推销。世界著名的欧洲推销专家海因兹·姆·戈德曼认为，推销就是使顾客深信其购买你的产品会得到某些好处。美国施乐公司推销专家兰迪克说："明确顾客的真实需求，并说明产品或服务如何满足这一需求，是改善推销，将推销成绩由平均水平提高到较高水平的关键。"推销人员唯有站到顾客的立场去考虑"如何做，才能使顾客满意、高兴""如何做，才易于顾客购买"之后，才能与顾客获得更深的沟通，巩固与顾客的关系。总之，推销是指推销人员运用一定的方法和技巧，直接与客户或潜在的客户沟通，建立、发展并巩固与客户之间的关系，赢得客户的信任，满足客户的需求，并为客户提供价值的活动过程；帮助顾客购买某种商品和劳务，以使双方的需要得到满足的行为过程。理解推销的含义应注意以下几个方面。

1. 商品推销是一个复杂的行为过程

传统的观念认为推销就是一种说服顾客购买的行为。这种观念导致了在推销过程中过分强调推销行为本身，推销人员一味地将自己的推销意志强加给顾客，而不研究顾客对推销行为的反应，只顾及己方利益的实现，而忽略了顾客需求的满足，这种把推销理解为单纯说服行为的观点，是导致目前人们普遍对推销人员抱有成见的主要原因。

从现代推销活动来看，推销包括寻找顾客、推销接近、推销洽谈、处理推销障碍、成交和售后服务六个过程，如图1-1所示。

推销工作类型

图 1-1 推销的六个过程

2．推销行为的核心在于发现和满足顾客的欲望和需求

从现代市场营销学的观念看，顾客的潜在需求更值得经营者关注。潜在需求是需要启发和激励的，这便是推销的关键所在。推销人员作为推销行为的主动方，必须学会通过了解潜在顾客的基本情况，寻找双方利益的共同点，在利益共同点上说服与帮助顾客，使顾客的购买行为得以实施，从而实现双方的最终目标。

3．在推销过程中，推销人员要运用一定的方法和技巧

由于推销人员和推销对象属于不同的利益主体，这就使得推销行为具有相当的难度。深入地分析、了解市场和顾客，灵活、机动地采用相应的方法和技巧，才能促成交易。

（三）推销与促销、市场营销的关系

1．推销与促销

所谓促销，是指企业通过人员和非人员的方式，沟通企业与消费者之间的信息，引发、刺激消费者的欲望和兴趣，使其产生购买行为的活动。企业的促销组合主要有广告、人员推销、公共关系、销售促进、直销五种方式。推销属于促销组合中的一种手段。人员推销与其他四种促销手段明显不同，区别在于推销人员不管在售前、售中还是售后，都得与购买者交流，通过交流推销人员能够很快获得客户反馈，这是人员推销与其他沟通手段相比所具有的最大优势。正是由于这种手段所具有的这一独特的优点，使得这种最古老的销售方法在现代营销中仍然具有蓬勃的生命力，并成为一种重要的促销方式。

推销和营销的关系

2．推销与市场营销

推销是市场营销活动的重要组成部分。现代市场营销则是一项组织职能，是一系列创造、交流和传递价值给客户，并通过满足组织和其他利益相关者的利益来建立良好的客户关系的过程。人员推销同样涉及创造、传递及交付价值，现代推销更强调买卖双方之间的人员沟通，但它不等于市场营销。市场营销是一个系统的管理过程。一般的营销活动包括市场调研、目标市场选择、产品开发设计、产品定价、产品储存运输、销售渠道选择、产品促销、产品分销、产品销售和售后服务等。推销即人员推销，或者人员销售，仅仅是上述营销活动中促销手段的一种，是营销过程中的一个重要环节。推销和营销必须完整地结合起来，好的营销组合能极大地推动推销人员业绩的提高。现代推销与传统推销已经有了本质的不同，现代推销关注的是对客户需求的分析，以及通过企业整体营销活动为客户提供实惠，满足他们的需求。与营销组合的所有方面一样，人员推销并不是一个孤立的因素，而是一个必须放在整个营销战略中考虑的因素。

随着买方市场、过剩经济和微利时代的到来，越来越多的企业家认同"没有推销就没有企业"的观点。大多数公司都有一个有组织的销售队伍，在大多数商业活动中，销售队伍在营销组合中占有重要地位，特别是在服务业公司，人员销售更是被广泛应用。

二、推销的三要素

任何企业的商品推销活动都少不了推销人员、推销品和顾客，即推销主体、推销客体和推销对象构成了推销活动的三个基本要素，如图 1-2 所示。商品的推销过程是推销人员运用各种推销技术，说服推销对象接受一定物品的过程。

图 1-2　推销活动的三个基本要素

（一）推销人员

推销人员是指主动向顾客销售商品的推销主体，包括各类推销人员。在推销的三个基本要素中，推销人员是最关键的。在销售领域中，有一个最大的迷惑，那就是许多推销人员以为他们卖的是产品，其实不然，真正的推销不是推销产品，而是推销自己。推销成功与否，往往取决于推销人员的服务精神和态度，只有顾客喜欢推销人员的为人、个性、风格，他才会购买产品。关于优秀的推销人员应该具备什么样的知识、素质和能力，将在本章后面继续讨论。

（二）推销品

推销品是指推销人员向顾客推销的各种有形与无形商品的总称，包括商品、服务和观念。按照商品学和市场营销课程中商品整体概念的理解，一个商品一般包括以下四个方面。

1．商品的功能和效用

商品的功能和效用是指商品为满足消费者的一定需要所提供的可靠的、必需的职能或效用，如电冰箱的功能和效用是冷藏食物。商品的功能和效用是商品概念的核心。从本质上讲，消费者购买的其实不是商品本身，而是商品的功能和效用。

2．商品体

商品体是商品功能和效用的载体。它是人们利用原材料，通过有目的、有效的劳动投入而创造出来的具体劳动产物。不同的使用目的（或用途）要求商品有不同的功能和效用，而功能和效用又是商品体在不同使用条件下所表现出来的各种自然属性的综合。商品体能够具备哪些性能，能够带来什么功效，是由商品体的成分组成（原材料或零部件的化学成分及含量）和形态结构（原料或零部件的组织结构、成品形态、规格、内部联结与配合、色彩装饰的组合以及其他结构特征）所决定的。因此，商品体是由多种不同层次要素构成的有机整体，是商品使用价值形成的客观物质基础。所以，推销人员只有成为商品的专家，充分了解自己的商品体的特征与功能效用之间的关系，才可以有效地说服潜在顾客。

3. 有形附加物

商品的有形附加物包括商品名称、商标及其注册品牌、商品包装、专利标记、商品原产地标志或证明、质量及安全卫生标志、使用说明书等。它们主要是满足商品流通需要、消费需要以及安全和环境保护需要。尽管这些附加物对顾客没有直接的使用价值，但推销人员在销售过程中可以通过这些附加物的说明提高顾客对产品的感知价值。例如，讲品牌故事，让消费者通过品牌认知提高对产品的认可度；讲解商品上相关质量认证标志，让消费者更相信推销品的可靠性。

4. 无形附加物

商品的无形附加物是指人们购买商品时所获得的各种附加服务和附加利益。例如，提供信贷、送货上门与免费安装调试、售后培训、售后退换及一定期限的质量保证措施。善于开发和利用合法的商品无形附加物，不仅有利于充分满足消费者的综合需要，为他们提供更多的实际利益，而且有利于企业在激烈的竞争中突出自己的商品的附加服务和利益优势，提高其市场竞争力。例如，美国著名谈判学家约翰·温克勒提出了具有普遍适用性的"价格—质量—服务—条件—价格"逻辑循环谈判法则，即如果对方在价格上要挟你，就和他谈质量；如果对方在质量上苛求你，就和他谈服务；如果对方在服务上挑剔你，就和他谈条件；如果对方在条件上逼迫你，就和他谈价格，如此循环，不能直接和轻易地在价格上做出让步，从中可以看到无形服务的重要性。

（三）顾客

依据购买者所购推销品的性质及使用目的，可把顾客分为个体购买者与组织购买者两个层次。个体购买者购买或接受某种推销品是为了个人或家庭成员消费使用；而组织购买者购买或接受某种推销品，是为了维持日常生产加工、转售或开展业务需要，通常有盈利或维持正常业务活动的动机。由于顾客的特点不尽相同，因而采取的推销对策也有差异。根据消费者的性质差别，推销人员可分为三类：第一类称作B2B销售人员，即代表企业向对应企业客户推销，如机器设备、软件等产品的上门推销；第二类称作B2C销售人员，即代表企业向终端个体消费者进行推销，如保险推销、卖场推销；第三类称作渠道销售人员，即为企业开发管理经销商，建立销售渠道是主要任务。

推销对象
类型分析

现代商品的推销少不了推销人员（推销主体）、推销品（推销客体）及顾客（推销对象）三个基本要素，如何实现其协调，保证企业销售任务得以完成，顾客实际需求得以满足，是广大推销人员应该解决的问题。

组织顾客购买
行为分析

三、推销的特点

推销是一项专门的艺术，需要推销人员巧妙地融知识、天赋和才干于一身，无论是人员推销，还是非人员推销，在推销过程中都要灵活运用多种推销技巧。

推销活动的主要特点如下。

（一）特定性

推销是企业在特定的市场环境中为特定的产品寻找买主的商业活动，必须先确定谁是需要特定产品的潜在顾客，然后再有针对性地向推销对象传递信息并进行说服。因此，推销总是有特定对象的。任何一个推销人员的任何一次推销活动都具有这种特定性。他们不可能漫无边际或毫无目的地寻找顾客，也不可能随意地向毫不相干的人推销产品，否则，推销就成了毫无意义的活动。

（二）双向性

推销并非只是由推销人员向顾客传递信息的过程，而是信息传递与反馈的双向沟通过程。推销人员一方面向顾客提供有关产品、企业及售后服务等方面的信息，另一方面必须观察顾客的反应，调查了解顾客对企业产品的意见与要求，并及时反馈给企业，为企业领导做出正确的经营决策提供依据。因此，推销是一个信息双向沟通的过程。

（三）互利性

现代推销是一种互惠互利的双赢活动，必须同时满足推销主体与推销对象双方的不同要求。成功的推销需要买卖双方都有积极性，其结果是"双赢"，不仅推销的一方卖出商品，实现盈利，而且推销对象也感到满足了需求，给自己带来了多方面的利益。这样的推销既达成了今天的交易，也为将来的交易奠定了基础。

（四）灵活性

虽然推销具有特定性，但影响市场环境和推销对象需求的不确定性因素很多，环境与需求都是千变万化的。推销活动必须适应这种变化，灵活运用推销原理和技巧，恰当地调整推销策略和方法。可以说，灵活机动的战略、战术是推销活动的一个重要特征。

（五）说服性

推销的中心是人而不是物，说服是推销的重要手段，也是推销的核心。为了争取顾客的信任，让顾客接受企业的产品，采取购买行动，推销人员必须将商品的特点和优点耐心地向顾客宣传、介绍，促使顾客接受推销人员的观点、商品或劳务。

四、推销的原则

（一）满足顾客需求原则

满足顾客需求原则是指一切推销策略的运用旨在满足顾客的需求和解决顾客的问题，以达到推销的目的。

顾客的需求和欲望是市场营销的出发点，也是推销的出发点。产品是满足人们需求的有形与无形的物质或服务的综合体。顾客之所以购买某种产品或服务，总是为了满足一定的需求。因此，推销人员必须认真了解顾客的需求，把产品作为满足顾客需求的方案向顾客推荐，让顾客明白它确实能满足其需求。顾客只有产生了需求，才可能产生购买动机并做出购买行为。

满足需求是顾客购买的基本动机。推销人员若不能真切地了解顾客的内在需求，在产品与顾客需求之间成功地架设起一座桥梁的话，推销是不可能成功的。因此，推销人员不仅要了解顾客是否具有购买的需求，而且要了解顾客的具体需求是什么。同时，推销人员还要熟悉自己的顾客，既了解他们的一般需求，又了解他们的特殊需求，把顾客的需求放在第一位，向其推销适当的产品或服务。

（二）互利互惠原则

互利互惠原则是指在推销过程中，推销人员要保证交易能为双方带来较大的利益，并且能够为双方减少损失。因为顾客之所以进行购买，就在于交易后得到的利益大于或等于他所付出的代价。因此，推销人员在推销活动中要设法满足自己和顾客双方所追逐的目标，实现"双赢"，这是顾客不断购买的基础和条件，也是取得顾客口碑的基础和条件。要成为受欢迎、被期待的推销人员，就必须设法为顾客提供利益和实惠，也就是设法使顾客从购买中得到其预期的好处。

正确利用互利互惠原则开展推销活动，必须在推销之前分析交易活动能给顾客带来的利益。顾客追求的利益，既有物质的，也有精神的。不同的顾客对同一产品会产生不同标准的价值判断，需求强烈的产品，价值判断较高；反之则较低。产品不同带给顾客的利益就会有差异。不同的顾客对产品价值的评判也会有所不同，要在准确判断产品给顾客带来的利益的基础上找到双方利益的均衡点，开展"双赢"推销活动。

在进行利益判断时，一个优秀的推销人员，不仅要看到当前的推销利益，还要看到长远的推销利益；不仅要看到直接的推销利益，还要看到间接的推销利益。推销人员要多因素评价利益均衡点，不能以某一次交易的成功与否来判断推销的利益，要坚持用给顾客带来的利益引导顾客成交。充分展示产品或服务能给顾客带来利益，是引导顾客购买的重要途径。这种展示越充分、越具体，顾客购买的可能性就越大。

（三）推销使用价值原则

使用价值是顾客对产品有用性的认识。推销使用价值原则，就是在推销产品时，利用或改变顾客原有的观念体系，设法使顾客形成对产品使用价值的正确认识，以达到说服和帮助顾客认识与购买产品的目的。推销人员要正确认识产品的使用价值，这是顾客决定购买的基本因素，也是顾客购后评价的标准。因此，产品的使用价值需要推销。

（四）人际关系原则

人际关系原则是指推销人员在推销产品时，必须建立和谐的人际关系。买卖双方之间是经济利益的交换关系，是人际关系的一种。推销人员建立广泛而良好的人际关系，可以为形成更多的买卖关系打下基础。

（五）尊重顾客原则

尊重顾客原则是指推销人员在推销活动中要敬重顾客的人格，重视顾客的利益。社会发展到今天，人们基本生活需求的满足已不是一件困难的事，需求的层次在不断地提高。人们越来越重视自我价值的实现，希望自己能得到社会的承认和他人的尊重。即使在购买产品的交易中，他首先需要的也是交易对方的尊重。通俗地说，顾客会要求推销人员对自己的人格、身份、地位、能力、权力和成就，以及兴趣、爱好等方面给予尊重。如果你对一个顾客说"没见过你这种斤斤计较的人"或者"你还是买这件衣服吧，那件很贵，你买不起"，那就大错特错了。所以，对推销人员来说，学会赞美，善于换位思考，从顾客的立场、角度考虑问题，充分理解顾客、尊重顾客，是一件非常重要的事情。

任务二　推销人员的职责与素质能力分析

任务引入

张伟了解了推销的含义后，又陷入了深深的思考：作为一名推销人员，如何成为同行中的佼佼者？一个优秀的推销人员应该具备哪些职业道德、心理特质、专业知识和沟通能力？

任务1：成功的推销人员应该具备哪些特有的素质？这些素质是如何形成的？

任务2：成功的推销人员应该掌握哪些推销知识和能力？怎样获取这些知识和能力？

任务分析

优秀的推销人员是现代企业最宝贵的人才资源之一。培养和提高推销人员的素质，构建一支优秀而战无不胜的推销队伍，是许多企业扩大产品销路、开拓和占领市场的重要手段。许多企业对于具有较高综合素质的推销人员情有独钟。这不仅因为高素质的推销人员是企业产品新市场的开拓者，更因为他们是企业的形象代言人。同时，市场经济要求推销人员承担更多的职责，具有更优良的素质。如何使自己成为一名优秀的推销人员，以承受社会和企业的重托与厚望，是每一位推销人员或将要成为推销人员的人都应该认真思考的问题。

知识链接

一、推销人员的职责

在日常营销活动中，推销人员可能因为顾客和推销的产品不同，工作的具体内容会有较大区别，具体的工作职责存在一定的差异。例如，推销人员计划寻找新的顾客，可能要更多地进行市场调研，精心准备资料，熟悉和介绍产品，最终找到并说服潜在顾客购买产品。而面对老客户时，则主要收集客户的产品使用意见或建议，处理顾客的异议和特殊要求，搞好售后服务工作。如果推销新产品，就要说明新产品的特点；如果推销老产品，则要指出老产品的优势等。无论推销人员的工作内容有哪些差异，一些带有共性的工作责任和工作义务是所有推销人员都必须完成的，这就是推销人员的一般工作职责。

（一）推销人员的工作职责

推销人员的一般工作职责主要包括以下具体内容。

1．进行市场调研

开展市场调研是企业经营活动中的重要组成部分，也是企业生产经营决策的重要信息来源。在科技快速发展的市场经济时代，新技术、新材料、新工艺不断应用于物质产品的生产领域，现代市场供求关系究竟是供给创造需求，还是需求创造供给，已经不是纯粹的经济理论问题，而是广大企业必须面对的实际问题。引起供求关系变化的影响因素非常复杂，企业要在这样复杂的市场上生存，就必然要持续地开展市场调研，尽快把握市场需求变化的各种信息，跟上并超前于市场变化的节奏，及时进行新产品的研究和开发，适时提供新的产品和新的服务。只有这样，企业才能拥有竞争优势。

推销人员的工作性质决定了他们最贴近市场，熟悉市场上消费者的需求变化，最有条件进行市场调研。但这并不等于他们就一定能够或者可以进行市场调研，因为机会只为那些时刻准备着的人准备着。如果企业的推销人员没有敏感的市场意识和强烈的敬业精神，缺乏良好的职业素质和敏锐的判断力，即使机会就在眼前，也会失之交臂。因此，优秀的企业推销人员要时刻保持强烈的市场意识，利用自己接近市场的有利条件，结合企业当前的资源状况，有意识、有目的地开展市场调研，为企业的生产经营活动提供及时、可靠，甚至带有前瞻性的市场信息。每一位推销人员都应成为企业深入市场的触角，成为企业的信息员和调研员。

2．收集信息资料

市场调研是在宽泛的范围内进行，以便从纷繁的信息中寻找有利于企业经营决策的依据，而收集信息资料则是针对企业生产经营活动的实际需要以及实际推销需要解决的问题，在小范围内有目的地展开。通常情况下，推销人员必须掌握与销售工作有关的信息资料，如企业当前的销售目标、经营方式、生产能力、研发周期、信贷条件、交货期限，以及产品知识、产品优势或特点、维修保养知识等。同时，推销人员还要清楚地了解竞争对手的生产能力、产品特点、服务优势与市场战略。这是因为在推销过程中，面对顾客的疑虑和问题，推销人员要能够准确地说明购买和使用本企业的产品所能获得的利益、售后服务，包括优于对手产品和服务的实际利益。推销人员越了解市场信息，了解自己和竞争对手，就越能够掌握推销工作的主动权，推销工作也就做得越好，推销信心也就越充足。

3．制订销售计划

计划是针对工作中可预计的未来做出的合理安排。在实际推销过程中，推销人员与顾客面对面交流的时间很有限，如何在短暂的时间内有针对性地开展推销工作，就要求推销人员通过以上两步调研工作之后，认真设计推销前的具体准备工作，以便节约宝贵的时间，有效地拜访客户，迅速掌握销售工作的重点。因此，制订切实可行而有效的销售计划是十分重要的。一般来说，销售计划包括以下内容。

（1）预计潜在的市场。推销人员应根据本企业生产的产品特征、价格和所处的技术层次（即从技术上划分产品是处于高端还是处于低端）以及产品效用的满足范围和程度、顾客对现有产品的满意度等，结合经济环境、产业布局、民族习俗和消费习惯等分析，预计有开发潜力的市场，并估计可能的购买量，以便今后的推销工作有的放矢，迅速开展有效的推销工作。

（2）确定重点发展区域。通过市场分析预测后，可以大致确定产品推销的重点发展区域，并大致确定可重点发展的客户，以保证推销工作的方向明确，安排合理的营销路线，节约宝贵的推销时间，提高推销的效率。

（3）拟订详细的推销计划。推销工作实际上是一项说服人的工作，或者说是让客户信任自己并被自己感动的工作。但这种说服工作并非无的放矢、口若悬河式的夸夸其谈，而是要认真做好向客户充分介绍产品或服务特征的准备，站在客户的角度思考问题。事前应思考客户对本企业的产品或服务可能关心并提出的各种问题。必要时，可与同事一起就相关问题展开讨论，遴选合适的答案；应精心准备好谈话的内容、顺序、步骤和提问提纲，进行适当的演练，做好充分的方案准备。

（4）预测可能遇到的问题，设计针对性的答疑技巧。推销工作每天要接触不同的人，面对不同的环境和问题，推销人员对此应有足够的思想准备。一般问题不外乎产品质量、特点、价格、供货期限、运输方式、信贷条件、结算方式、折扣优惠等，这些问题通常是根据企业的资源条件和产品的实际属性来回答，不能有虚假成分。要注意，有时难免遇到一些知识和经验都很丰富甚至自以为是、有意刁难的客户，这就要求推销人员有广博的知识、良好的修养、温和的性格、敏锐的判断力、清晰的逻辑思维能力、准确的表达能力、随机应变能力，学会倾听，善问巧答，绝对不与客户争论。平时在企业内部注意与同事之间多沟通，多交流经验，向有经验的资深推销人员学习一些答疑技巧，使自己回答问题的能力和对问题的反应能力不断提高。

（5）找准产品推销的切入点。产品能否顺利推销出去，最重要的是对产品的各种特点要了如指掌。一般而言，企业设计产品时都会赋予产品某些特性或功能，推销人员要善于从各个角度发现产品的特点或优点，如从生产工艺、材料性能、款式设计、能耗环保等，并将产品的特点转换成客户的利益。从理论上讲，一个产品的特点就是它的比较优点，往往是根据一定时期的技术发展状况、客户要求和时尚特点进行设计的，能够满足目标市场客户群的喜好和一些顾客的某些特殊需要，这就是产品带给客户的特殊利益。推销人员就是要掌握将产品特性转换成特殊利益的技巧，设身处地地站在顾客的立场上发现客户的特殊需求，将产品的特点巧妙地传递给顾客，迅速地激起顾客的购买欲望，抓住顾客的购买兴趣。

4．进行实际推销

推销人员开展推销工作，首先要推销的就是推销人员的自信，包括对企业和产品的自信。推销是替客户带来实际利益和价值的工作，但要把产品和服务推销出去，推销人员自己要从内心深处热爱、接受、信任自己的产品和服务。所谓己所不欲，勿施于人。如果自己对企业和产品失去信心，甚至不喜欢自己企业的产品，要将其推销出去是困难的。因此，在实际推销工作过程中，推销人员要设法引起顾客对所要推销的产品和服务的注意和兴趣，让顾客清楚地知道产品或服务能够给他们带来的实际利益，通过产品的现场展示、演示和介绍，激发顾客的购买兴趣和欲望。

5. 妥善安排售后服务

售后服务是所有客户都十分关心的问题，因此在产品或服务售出之后，推销人员应现场建立客户档案，留下客户的具体联系方式，便于与顾客保持经常性的联络并为之服务；记录顾客的要求和建议，及时反馈给企业有关部门，采取改进措施，调整服务方式，使顾客从所购买的产品和服务中得到需求的满足。顾客对企业的产品和服务能否保持一定的忠诚度，除了取决于产品与服务质量本身，还取决于售后服务质量的优劣，推销人员应当记住这一点。

有人说，良好的推销工作源于90%的态度和10%的知识，即知识+演练+回馈=成功，而成功的秘诀在于先替对方着想。从这样的意义上说，推销人员要把替顾客着想放在推销工作的首位，习惯于站在顾客的角度来思考问题，将顾客至上的观念根植于自己的脑海中，不断学习有关产品保养、使用、维修等知识以及消费者心理知识。明白顾客所需要的，就是他们所要做的。

（二）履行推销人员职责的基本要求

推销工作具有创造性和开拓性，要求推销人员对自己所从事的工作充满激情。从事过推销工作的人都知道，在推销实践中要完成推销任务，推销人员必须具备侦察员的眼睛、哲学家的头脑、演说家的口才、数学家的缜密、外交家的风度和军事家的果断。因为推销人员每天要面对不同的人和事，工作具有高度的灵活性和随机性，必须调动全身心的每一根神经，综合所有的知识储备，创造性地开展推销工作。这些能力和要求是非常具体的，绝不是一般人所说的有了吃苦精神和良好的口才就可以胜任推销工作。推销工作之所以对年轻人充满诱惑，就是因为推销职业能够锻炼人的能力，让人获得全面发展。这里介绍一下履行推销人员职责的基本要求。

1. 职业道德要求

履行推销人员的职责，首先需要推销人员具有良好的职业道德。推销人员代表企业在市场上"攻城略地"，实际上是企业文化的传播者，也是企业形象的代言人。更重要的是，推销人员是生产经营与市场需求信息交换的直接桥梁，承担着传递企业生产和市场需求信息的重任。如果推销人员没有良好的职业道德，不能正确理解和执行企业文化的核心内容，不负责任地扭曲产品信息，恶意损害企业形象，故意夸大或缩小市场需求的变化，就很可能会给企业带来极为严重的损失。一般情况下，多数企业的推销人员都是单独外出开展工作的，从产品的售出到货款回笼，也基本上由推销人员负责。一旦推销人员出现职业道德上的偏差，其影响是不言而喻的。

2. 身体素质要求

推销工作是创造性和开拓性的，需要推销人员身体力行去实现，不是坐在办公室里拍脑袋就可以解决的。因此，推销人员必须亲临市场，在日常推销工作中想尽各种办法，寻找理想的客户和市场。毫无疑问，推销工作是兼具体力劳动和脑力劳动的高强度工作，没有良好的身体素质是难以胜任推销工作的。许多企业在招聘业务代表（推销人员）时都有年龄、身体素质的具体要求，如能长期出差、能吃苦等。企业的产品推销需要推销人员长途跋涉、舟车劳顿、日夜兼程，有时还要携带样品，为客户进行安装服务和维修服务，劳动强度非常大，非常辛苦。如果推销人员没有良好的身体条件和充沛的精力，是难以做好推销工作的。

3. 心理素质要求

在所有与人打交道的工作中，推销工作是最容易遭到顾客拒绝的工作，也是最难以在短期内取得良好成绩的工作。有许多推销人员刚加入推销行业时充满热情，但经历几次拒绝后就丧失了信心。在他们看来，推销工作无异于乞讨谋生，这是极其错误的想法。实际上，推销是为顾客带来利益、向顾客提供价值的工作。推销人员一定要坚信自己工作的价值，相信自己推销的产品完全满足顾客的特定需求，能够向顾客传递未知的利益。许多营销专家告诫我们，推销人员一定要培养自己的第二天性，那就是自信。自信是推销成功的第一秘诀。这种自信取决于推销人员良好的心理状态。当你始终相信自己一定能够成功时，你就一定能够成功。因为积极的心理暗示会成为我们每天工作的强大动力，鼓舞自己通过各种努力来战胜推销工作中的一切困难。因此，推销人员只有具备良好的心理承受能力，才能胜任推销工作，才能在推销工作中取得骄人的业绩。

4. 外貌要求

推销人员在一定程度上是企业的形象代表，顾客多是通过与推销人员的接触来了解企业和产品的。如果推销人员的形象不佳，就有可能影响产品的销售，甚至影响企业形象。需要说明的是，推销人员的外貌要求并不单纯指长相，而是包含一个人的衣着、气质、言谈举止、精神面貌、文化修养等多方面的内容。许多企业招聘推销人员时一般都要求推销人员必须有一定的身高和一定的学历，要求五官端正、形象气质佳、不能口吃、身体不能畸形等。可以设想，一个形象猥琐、贼眉鼠眼、长相怪异、穿着邋遢、不修边幅的推销人员站在我们面前，即使他推销的产品或服务是自己急需的，恐怕也是难以接受的。当然，最重要的还是一个优秀的推销人员应具备良好的内在素质。被誉为日本"推销之神"的原一平，身高不足 1.5 m，长相也非常普通，却照样成就了推销神话，就是因为他具有良好的内在职业修养和敬业精神。

 小知识

在营销行业中，什么样的素质能使优秀的推销人员脱颖而出？

为此，盖洛普管理咨询公司对近 50 万名推销人员进行了调查。研究表明，优秀的推销人员有四方面的主要素质：内在动力、严谨的工作作风、推销的能力以及建立关系的能力。

（1）内在动力。"不同的人有不同的动力——自尊心、幸福、金钱，你什么都可以列举，"一位专家说，"但是所有优秀的推销人员都有一个共同点：有成为杰出之士的无尽动力。"这种强烈的内在动力可以通过锤炼和磨炼形成，但却不是能教会的。动力的源泉各不相同——有的受金钱的驱使，有的渴望得到承认，有的喜欢广泛的交际。盖洛普管理咨询公司研究揭示了四种类型——竞争型、成就型、自我实现型和关系型，这四种类型的人都是优秀的推销人员，但有各自不同的源泉。竞争型的人不仅想要成功，而且渴望战胜对手——其他公司和其他推销人员的满足感。他们能站出来对一个同行说："你是本年度最佳推销人员，我不是对你不恭，但我会与你一争高低的。"成就型、追求自我实现的推销人员就是为了体验一下获胜的荣耀。他们不论竞争如何，就想把自己的目标定得比自己能做到的要高。他们一般能成为最好的营销经理，因为他们只要能使自己的机构完成任务，对他人的成败与否看得不重。善于交际的推销人员的长处在于，他们能够与客户建立和发展好业务关系。他们为人慷慨、周到、做事尽力。"这样的推销人员是非常难得的，"美能达公司商务部国内培训经理说，"我们需要那种能够耐心回答顾客可能提出的第十个问题的推销人员，那种愿意和客户在一起的推销人员。"

没有谁是单纯的竞争型、成就型、自我实现型或关系型推销人员。多数优秀的推销人员或多或少属于其中的某一种类型。"竞争型的推销人员如果有一些关系意识，他可能除在照顾客户方面干得很好外，还能得到大笔业务。"盖洛普管理咨询公司主任认为，"对这样的人谁还能苛求更多呢？"

（2）严谨的工作作风。不管动机如何，如果销售人员组织不好，凝聚力不强，工作不尽力，他们就不能满足现在的客户越来越多的要求。优秀的推销人员能坚持制订详细周密的计划，然后坚决执行。在推销工作中没有什么神奇的方法，有的只有严密的组织和勤奋的工作。"我们最棒的推销人员从不拖拖拉拉，"一家小型物资贸易公司的总裁说，"如果他们说他们将在六个月后会面，那么你可以相信六个月之后他们肯定会到客户门前的。"优秀的推销员依靠的是勤奋的工作，而不是运气或是雕虫小技。"有人说他们能碰到好运气，但那是因为他们早出晚归，有时为一项计划要工作到凌晨两点，或是在一天的工作快结束、人们都要离开办公室时还要与人商谈。"

（3）推销的能力。如何才能成为一名优秀的推销人员呢？一些经理和推销事务顾问认为有一点很重要，即百折不挠、坚持到底的精神。他们其中有一位认为，"优秀的推销人员和优秀的运动员一样。他们不畏惧失败，直到最后一刻也不会放弃努力"。优秀的推销人员失败率较低的原因就是他们对自己和推销的产品深信不疑。优秀的推销人员非常自信，认为他们的决策是正确的。他们十分渴望做成交易——在法律和道德允许的范围内，无论采用何种方法也要使交易成功。

（4）建立关系的能力。在当今的关系营销环境中，优秀的推销人员最重要的一点就是成为解决客户问题的能手和与客户建立关系的行家。他们能本能地理解到客户的需求。如果你和营销主管谈谈，他们会给你这样描述优秀的推销人员：全神贯注、有耐心、够周到、反应迅速、能听进话、十分真诚。优秀的推销人员能够站在顾客的立场上，用客户的眼光看问题。当今的客户寻求的是业务伙伴，而不是打高尔夫的伙伴。"问题的根本在于，"达拉斯的一位推销顾问说，"要目的明确。优秀的推销人员不是讨别人的喜欢，他们要的就是盈利。"他还补充道："优秀的推销人员总是想到大事情，客户的业务将向何处发展，他们怎样才能帮上客户的忙。"

资料来源：菲利普·科特勒. 推销人员的四大素质[EB/OL]. （2002-09-23）[2022-02-01]. http://www.emkt.com.cn/article/81/8115.html.

5. 学历要求

随着科学技术的不断发展，现代企业所生产的产品科技含量越来越高，一些新材料、新工艺不断应用于产品之中，专业术语或者产品与服务的概念越来越新颖，推销人员如果没有一定的教育背景和足够的知识储备，就不能理解并通俗地将相关技术概念解释给顾客，不能解答顾客关心和提出的各种问题，产品或服务的推销将是极其困难的。可以肯定，随着创新经济时代的到来，科学技术转化为生产力的速度将不断加快，未来市场上高科技产品会层出不穷，新概念的服务和需求也将不断出现。与此相对应的是，企业对推销人员的学历，特别是知识要求也必然越来越高，推销人员将面临着终生学习的挑战，否则将难以适应科技不断发展的要求。

6. 其他要求

国外曾经就一个人成功的因素进行研究，发现家庭背景和智商的影响远不如人们想象的那样大。相反，许多成功者并没有良好的家庭背景或者多高的智商，同样也取得了成功。前面提到的原一平，就是既没有优越的家庭背景，又不具备良好的个人条件，更没有超人的智商，但他拥有坚韧不拔的毅力，吃苦耐劳的精神，豁达开朗的性格，乐意与一切人交朋友、与人为善的心理，永不言败的意志，掌控自己命运的信念，不投机取巧的踏实作风和充满自信的心态，这些成就了他辉煌的推销人生。此外，推销人员还必须始终保持强烈的好奇心，这是不断获取知识的动力。因为好奇心会让他们关注任何问题的细节，发现别人不能发现的问题，使自己成为某一领域的专家；好奇心还是他们时刻关注推销领域是否出现了新的解决方案、新的营销创意或者新的相关信息的动力，也是他们自己开发解决营销难题方案的源泉。

推销人员履行工作职责的基本要求也在不断地与时俱进。不同时期的经济发展催生出不同的时尚习俗，需要理论工作者不断关注时代变化，及时进行理论研究，更需要推销人员注意结合推销实际调整自己。俗话说，留心处处皆学问。推销人员要注意在工作中学习，关注市场的变化和要求，观摩优秀推销人员的工作经验和方法，不断将自己塑造成为优秀的营销大师。

二、推销人员的职业素质与职业能力

推销工作的特殊性，对推销工作的从业人员提出了特殊的职业素质要求。与其说推销是实务的，不如说推销是艺术的。这种艺术性表现在推销人员不仅要向顾客推销产品，还要向顾客推销推销人员本人，并与顾客保持信任、友好的联系；不仅要让顾客喜欢所推销的产品，还要让顾客喜欢推销人员。推销工作的特殊性还对推销人员的职业能力提出了特殊要求。下面就这些具体的内容进行介绍。

（一）推销人员的职业素质

所谓素质，原义是指事物本来的性质，在这里引申为一个人应当拥有的修养和品质；职业素质则是指人们从事某一职业应当具备的基本的修养和品行。推销职业是市场经济的产物。一个推销人员要想获得推销的成功，取得良好的经济效益和社会效益，除了依靠本企业过硬的产品质量、良好的社会信誉，还要依靠一支具有较高素质的推销队伍。在现代市场经济条件下，推销人员必须具备的基本职业素质主要如下。

1．坚定的敬业精神

坚定的敬业精神是指推销人员对所从事的工作充满热情，有高度的责任感，热爱自己的职业，并体现出对推销工作的执着。敬业者才能乐业。正如一个演员要想感动观众，必须首先感动自己一样，要想取得推销工作的成功，就要对所从事的职业充满自豪感，以自己强烈的事业心来感染顾客。推销工作是比较艰苦的，也具有很大的挑战性，需要推销人员在推销工作中克服许多难以想象的困难和挫折。唯其如此，推销职业能够锻炼人们的意志和勇气。没有坚定的敬业精神，就没有面对挫折的勇气，就没有克服困难的决心。因此，能够胜任推销工作的人，今后无论从事什么职业，都将具备成功的基础。

案例1-1

一次，日本著名推销人员原一平的一位朋友告诉他认识一家实力雄厚的建筑公司经理。于是，原一平请他的这位朋友写了一封介绍信，原一平带着信去拜访那位年轻的经理。

谁知这位年轻的建筑公司经理并不买原一平的账，瞥了一眼原一平带来的信，说道："你是想跟我要保险订单吗？我可没兴趣，还是请你回去吧。"

"山木先生，您还没看我的计划书呢。"

"我一个月前刚刚在一家保险公司投保，你觉得我还有必要看你的计划书吗？"

山木断然拒绝的态度并没有把原一平吓走，他鼓起勇气，大胆问道："山木先生，我们都是年龄差不多的生意人，您能告诉我您为什么这样成功吗？"

原一平很有诚意的语调和发自内心的求知渴望，让这位年轻的经理不好意思再用一种冰冷的态度来回绝他。

于是，山木经理开始向原一平讲述自己过去那段艰难的创业史，每当他说到他是如何克服挫折和困难，遭受很多不幸的经历时，原一平总会伸出手，拍拍他的肩，说："一切不幸都过去了，现在好了。"

整整三个多小时过去了，突然，经理秘书敲门进来，说是有文件要请经理签。等秘书出门之后，二人相互对望了一下，都没有开口说话。最后，还是山木经理打破了沉默，他轻声问道："你需要我做些什么呢？"

原一平提了几个关于山木先生在建筑事业方面的问题，以大致了解山木今后的打算、计划和目标。山木一一向他作了说明。之后，原一平笑着起身告辞："山木先生，谢谢您对我的信任，我会针对您对我说的话作一些回馈的。"

两个星期之后，原一平带着一份计划书又敲开了山木先生办公室的门，这份计划书可是他熬了三天三夜，苦心做出来的，在计划书里，原一平详细拟订了山木建筑公司在未来发展方面的一些计划。山木再次看见原一平，非常热情地走上前握住他的手，说："欢迎光临。"

"谢谢您的盛情，请您看一下这份计划书吧，里面如有不当，还请您多多指教。"

山木坐在沙发上仔细翻阅了一下计划书，脸上露出欣喜的表情。

"真是太棒了，我们自己人还想不了这么周全呢。实在谢谢你，原一平先生。"

"呵呵，别客气，我哪能跟您公司的专业人士相提并论呢！"

两个人坐下来，又谈了很久。等原一平离开山木的办公室时，这位经理毫不犹豫地投了 100 万日元的人寿保险，紧接着副经理也向原一平投了 100 万日元的保险，财务秘书投了 25 万日元的保险。

这仅仅是第一次的保险金额，接下来的十年当中，他们的保险金额总共高达 750 万日元。原一平和山木先生的友谊也越来越深，他俩成了一对非常默契的伙伴。

资料来源：高原. 推销员培训手册：原一平的成功之道[M]. 成都：四川大学出版社，2018：44-45.

问题：推销人员成功的关键是什么？

【启示与思考】

推销是一条孤寂而寂寞的路，遭到的白眼和冷遇都远远超过其他行业，然而，独一无二的原一平用自己的汗水和勤奋、韧力和耐心走过了这条荆棘路，创造了世界奇迹，成为人们敬佩的"推销之神"。

2．高度的服务意识

许多企业都把"顾客至上"作为自己的价值观之一，却没有在实际工作中真正体现出来并发挥应有的作用。原因之一就是这些企业并没有真正地将"顾客至上"的意识融合于企业文化之中，也没有让全体员工认同并从根本上接受这种价值观。推销人员在外代表企业开展工作，如果没有将"顾客至上"的观念根植于潜意识当中，并以此作为推销工作的基本宗旨，站在顾客的立场上，处处为顾客着想，成为顾客的消费顾问和可信赖的朋友，顾客就不会接受推销人员，当然也就不会接受他推销的产品。在竞争日益激烈的时代，服务竞争已经超越了产品质量竞争。企业只有将服务意识渗透到工作中的每一个细节，潜移默化地影响全体员工的行为，企业的竞争才具有优势。

3．良好的沟通能力

说服顾客是推销人员工作的核心。推销人员在工作中要熟悉推销程序，了解顾客的购买心理、购买动机和购买行为，善于熟练地运用各种推销技巧，因人而异地开展推销工作。推销人员要善于运用口头语言和各种肢体语言，在不同的场合遇到不同的客户时，随机应变。在如实介绍产品、站在顾客利益的立场上的同时，做到"投其所好，施其所求"，将产品的特点转化为顾客的特殊利益。同时，要注意观察顾客细微的心理变化，及时调整工作思路，多角度介绍产品，或从产品的梯度（或层次）、系列上指出顾客可获得的利益，不能一成不变地背诵产品解说词，也不能夸大其词，言过其实，欺骗顾客。对不同年龄、不同身份、不同爱好的人，设计不同的说明，以应对各种异议，达到接近顾客、说服顾客、售出产品的推销目的。

4．扎实的专业知识

推销人员应具备的知识

推销人员工作中的自信源于扎实的专业知识和宽泛的知识面。在知识经济时代，产品的科技含量越来越高，顾客的消费经验和商品知识越来越丰富，面对形形色色的顾客，推销人员如果没有扎实的专业知识，不能解答顾客的相关问题，就不会被顾客信任；没有宽泛的知识面，就会被顾客拒绝。可以这样认为，推销能否成功，取决于推销人员知识的广度与深度。因此，推销人员要注意随时学习，向书本学习，向身边的同事学习，向顾客学习，向竞争对手学习，从失败的教训和成功的经验中学习。在这里提出专业知识和其他知识两个方面知识的要求，供读者参考。

（1）专业知识。这里所讲的专业知识，是针对具体的产品推销和推销对象而言的。它包括以下内容。

① 市场知识。现代企业招聘推销人员，一般都要求有一定的营销专业教育背景，拥有相应的市场知识和相关专业知识，并且拥有推销人员的职业资格。因此，凡希望从事推销人员职业的从业者，必须认真学习市场营销理论、现代推销技术、商务谈判知识、市场调研与预测理论、消费者行为学等专业知识，并通过这些知识的学习，能够分析经济环境对市场的影响，了解顾客购买力的变化，预计潜在的市场，发现市场机会，开辟新的营销渠道。

② 产品知识。一个合格的推销人员必须全面了解自己所推销的产品，包括产品的生产过程、生产工艺、生产方法、生产周期、结构、性能、用途、企业的生产能力、自主研发能力等；产品的正确使用方法、维修保养常识与一般故障的排除；产品的不同规格、型号、样式在性能上的差异；本企业的产品技术在行业中的地位、优势、技术特点、行业的技术先进性程度及其发展趋势；目前用户对产品的评价、意见和建议；用户常见的问题及其处理；产品自身的优点、缺点及竞争对手产品的相关问题等。推销人员对产品知识了解得越完整，越可能成为产品专家，顾客就越信任推销人员，推销人员的自信心就越强，推销成功的可能性也就越大。

③ 企业知识。推销人员要认真了解自己的企业，包括企业的历史沿革、企业宗旨、生产能力、研发能力、人才与技术优势、装备水平、发展潜力、战略目标、营销策略、定价策略、交货方式与期限，以及企业管理决策水平、管理者前瞻性及市场适应能力、人才与技术发展战略、企业的民主意识、在行业中的声望，还包括企业生产的合法性、应承担或已承担的社会责任、对公益事业的态度与环境保护措施等。可以这样说，在上述几个方面企业做得越好，推销人员的自豪感、归属感就越强，对所推销的产品就越有信心。

④ 用户知识。推销人员要了解不同用户的购买习惯，特别要了解不同用户中的购买决策者。有经验的推销人员都知道，"擒贼先擒王"的道理用在营销上同样是非常合适的。因为不同用户的购买动机、购买方式、交易条件和要求、信贷条件是不同的，家庭购买与集团购买是有区别的。推销人员要善于做营销日志，归纳不同用户的决策者及其特点，并选择有代表性的用户进行定期回访，征求他们的意见、建议或要求，不断地充实自己的用户知识。

（2）其他知识。

① 礼仪知识。推销人员的工作性质，决定了他们要与不同地区的人打交道。"未曾开口三分笑"是推销人员必修的基本功。善于微笑的人是快乐的人，也是具有亲和力的魅力使者。中国地域辽阔，又是礼仪之邦，不同区域的礼仪习俗差别较大，推销人员要注意了解和学习不同地区的习惯礼仪。在工作中只有做到对任何人都能以适当的礼仪相待，以真诚、谦逊、和蔼、亲切、平和的态度接近顾客，融入顾客的文化圈，才能与他们友好相处，顺利地开展推销工作。

② 语言知识。语言是人们交流的工具，也是一门艺术。俗话说："一言可以兴邦，一言亦可误国。"推销人员与不同的顾客相处，要用不同的语言与之沟通，并能够针对不同性别、不同身份的人运用不同的语言技巧。推销人员除了必须掌握普通话，还应熟悉国内

主要的方言，相应的语法修辞与语言技巧，必要时要能熟练运用一两门外语。

③ 美学知识。随着社会经济的发展和人民生活水平的不断提高，普通老百姓也越来越拥有审美情趣和审美意识。推销人员应掌握一定的美学知识，尤其是工业美学，如工艺美、材质美、色彩美、装饰美等，便于与不同顾客在美学方面进行零距离沟通，成为顾客的美学顾问。

④ 宗教知识。中国是一个多民族国家，不同民族的宗教图腾衍生出不同的宗教文化和宗教禁忌，推销人员应了解不同宗教的基本信仰，特别是在少数民族地区开展营销工作时，更要了解这些问题，防止在生活、饮食、服饰色彩等问题上出现难堪。如果考虑进行国际市场营销，就更应该做有针对性的事先调研分析。

⑤ 民俗知识。民俗是典型的民族亚文化，它是特定的区域在长期的生活变迁中逐渐形成的，并为这一特定区域所独有。我国民俗有"十里不同天"之说，即便是同一个民族，民俗文化也有区别。如同为汉族人，北方人春节包饺子，南方人春节吃汤圆。如果不懂得民俗知识，推销人员就很难做到"到什么山上唱什么歌"，相反，懂得民俗知识，就能够发现潜在的市场，开辟新的营销天地。

⑥ 社会知识。社会知识在一定程度上被理解为"人情世故"，泛指为人处世应具备的诸如风土人情、经济地理、人文掌故、民俗习惯等常识。从推销工作的角度看，社会知识是指推销人员要了解市场所在区域的"人情世故"，以便能够"入乡随俗"，迅速融入当地的文化氛围。中国人虽然具有较强的文化包容性，不排斥其他民族的文化，但中国人更看重乡情。如果推销人员能够在市场所在的区域操一口流利的方言，熟知当地的风土人情和处世原则，就能更加顺利地开展营销工作。严格地说，社会知识源于社会阅历，源于一个人对生活的感悟。一个人的社会知识越丰富，越懂得"人情世故"，工作就越好开展，推销工作当然也不例外。

（二）推销人员的职业能力

能力是指胜任某项工作的主观条件。职业能力是指一个人顺利完成各种活动必须具备的个性心理特征。在理论上，通常将能力分为一般能力和特殊能力，前者又称为"智力"，是指从事某项活动所必需的基本能力，如记忆力、理解力、观察力、思维想象力、判断力等；后者则是指从事专业活动所必需的能力，如调音师的特殊听力、古董鉴赏家的鉴别能力、管理者的组织协调能力等。推销人员的职业能力也属于特殊能力的范畴，是指推销人员在特定的工作场所说服顾客，顺利地将产品销售出去，并顺利地收回货款的能力。推销人员除了要具备一般能力，还应具备以下能力。

1. 创新能力

在知识经济时代，推销工作是具有高度智慧性的脑力劳动与体力劳动，属于复杂劳动，是属于具有开拓性、创造性、前瞻性、后续性以及挑战性特征的复合性工作。在这些特征中，又以开拓性、创造性为主体。推销人员每天的工作内容都是全新而无法复制的，甚至是无法预料的，也就是说，推销人员无法运用某一个固定的模式来开展推销工作。只有推销人员具备了很强的创新能力，才能在实际工作中随机应变，捕捉稍纵即逝的市场机会。创新能力是创新思维的结果，也是推销人员不断战胜自我的结果。推销人员如果因循守旧、墨守成规，不敢越"雷池"（以往的工作经验或者惯例）一步，推销工作将很难取得令人满意的结果。

2. 观察能力

观察能力是指推销人员在工作现场通过认真观察顾客细微的外部表现所透露的点滴信息，去研究顾客购买心理变化的内在原因的能力。推销工作的创新绝不是莽撞、盲目地打破常规，而是建立在观察、研究、判断顾客心理变化的基础之上，重新整合原有的工作方案所进行的全新尝试。细致的、高质量的观察既需要丰富的知识，如心理学知识、行为科学知识等，又需要科学的方法，如自上而下观察、由表及里观察等。科学的方法能让推销人员及时而准确地获取顾客信息，丰富的知识则能让推销人员快速而理性地了解顾客的真实意图，通过"见微"而"知著"。认真观察是许多工作的基础，推销人员在工作中要有目的地进行观察，及时调整工作重心和工作重点，使推销工作有的放矢。

3. 决断能力

多数情况下推销人员是在现场独立地开展工作的，在推销现场遇到的所有问题，都需要推销人员现场做出判断，并及时地予以处理。现代推销面临的主要问题有两个：一是消费者日益成熟，大多能理性地面对推销技巧和消费诱惑，能够内行地提出多方面的商品专业问题，巧妙而又不失礼貌地拒绝推销；二是推销人员自身是否具有宽泛的知识、坚定的自信心和果断的决策能力。推销人员在工作现场遇到顾客的问题和拒绝时，要善于分析和判断虚假的表象，了解问题或拒绝的本质，发现问题或者拒绝的漏洞，迅速抓住问题的关键，并做出正确的行为反应和行动选择。推销人员要注意在工作中不断积累经验，认真学习有关知识，提高自己的决断能力。

4. 社交能力

推销界有一句老套话，是说推销人员"没有不认识的朋友，只有来不及结交的客户"。由于推销工作是开放性的，决定了推销人员要养成随时推销的习惯，也就决定了推销人员的性格是开放性的（注意性格的开放性与一个人性格的内向或外向是有区别的）。从事推销工作需要有高水平的社交能力，在朋友或社交圈中，要以自己独特的人格魅力、丰富的社会经验和广博的知识成为人们关注的焦点，并以自己良好的亲和力、合作性和组织能力引导社交场合的谈话主题。要做到这一点，需要推销人员善于换位思考，站在他人的立场上理解问题，善于与不同的顾客进行交往，通过与他们的真诚沟通，获得他人的信任，并且能够适时地化解和处理各种矛盾。被誉为日本"推销之神"的原一平有一句名言："决定谈话能力的高低不在于话术而在于热忱，并适时说出一两句肺腑之言，这时彼此的心灵就沟通了。"

培养推销人员良好的社交能力，要求我们努力做到待人诚恳热情，言行举止大方，体谅他人苦衷，能够换位思考；态度热情而不轻浮，言语自信而不自负，富有逻辑而不强词夺理，有主见而不盛气凌人；遇事沉着冷静，处理问题坚决果断。这种能力需要长时间的培养和锻炼，需要我们从现在做起。当推销人员有了一定的社交能力之后，就会发现，原来客户就在身边。

5. 表达能力

表达能力是建立在语言知识的基础之上的，但有了语言知识不等于就有了表达能力。

通俗地讲，表达能力是指人们熟练地运用语言艺术，通过与他人进行交流、传递思想并被对方理解和接受的过程。需要说明的是，语言艺术不单独指口头语言，还包括肢体语言。"哑巴卖刀"靠的是肢体语言，舞蹈艺术同样依靠肢体语言，但在这里我们主要说明口头语言表达能力。

良好的语言表达能力的标志是：口齿清晰（清）、措辞准确（准）、说明简洁（洁），语意层次清楚、重点突出、逻辑性强，必要时赋予语言以激情，适当地抑扬起伏，让听众（顾客）感到亲切，富有感染力；有时要善于运用谐音、歇后语和幽默语言，但要注意场合和对象；可以辅之以适当的手势，以增强语言的说服力，但要注意幅度不要太大。戴尔·卡耐基认为，一个人的成功，约有15%取决于技术知识，85%取决于口才艺术，说明了高超的语言表达能力是多么重要。因此，推销人员要认真学习语言艺术，并锻炼自己的口头表达能力。

6．应变能力

在现代市场上进行实际推销，有时难免会遇到意想不到的情况，如果推销人员没有随机应变的能力，推销工作有可能遇到难以逾越的障碍，使推销工作陷入困境。应变能力，实际上是要求推销人员在不违背国家的法律法规、企业基本利益和行业基本规范的前提下，巧妙灵活地实施应变行为，以适应现场突发情况，达到推销的目的。在推销现场，推销人员如果遇到意外，有时不妨将错就错，"化腐朽为神奇"，达到绝处逢生的推销效果。相反，如果推销人员拘泥于"游戏规则"，墨守成规，优柔寡断或者缺乏主见，害怕承担责任，就有可能失去难得的市场机会。

应变的关键是"辨变"。要求推销人员有丰富的经验，思维敏捷，悟性好，反应快，有瞬间的分析判断能力和果断的性格，能及时察觉细微的现场变化对推销效果的影响，有时需要通过顾客的一个眼神、一个动作、一点儿语言或语气上的变化，准确推断顾客的心理反应，及时采取应对措施，抓住营销机会。一般来说，推销人员在特定的现场做出的应变办法，只要对推销工作有利，多半会得到企业的授权或谅解，推销人员不必有过多的忧虑。

7．环境适应能力

一个优秀的推销人员还要有比较强的环境适应能力。环境适应能力有三层含义：一是指推销人员要能够迅速适应特定地区的人文环境，这依赖于推销人员长期工作经验的积累。通俗地说，就是要对不同地区的风俗习惯、语言环境、人际交往方式等有一定的了解，能够在所在的推销区域迅速地与当地人打成一片，不被当地人所排斥。二是适应特定地区生活环境的能力。这里主要是指生活习惯。中国地域辽阔，生活习惯差异大，素有"东辣西酸，南甜北咸"之说，只有适应不同地区的生活习惯，推销中的人际关系才能快速建立。三是适应不同地区的营销环境，包括对当地的地方法律法规、政策、制度、经济发展、宗教、教育水平、文化、消费时尚等的了解和适应。

此外，推销人员还要具备一些其他能力，如文字综合能力、公关能力、分析能力与综合能力、用生动的语言说服顾客的能力、赢得顾客信任与尊重的能力、控制自己情绪的能力、必要的妥协与变通能力、信任与洞察他人感觉的能力、善于表达自己想法和人际关系协调的能力等。文字综合能力是指推销人员能够及时将推销工作中发现的有关问题、现象，产生的各种创意、设想等整理成书面的文字报告，以便及时提供给企业作为决策的参考。公关能力则是指熟悉并利用当地的媒体、公众、政府等，为产品推销创造有利条件。其他能力在有关章节中的相关问题解说时会有所涉及，这里不再一一介绍，读者也可自行思考。

案例 1-2

日本保险推销大师、世界首席推销员齐藤竹之助有自己的一套寻找推销对象的经验，其中非常重要的就是"新客户其实就在我们身边，寻找的过程就是从无到有的过程"。

在齐藤竹之助刚从事推销工作的那年夏天，公司组织职工去山田温泉游玩。齐藤竹之助中途上的火车，找到一个空座位后就坐了下来。这时，他发现同排座位上已经坐着一位约三十四五岁的妇女，她还带着两个小孩，大的约7岁，小的有3岁左右。齐藤竹之助断定这位必是家庭主妇，心想从小孩到大人的保险都有希望，试试看吧，争取成功。趁列车在一站暂停之时，齐藤竹之助下车买了当地的特产食品，很有礼貌地赠送给小孩吃，以此为缘，他同那位夫人聊了起来。他打听到她丈夫的工作性质、范围，还谈到小孩的学费等。这样，他了解了对方的基本情况，更添了几分信心。那位夫人说她准备在轻井泽车站住一宿，第二天乘车去另一个旅游点。齐藤竹之助立刻表示很愿意为她在轻井泽车站找一家旅馆，夫人听后非常高兴。因为轻井泽是避暑胜地，又逢盛夏，单个旅客想要找到旅馆是相当困难的。当然，在介绍旅馆时，齐藤竹之助在自己的名片背面为她写了介绍信。不用说，齐藤竹之助也知道了她和她丈夫的名字等。两周以后，齐藤竹之助前往那位妇女家拜访，就在这天，他的推销获得了成功。

资料来源：斯默尔. 跟全球顶尖销售大师学销售[M]. 南宁：广西人民出版社，2004.

问题：齐藤竹之助具备什么样的职业能力？从推销人员应具备的能力角度看，这个案例给你什么启示？

【启示与思考】

从案例中不难看出齐藤竹之助具备较强的观察能力、社交能力、创造能力，具有从客户出发，为客户解决问题、提供需求的理念，以及真诚、热情、善解人意的良好品格和人格魅力，这更加证实了推销绩效与推销人员素质及能力关系的重要性。

三、推销人员的基本礼仪

现代商务活动中的礼仪，是社会交往行为规范在商务活动中的延伸，从广义上讲，属于道德范畴。推销活动是现代商务活动中的重要组成部分，推销人员作为企业和市场联系的桥梁所进行的产销沟通，实际上是推销人员与顾客之间的交往活动，仍然是社会交往的范畴，礼仪礼节必然会渗透到这种人际交往关系之中。在现实生活中，无论是推销人员还是顾客，都希望获得对方的礼遇，这一点是毋庸置疑的，但推销人员的工作性质决定了他们的商务交往不同于普通的社会大众。这种交往中的陌生拜访与一般的人际交往是最突出的区别，更要求推销人员注意交往中的礼仪规范，以赢得陌生客户的认可和信任。推销人员的礼仪与推销活动是紧密联系的。它自始至终贯穿于整个推销活动之中，从陌生拜访之初的介绍、寒暄，到推销活动的开始直至磋商、达成交易，完全依赖推销人员始终运用得体的礼仪和适当的推销技巧，对整个推销活动施加有利影响，最终实现推销目标。

（一）礼仪的基本原则

1. 尊重原则

无论是普通的人际交往，还是商务交往，都应遵循尊重对方人格的原则。尊重是礼仪的情感基础，也是人际关系的前提，古今中外概莫能外。推销人员的工作主体就是要不断地建立和谐的、融洽的人际关系，也只有在这种彼此尊重的、和谐的、融洽的关系基础上，才能有效地开展推销活动，达到推销的目的，取得应有的社会经济效益。

推销中的商务礼仪

案例 1-3

某日，新城举行了春季商品交易会，各方厂商云集，企业家们济济一堂。华新公司的徐总经理在交易会上听说恒诚集团的崔董事长也来了，想利用这个机会认识这位素未谋面却久仰大名的商界名人。午餐时他们终于见面了，徐总彬彬有礼地走上前去："董事长，您好，我是华新公司的总经理，我叫徐涛，这是我的名片。"说着，顺便从随身带的公文包里拿出名片，递给了对方。崔董事长显然还沉浸在之前与人谈话的情景中，他顺手接过徐涛的名片，草草地看过，放在了旁边的桌子上。徐总在一旁等了一会儿，见这位董事长没有交换名片的意思，便失望地走开了。

资料来源：杨雪青. 商务谈判与推销[M]. 北京：北京交通大学出版社，2009：179.

问题：这个事例说明了什么？

【启示与思考】

一个人的言谈举止直接影响着他人对自己的看法，一旦表现出缺乏基本礼仪常识，就难免让对方感觉到不被尊敬，自然与其合作的欲望就直接减少。

2. 遵守原则

遵守原则是指每一个社会成员都应当在社会交往中自觉遵守、执行礼仪规范。由于这种规范不具有强制性，如果存在违反礼仪规范的行为和现象，也只能受到社会舆论或公众的谴责，所以要靠社会成员的自觉意识。如前所述，推销人员是特殊的社会公众，更应遵守礼仪规范，以自身良好的行为为企业树立形象。

3. 适度原则

适度原则是指人际关系中的情感尺度，即无论在什么情况下，人与人之间的交往都要保持必要的、与环境相适应的社交距离。除在与长期保持密切关系的老客户交往时可以适当亲近外，推销人员与其他客户，特别是异性客户交往时，需做到既要彬彬有礼，又要不卑不亢；既要热情大方，又要不失风度，不要过于谦卑或轻浮。简而言之，运用礼仪原则要因人、因时、因地而异。

4. 自律原则

礼仪作为社会规范，要求全体社会成员在内心深处树立起道德信念，并以此作为自己的行为准则,成为一种自然的行为习惯。道德没有强制性,完全依赖社会成员的自觉与自律,因而自律意识就显得十分重要。推销人员的社交活动频繁,自律意识应高于其他社会公众,这样才能吸引顾客,引起顾客由衷的好感。

推销人员是否注重和遵循礼仪原则,直接关系自己在客户心目中的形象,关系推销业绩的好坏。推销人员在外代表企业,顾客是通过对推销人员的了解间接了解企业的;如果是进行国际市场营销,推销人员代表的则是国家形象。因此,推销人员要在思想上对礼仪问题引起高度重视,不能掉以轻心。

(二)个人礼仪

如前所述,无论是推销活动,还是普通的人际交往,都要遵守基本的道德规范,以有文明、有礼貌的方式待人接物,使自己的言谈举止大方得体,态度和蔼可亲,衣着庄重整洁,处处体现出一个人良好的修养。商务活动中的个人礼仪的主要内容如下。

1. 言谈

说话和事业的成功有很大的关系。推销过程中的言谈礼仪,除前面提到的说话要"清、准、洁"以外,推销人员还要注意说话的逻辑性,不能有前言不搭后语、自相矛盾的现象出现。与顾客交谈时要有热情,注意语言的规范性,不要攻击竞争者,也不要挖苦别人。同时,要注意倾听顾客的谈话和提问,要给别人发表意见的机会,并且不能轻易打断别人的谈话。如果自己有不同的意见需要说明,要寻找适当的机会;必须要打断对方的讲话时,一定要说"对不起,我打断一下(或我插一句),……对不起(或不好意思打断您了),请您继续"。在与顾客交谈或回答顾客问题的言谈中,要注意礼貌用语的使用,如"您""阁下""某某长或主任""请问""拜托""谢谢"等,尽可能采用委婉的表达方式或者适当幽默的语言艺术,切忌使用粗俗的语言。

在与顾客交谈的整个过程中,始终注意语气要委婉,态度要和蔼,表情要自然,语言要得体,手势要适度。对方发言时,不能心不在焉、左顾右盼,眼睛要看对方的"面部三角区",并不时点头、轻声地回应或调动各种适当的面部表情(肢体语言),表示欣赏、赞同、惊讶、疑虑或重视;不能经常看表或显出不耐烦的样子,也不能伸懒腰、玩东西。一般不要谈论私人问题,对方不愿意回答的问题不要寻根问底,穷追不舍;不要与顾客争论,更不要与顾客随便开玩笑。总之,恰当、礼貌的交谈方式不仅能增进双方的了解、友谊和信任,而且能促使推销工作更加顺利、有效地进行。因此,推销人员必须注意讲究和遵守交谈中的语言礼仪,平时注意自己语言和表达能力的训练,积累交谈技巧,掌握语言艺术。

2. 举止

推销人员的举止可以归纳为八个字:潇洒、有度、得体、文明。潇洒是指推销人员的外表——从表情到衣着,要自然大方、整洁优雅、从容不迫、显示适当的风度。男士以"洁"为主,体现阳刚之美;女士以"雅"为主,体现高雅之美。有度是指推销人员的举止要符合公认的标准,即通常所说的"站有站相,坐有坐相",不夸张,不做作。得体是指在推销的特定场合要正确运用具有特殊礼貌意义的举止,准确表达自己的意愿,例如点头、举手表示打招呼，起立或双手与对方相握表示敬意，如此等等。文明是指推销人员与人交谈时要面带微笑，保持一定的距离，不能双腿抖动、挤眉弄眼、擤鼻涕、挖耳朵、随地吐痰等。举止包括的内容比较多，限于篇幅，这里不作详细介绍。

3．衣着

有一项调查表明，80%的客户对推销人员的不良外表持反感态度，因为推销人员的着装相当于销售商品的包装，包装粗糙，里面的商品即使是昂贵的，也会被人视为便宜货。中国历史上向来重视服饰问题，并且有极其严格的服饰制度。因此，推销人员应重视自己的服饰，注意衣着要与自己的年龄、体形、肤色、职业以及所处的场合相适应，并注意服饰色彩及其整体的搭配，以体现推销人员的审美情趣，给顾客留下良好的第一印象。推销人员的衣着一般应干净、整洁、朴素、自然、协调，不一定要求名贵或特别讲究，只要给人以清爽、精干的印象，整体感觉比较舒服即可，切忌衣冠不整、肮脏不堪。同时，注意不要佩戴过多饰物，以及过于名贵或廉价的饰物。因为从服饰礼仪的角度看，衣着不是纯粹的个人问题，它关系是否对他人的尊重，也折射出一个人内在的素质与修养。

小知识

容易忽略的十个销售细节

销售说到底是满足客户的需求的过程，也就是说产品的特性、优点能给客户带来的利益。但不可否认，除产品外，销售人员在拜访客户中的一些细节处理，对销售的成功率也有重要影响。

这里谈到的销售人员容易忽略的十个销售细节，也可以说是如何尊重客户的十个销售细节，实际上是满足客户被尊重的心理需求。

（1）销售人员的着装细节——"客户+1"。销售人员西装革履、提着公文包能体现公司形象，在任何时候都是不错的选择，但有时候还是要看拜访的对象，双方着装反差太大反而会使对方不自在，无形中拉开了双方的距离。如建材销售人员经常要拜访设计师和总包施工管理人员，前者当然要穿衬衫打领带以表现专业的形象，后者若同样着装则有些不妥，因为施工工地环境所限，工作人员不可能讲究着装，如果穿太好的衣服跑工地，不要说与客户交谈，可能连坐的地方都难找。专家说：最好的着装方案是"客户+1"，只比客户穿得"好一点"既能体现对客户的尊重，又不会拉开双方的距离。

（2）拜访的人数不超过3个。客户拜访要控制人数，首次拜访最理想的是2个人。1个人，客户会感觉你们公司没有实力（以后关系熟了就另当别论了），但超过3个人又有点夸张，客户觉得压力大。最关键的是人多嘴杂，不但影响双方沟通，也影响客户正常工作。

（3）交换名片注意细节。和客户第一次见面免不了要交换名片，最理想的方式是从西装上衣口袋取出名片，给客户的名片要正面对着客户，拿到客户名片要当场查看，直接收起来有不尊重对方的嫌疑。最好不要把客户名片放在桌上，否则很容易在你离开的时候忘记带走，对客户就是相当不尊重。

（4）不要站着讲解你的产品。当你赴约的时候，有时客户会走到接待区请你介绍产品，你应该拒绝站着讲解，否则就是贬低自己的企业和产品。如果你自己都觉得这是一件很随便的事情，那客户凭什么要为你的产品买单？你可以对客户这样要求："接下来我展示的东西很重要，大概要占用您几十分钟，我可以坐下谈吗？"当然，产品介绍会或会议营销就另当别论了。

（5）让客户坐在你的左手边。与客户面对面坐着，感觉大家是谈判对手，如果是一对一的拜访，你应有礼貌地询问对方是否可以与其坐在会议桌的同一边，或者会议桌直角的两边，这样你容易向他展示带来的资料。对方同意的话，从感情上来说双方就是一家人了，这时你最好让客户坐在你的左手边，这样与客户交谈比较方便，当你展示资料的时候，对方很容易清楚地看到。

（6）多说"我们"少说"我"。销售人员在说"我们"时会给对方一种心理暗示：销售人员和客户是联系在一起的，是站在客户的角度想问题，虽然只比"我"多了一个字，但却多了几分亲近。北方的销售人员在南方工作就有些优势，北方人喜欢说"咱们"，南方人习惯说"我"。

（7）随身携带记事本。拜访中随手记下时间、地点和客户姓名、头衔，记下客户的需求，答应客户要办的事情，下次拜访的时间，也包括自己的工作总结和体会，对销售人员来说这绝对是一个好的工作习惯。还有一个好处就是当你一边做笔记一边听客户说话时，除了能鼓励客户更多地说出他的需求外，一种受到尊重的感觉也在客户心中油然而生，接下来的销售工作就会比较顺利。再透露一个小技巧，笔记本越大，客户受尊重的感受越深。

（8）与客户交谈时尽量不接打电话。销售人员电话多，与客户交谈时没有来电好像不可能。不过大部分销售人员很懂礼貌，在接电话前会形式上请对方允许，一般来说对方也会大度地说没关系。但我告诉你，对方在心里会说："好像电话里的人比我更重要，为什么他会谈那么久？"所以销售人员在初次拜访或重要拜访时，不要接打电话，如果实在是重要电话，也要接了后迅速挂断，等会谈结束后再打过去。另外，在拜访客户时也不要刷微信朋友圈。

（9）永远比客户晚放下电话。销售人员工作压力大，时间也很宝贵，尤其在与较熟客户电话交谈时，很容易与客户没说几句话就先挂断电话，客户心里肯定不舒服。永远比客户晚放下电话，这也体现了对客户的尊重。也有些销售人员有好的习惯，会说："张工，没什么事我先挂了。"这个原则在微信沟通中同样适用，最后留言的一定是销售人员。

（10）保持相同的谈话方式。一些年轻的销售人员可能不太注意，他们思维敏捷、口若悬河，说话更是不分对象，节奏很快，碰到年纪大、思路跟不上的客户，根本不知道其在说什么，容易引起客户反感。

同样的道理，你与客户约在咖啡厅见面，当你问客户喝美式咖啡还是卡布奇诺时，你也最好点同样的饮料，这是获得客户好感的一个方法。

人最喜欢的是自己。除了自己呢？是跟你有共同爱好、共同价值观的朋友，虽然人与人的血型不一样、思维不一样、身份不一样，但人都喜欢与和自己有共同点的人交流。

（三）拜访礼仪

陌生拜访是推销人员经常进行的十分重要的工作。一般而言，推销人员的实际推销，都要事前对客户的有关信息进行一定的了解，并进行必要的沟通，以使推销达到预期的目的。拜访客户要遵守以下礼仪。

1．预约时间

推销人员多半是通过登门拜访来实现与客户交流并介绍产品的。选择什么时间登门，要事前与客户进行预约，以便客户能安排适当的时间。

推销人员
常见礼节

推销人员要选择适当的时间与对方进行预约，如不选择周一和周末，不选择刚上班或快下班的时候，也不选择重大节假日前后，而以对方相对比较空闲的时间进行预约为宜。

预约后，登门时间一般应选择节假日的下午或平日晚饭之后。此外，一定要遵守预约时间，不能无故失约。遇到非失约不可的意外事件，一定要设法提前通知对方并致歉，同时再次预约时间。

2．拜访准备

推销人员在约定时间后到拜访客户之前，要做相应的拜访准备，设法了解客户的基本信息，如兴趣爱好、家庭状况、婚姻状况等。拜访客户不能等同于推销，这一过程实际上是与客户增进交流、建立感情的阶段，如果没有充分的事先准备，不能与客户进行广泛的交流，达成彼此的了解和信任，接下来的推销工作就比较困难。必要时，可以根据客户的兴趣爱好准备一份适当的礼物，但注意礼物不要太贵重，以免弄巧成拙。

3．尊重主人

在约定的时间拜访客户时，一定要注意尊重对方。先轻轻敲门或按门铃，并后退一步等待主人开门；主人开门后应主动行握手礼（遇女主人时例外），首先向主人致以问候并主动作自我介绍，待主人允许后方可进门。进门后，要逐一问候主人的家庭成员，待主人示意请坐时应礼让主人先坐下，然后再坐下来，要坐在座位的 1/3 处，且身体略向前倾，不可一屁股坐下，仰靠在沙发靠背上，更不能翘二郎腿。主人若客气地上茶时，要起身致谢并双手迎接。

在进入主人家门后，要迅速看一眼主人家里的陈设，为即将开始的拜访留下寻找话题的伏笔。记住未经主人许可，不能擅自参观主人家居，也不要在落座后东张西望。谈话时，跟上主人的思路，不要过多谈论私人问题，除非主人自己主动介绍。谈话中以介绍企业历史、当前规模、生产能力、技术领先状况等为主。要领悟主人的兴趣所在，不妨多谈些主人感兴趣的话题，及时对主人的兴趣、爱好予以赞美。拜访时间一般不超过 1 小时，到时间要及时告辞。如果主人再三挽留，可以适当延长一些时间。辞谢时一定要对主人的会见、招待表示感谢，并对打扰主人表示歉意。

（四）会谈礼仪

在实际生活中，推销活动有时需要通过邀请重要客户或大客户到企业进行参观、考察来实现，并就产品的特殊要求、交货时间、运输条件、价格优惠、信贷条件、合作期限等问题交换意见。双方高层管理者之间会晤和商谈会涉及会谈的一般礼仪问题。

1. 会场准备

会场的布置应体现出礼仪的规范和对来客的尊重,还要体现出适当的隆重。通常情况下,会场一般安排在正式的专用会谈室,也可以安排在一般会议室或办公室,使用长方形或椭圆形的会议桌,宾主各坐一方。如果对方来人不多,也可以只设沙发,不需要桌子。较为正式的会谈,事前还要与对方就会谈的具体事宜(如会谈的目的、内容、时间、双方参加人员等)进行磋商,以便做更为妥当的安排。

在会谈场所的显眼处,最好张贴欢迎标语,并在会谈桌子上放置鲜花(如果对方是外商,则要考虑宗教禁忌和习俗,如日本忌荷花、欧洲人忌菊花等)。会谈开始前双方一般要作简短致辞,互赠有纪念意义的礼品。如安排有合影,则在合影后入座。

2. 合影礼仪

合影时,一般是主人居中,主人右边为主宾,客方其他人员在主人和主宾两边依次站立,主方人员站两旁。如果人员较多,分两排及以上时,第一排人员要考虑身份,按身份高低从中间依次向两旁排开。

3. 进入会场

双方会谈时间确定后,主方应提前到达准备,客人到达时要在正门或会议室门前迎接,也可安排迎宾、工作人员在会场大楼前迎候并引领到会谈地点,主人在会谈室门口迎接。会场内要安排足够的座位,在座位的前方安放座位卡(外宾要有中英文对照)。

4. 座位安排

座位安排所体现的礼仪集中于双方座位的位置和座次的安排。通常主、宾相对而坐,一般面对正门一方为上座,应安排宾方面对正门就座、主方背对正门就座为好。座次安排则由双方的主谈人员居中,其他人员按礼宾顺序左右安排就座。后排是记录人员或译员(国际营销时有的译员安排在主、宾之间,或安排在主谈者右侧)。

(五)宴请礼仪

在推销工作中,有时需要安排一些宴请活动,或在客户参观企业时安排,或在推销所在地安排。宴请形式有宴会、招待会。选用哪种宴请形式一般根据需要而定,但不同的宴请形式有不同的礼仪。

1. 宴会

宴会是较为正式的宴请,从宴请时间来分,分为早宴、午宴和晚宴,以晚宴最为正式和隆重。从宴会的正式程度来分,宴会一般分为正式宴会和便宴两种。正式宴会用于规格较高的宴请,讲究宴会的排场和气氛,对于餐具、酒水、陈设等要求严格,有时要在请柬上注明对参加宴会者的服饰要求,甚至对服务员的服饰也有特别要求。在宴会上,宾、主要按身份就座,并且一般在宴会前有一个简短的仪式,如宾、主致辞等。便宴则多用于规格较低或日常往来客户的非正式招待,不需要有太多的讲究。

2. 招待会

招待会在形式上有冷餐会、酒会、茶会和工作餐等,一般用于各种非正式和较为灵活的宴请,其中又以冷餐会和酒会最为常见。其形式一般不排座位,可以自由走动。

3. 组织宴会

宴会的组织最能体现礼仪礼节知识。一个成功的宴会一定要有细致的宴会组织。这里简要介绍组织中国宴会的基本程序。

（1）明确宴请目的，即宴请目的是属于迎来送往、纪念（喜庆）节日、开业庆典，还是增进了解、发展友谊、合作成功；是庆贺交易成功、展会开（闭）幕，还是工程开（竣）工等。

（2）明确宴请对象。邀请什么人参加宴会，由谁来出面邀请，要根据主人的身份和宴会的规格来确定。谁出面邀请客人是有讲究的，邀请人身份低了，易给对方造成受到冷落、宴会规格不高或不尊重客人的印象，而邀请人身份过高，则会给受邀者无所适从感。

（3）明确邀请范围。宴会邀请范围的确定要考虑多方面的因素，一般应考虑宴请性质、主宾身份、主人身份及宴请惯例等。

（4）明确宴请形式。宴请形式取决于所在地区的习惯。中国地区差异虽大，但宴请习惯并无太大差异。如果考虑国际营销中的宴请，则要尊重国际习惯。

（六）赴宴礼仪

有些推销人员有时也会收到客户的宴请邀请，无论能否出席，都要尽早回复对方，以便主人进行安排。在国际营销中如遇到请柬上注有"R.S.V.P（请答复）"的字样，则一定要及时答复，而仅有"to remind（备忘）"字样的请柬，可不必答复。一旦接受邀请，不能随意更改。注意应邀出席宴请活动之前，要核实宴请的主人，活动举行的地点、时间，是否邀请了配偶，对服饰有无要求等，以免失礼。

要掌握好出席宴会的时间。因为到达宴会地点时间的迟早、逗留时间的长短，在一定意义上反映了对主人的尊重程度。除非你的身份高，否则应提前到达宴会地点。当然，要根据习惯或者宴会性质来掌握好时间。

要注意入座与进餐礼仪。到达宴会地点后，应首先向主人问好、祝贺或致谢，然后遵照主人的安排在指定的桌次与座次就座，不宜随便就座。就座后如果左右邻座已有客人，应主动与他们打招呼；如果几乎同时就座，则应主动帮助他们先就座，特别是长者和女士，然后再入座，且应从座位的右侧入座。待主人招呼后，方可进餐。如果有多桌客人，则应等待主宾席开始进餐后才能进餐，不能自己先进餐。

有时在宴会上可能出现意外情况，特别是吃西餐，要注意刀叉碰击盘子的声音不要太响，吃饭、喝汤的声音不能太大。若不慎出现餐具掉落、酒水洒溢的情况，应轻声向邻座或主人说声"对不起"。

（七）参观礼仪

在一些大型成套设备推销和长期产销合作关系建立的推销活动中，有时要参观对方企业或邀请对方来自己的企业进行参观，以了解企业的经营管理水平、技术装备水平、员工素质状况、企业的生产规模和产品供应能力等。参观一般有两种情形：一是因洽谈业务的需要，而应邀或邀请对方来参观企业，无论哪种情况，事先都应坦率说明参观的目的和要求，让彼此了解参观的真实意图，并在参观中如实介绍有关情况。二是通过参观来增长知识。

（八）其他礼仪

推销人员在实际工作中会遇到许多具体需要注意的礼仪礼节问题，如馈赠、电话商谈、信函往来、合同签署、休闲活动安排等，这里不再详细介绍。

任务三　推销理论与推销模式分析

任务引入

推销人员张伟在推销产品时注重对产品的了解，对产品的作用、性能倒背如流。所以，在见到顾客时，他总是先礼貌地打个招呼，恭敬地把名片递给顾客，一边说："您好，我是某公司销售部的推销人员，我叫张伟，我来是推销××的，请多关照。"然后很快就开始他的推销介绍，可是他的推销成绩并不理想。后来，张伟在进行推销介绍时，又列举了很多顾客应该购买他的推销产品的理由，虽然说得头头是道，但是他的推销成绩仍不理想。张伟苦恼极了，你认为他欠缺的是什么呢？

任务 1：张伟需要掌握推销的理论，针对不同客户的特点调整策略进行推销。

任务 2：张伟需要了解推销的模式，根据推销活动的特点以及顾客接受推销过程各阶段的心理演变采取不同的策略。

任务分析

现代推销活动是以满足顾客需要为前提的，推销人员通过各种推销技术和推销手段，向顾客说明推销品给其带来的利益，以吸引顾客，说服顾客购买推销品。因此，推销人员在推销之前必须调整好自己的心态，掌握顾客的购买心理，以便能够针对顾客的具体情况熟练地运用恰当的推销模式。只有这样，才可能取得良好的销售业绩。

知识链接

一、推销方格理论

推销方格理论是美国管理学家罗伯特·R.布莱克教授和 J. S. 蒙顿教授于 1970 年根据管理方格理论的要旨，并研究了推销人员与顾客的关系而率先提出来的，它是推销学基础理论的一大突破。

推销人员向顾客推销的过程实际上是双向沟通的过程。在交往中双方会对彼此产生一定的印象和看法，而这种印象和看法会直接影响推销结果。推销方格理论分为推销人员方格和顾客方格两个部分。推销人员方格是研究推销活动中推销人员的心理活动状态，顾客方格则是研究顾客在推销活动中的心理活动状态。大量工作实践表明，要做好推销工作，必须了解买卖双方对推销活动的态度。学习推销方格理论，一方面可以直接帮助推销人员更清楚地认识自己的推销态度，看到自己在推销工作中所存在的问题，进一步提高自己的推销能力；另一方面，推销方格理论还可以帮助推销人员更深入地了解顾客，掌握顾客的心理活动，以便有的放矢地开展推销活动。下面我们分别介绍推销人员方格和顾客方格。

（一）推销人员方格

推销人员在推销活动中有两个目标：一是尽力说服顾客，完成交易；二是尽力迎合顾客的心理活动，与顾客建立良好的人际关系。在第一个目标中，推销人员关心的是销售；在第二个目标中，推销人员关心的是顾客。不同的推销人员对待这两个目标的态度是不同的，把它们表示在方格图上，就是推销人员方格，如图 1-3 所示。

图 1-3　推销人员方格

在图 1-3 中，横坐标表示推销人员对完成推销任务的关心程度，纵坐标表示推销人员对顾客的关心程度；坐标值由 1 到 9 不断增加，坐标值越大，表示推销人员对其关心的程度越高。根据推销人员方格可将推销人员分为许多不同的类型，以下是五种典型的推销人员类型。

1. 事不关己型

推销人员方格图中的(1,1)型推销人员，他们既不关心自己的推销任务能否完成，也不关心顾客的需求和利益能否实现。这种类型的推销人员对工作缺乏必要的责任心和成就感，也没有明确的奋斗目标。他们对顾客缺乏热情，顾客是否购买商品与自己无关。他们对待工作的态度极差，回答顾客所提的问题极不耐心，甚至在推销商品过程中与顾客发生争吵，在顾客当中的形象很坏。产生这种心态的原因：一是推销人员缺乏敬业精神，不思进取；二是企业缺乏有效的激励机制。要改变这种态度，首先要要求推销人员树立正确的推销观念，正确对待顾客，正确对待推销工作，严格要求自己，树立积极向上的人生观；其次，企业要建立明确的奖惩制度，奖勤罚懒。

2. 顾客导向型

推销人员方格图中的(1,9)型推销人员，他们非常重视与顾客的关系，而不关心销售的完成情况，即推销人员刻意强调在顾客中树立自己良好的形象，处处为顾客着想，甚至放弃原则来迎合顾客，迁就顾客，尽量满足顾客的要求，达到与顾客建立良好关系的目的。这类推销人员只重视建立与顾客之间的良好关系，而忽视了推销任务的完成，不会成为好的推销人员。产生这种心态的主要原因：一是推销人员片面扩大了人际关系在推销过程中的作用；二是推销人员对以顾客为中心的现代推销观念的实质认识不清。因此，成功的推销人员必须明确：一方面，承认人际关系对增加订单、完成推销任务有积极作用，但这种关系如果不能使销售额增加，那这种关系对于促进交易的作用就不明显了，推销人员需要改变推销策略；另一方面，推销人员要坚持为顾客服务的思想，同时又必须善于对顾客进行教育，对顾客明显的偏见、误解等表明自己的态度和立场，这样既能满足顾客需要，又有利于推销目的的顺利实现。

3．强力推销型

推销人员方格图中的(9,1)型推销人员，他们具有强烈的成就感与事业心。这种推销人员的心态与顾客导向型正好相反，只重视推销是否成功，而不考虑顾客的需求和利益。他们千方百计地说服顾客购买，甚至不择手段地采取强行推销的方法，将商品推销出去，而不考虑顾客是否真正需要所推销的商品。这类推销人员在推销商品时一般只考虑其个人的推销成果，而忽略了与顾客之间的关系，更不会去考虑其行为给企业形象带来的不良影响。他们有很强的推销意识，就是想尽一切办法将商品推销出去。产生这种态度的原因是，推销人员对"达成交易"是推销工作的中心任务这一观点产生了片面性理解，急于求成。推销人员应充分认识到，达成交易作为推销工作的中心任务，是针对推销工作的长期性而言的，推销人员决不能要求每一次业务拜访都能达成交易，不能把它推广到每一次具体的推销活动中去。俗话说："欲速则不达。"如果推销人员只顾完成销售任务，而不尊重顾客，不考虑顾客的实际需求，强行推销，则会断送企业的长远利益。因此，推销人员必须按现代推销理念的要求，诚心诚意地进行推销，才能有所成就。

4．推销技巧型

推销人员方格图中的(5,5)型推销人员，他们既关心推销成果，也关心与顾客之间的关系。他们热爱推销工作，十分重视对顾客心理和购买动机的研究，善于运用推销技巧。若在推销中与顾客意见不一致，一般都能采取折中的办法，使双方相互妥协，避免矛盾冲突。他们能够非常巧妙地说服一些顾客购买实际上并不需要的商品，从表面现象来看，这种推销人员是较理想的推销人员，但应引起我们注意的是，他们只重视对顾客心理和行为及推销技巧的研究，而对顾客的需求和利益考虑得很少，这实际上损害了顾客的利益。从某种程度上看，这种类型的推销人员有一定的推销能力，但实际上这种推销人员很难适应现代推销观念的要求，在激烈竞争的现代市场中是很难取得成功的。

虽然这类推销人员踏实肯干、经验丰富、老练成熟，往往也具有较好的推销业绩，但他们不能成为推销专家。因为他们在推销中只注意推销技巧，注意顾客的心理状态，注重说服顾客的艺术，而不十分关心顾客的真正需求，不十分关心自己的销售额。他们对销售额和顾客的关心仅限于中等的水平上，而且其推销技巧也尚未达到娴熟的程度。他们可能会说服顾客购买不需要的产品，从长远讲，既损害了顾客的利益，也不利于企业的长远利益。

5．解决问题型（满足需求型）

推销人员方格图中的(9,9)型推销人员，他们属于较理想的推销人员，其推销心态极佳。他们对自己的推销工作及效果非常重视，并且十分关心顾客的需求。他们注意研究整个推销过程，总是把推销的成功建立在满足推销主体双方需求的基础上，针对顾客的问题提出解决办法,并在此基础上完成自己的推销任务。这种推销人员能够最大限度地满足顾客的各种需求,同时取得最佳的推销效果。这类推销人员可以说是理想的推销人员。

解决问题型的推销人员具备了现代推销人员的基本素质和能力的要求,能够适应现代市场经济的发展要求,能够成为最理想、最优秀的推销人员。

(二)顾客方格

推销活动不仅受推销人员态度的影响,而且也受顾客态度的影响。交易能否实现,最后还是要取决于顾客的态度。顾客在与推销人员接触的过程中,会产生对推销人员与推销活动、自身购买活动两方面的看法。这就使他们在购买商品时,头脑中都装有两个具体、明确的目标:一个目标是与推销人员谈判,力争以尽可能小的投入获取尽可能大的收益,完成其购买任务;另一个目标是争取与推销人员建立良好的关系,为今后的合作打好基础。每个顾客对这两个目标的追求程度和态度是不一样的,将其表现在方格图上就称为顾客方格,如图1-4所示。

图1-4 顾客方格

在图1-4中,横坐标表示顾客对购买的关心程度,纵坐标表示顾客对推销人员的关心程度。不同位置的方格代表着不同顾客在购买过程中的心理和态度,数值越大表示顾客关心的程度越高。按顾客方格,可以划分出顾客态度的类型,其中具有代表性的有以下五种类型。

1. 漠不关心型

顾客方格图中的(1,1)型顾客属于漠不关心型顾客。这类顾客对上述两个目标的关注程度都非常低,既不关心自己与推销人员的关系,也不关心自己的购买行为及结果。他们当中有些人的购买活动有时是被动和不情愿的,购买决策权并不在自己手中,他们往往要服从于长辈或上级领导;也有些人的购买是受人之托,自己做决策有风险,具体表现为尽量避免做出购买决策,回避推销人员,认为购买决策与自己无关。他们对推销人员和自己的购买活动既不热心，又不负责任。向这类顾客推销商品是非常困难的，推销成功率是相当低的。

对待这类顾客，推销人员的首要任务是尽力使推销工作能继续进行，并主动了解顾客的情况，搞好与顾客的关系，消除其戒备心理；其次是向顾客说明自己的推销是为了满足顾客的需求，并为其提供优质服务，绝不会为顾客增添烦恼，并强调自己是讲信用的，以提高顾客的信心，促其做出购买决策。

2．软心肠型

顾客方格图中的(1,9)型顾客属于软心肠型顾客。这类顾客对推销人员以及对与推销人员建立良好关系极为关注，而对自己的购买行为和目的却不太关心。这类顾客非常注重情感，当推销与购买发生冲突时，为了能与推销人员保持良好的关系，或者为了避免不必要的麻烦，他们很可能向推销人员做出让步，吃亏地买下自己不需要或不合算的推销品。许多老年人和性格柔弱、羞怯的顾客都属于此类顾客。

对待这类顾客，虽然容易成交，但推销人员同样必须以自己的理智调动顾客的理智，要善于保护顾客的感情，绝不能愚弄顾客，更不能欺骗顾客，以确保与顾客的长期合作。

3．干练型

顾客方格图中的(5,5)型顾客属于干练型顾客。这类顾客对推销人员及自己的购买活动都十分关心，购买时头脑冷静，既理智又重感情，考虑问题周到。他们都具有一定的商品知识和购买经验，做出购买决策非常慎重，既乐意听取推销人员的意见，又倾向于自主地做出购买决策。他们有自己的主见，有自尊心，不愿轻信别人，更不会受别人的左右。这类顾客有时会与推销人员达成圆满的交易，买到自己满意的商品，但有时也会为了自尊、身份及其他原因购买一些自己并不十分需要或很不合算的商品。

对待这类顾客最好的方法就是要尽量满足其消费心理，推销人员充分摆明事实和证据，让其自己做出购买决策。

4．防卫型

顾客方格图中的(9,1)型顾客属于防卫型顾客。这类顾客对自己的购买行为极其关心，只考虑如何更好地完成自己的购买任务，而对推销人员非常冷淡，甚至有敌对态度。在他们的心目中，推销人员都是只想把商品卖给顾客，从而本能地采取防卫的态度，担心受骗上当，怕吃亏。这类顾客在购买过程中小心谨慎，斤斤计较，总希望获得更多的利益。

这类顾客只是对推销人员或推销工作有偏见，而不是不愿意接受推销品。所以，推销人员必须首先推销自己，取得顾客的理解和信任，才能使推销工作顺利进行。随着市场经济的发展，推销工作越来越受到社会各界的重视，也会有更多的社会公众理解推销工作。但推销自己的形象、信誉、人格，永远是确保推销活动顺利进行不可缺少的内容。

5．寻求答案型

顾客方格图中的(9,9)型顾客属于寻求答案型顾客。他们被认为是最成熟的顾客。他们不仅关心自己的购买行为，而且高度重视推销人员。他们在考虑购买商品之前，能够非常理智地对商品进行广泛的调查分析，既了解商品的质量、规格、性能，又熟知商品的行情，对自己所要购买商品的意图十分明确；他们对商品采购有自己的独特见解，不会轻易受别人左右，但他们也十分愿意听取推销人员提供的观点和建议，对这些观点和建议进行分析判断；他们充分考虑推销人员的利益，尊重和理解他们的工作，不给推销人员出难题或提出无理要求；他们把推销人员看成自己的合作伙伴，最终买卖双方都满意。

对待这类顾客，推销人员应积极参谋，主动为顾客提供有效服务，及时向顾客提供真实、有效的信息，诚心诚意帮助顾客解决问题。

（三）推销人员态度与顾客态度的关系

推销的成功与失败，不仅取决于推销人员的工作态度，同时也受顾客态度的影响。布莱克教授总结出推销人员方格与顾客方格的关系，反映了推销人员态度与顾客态度之间的内在联系。

一般地说，推销人员的心理态度越是趋向于解决问题型，如图 1-3 中的(9,9)型所示，其推销能力越强，就越有可能收到理想的推销效果。从国外有关人士与机构对推销人员推销心态和推销绩效之间关系的比较研究发现：在推销业绩方面，按照如图 1-3 所示的推销人员分类,(9,9)型（解决问题型）比(5,5)型（推销技巧型）高 3 倍，比(9,1)型（强力推销型）高 15 倍，比(1,9)型（顾客导向型）高 9 倍，比(1,1)型（事不关己型）高 75 倍以上。由此可见，不同的推销人员对推销工作的贡献相差很大。可见，要成为一位出色的推销人员，健康的心态是不可缺少的。推销人员应树立正确的推销态度，要加强培训与锻炼，调整与改善自我心态，努力使自己成为一个能够帮助顾客解决问题的推销专家。

当然，具有(9,9)型推销心态的推销人员是理想的推销专家，但并不是说只有这种心态的推销人员才能取得推销佳绩。推销人员的推销活动能否成功，除自身的努力以外，还要看顾客是否愿意配合。如果推销专家遇到一位铁了心不购买推销品的顾客，纵然他有很高明的推销技法，也很难成功。如果一位(1,9)型（顾客导向型）推销人员遇到一位(1,9)型（软心肠型）顾客，双方都特别关心对方，尽管推销人员不算是一个优秀者，但他依然能够取得推销的成功。

根据推销方格理论，五种类型的推销人员和五种类型的顾客可进行不同的组合。这时就会发现：有的能顺利达成交易，有的不能成交，有的即使成交，也不是二者简单搭配的结果。为此可用表 1-1 表示推销人员与顾客的关系。

表 1-1　推销人员与顾客的关系

推销人员方格	顾客方格				
	(1,1)	(1,9)	(5,5)	(9,1)	(9,9)
(9,9)	+	+	+	+	+
(9,1)	0	+	+	0	0
(5,5)	0	+	0	-	0
(1,9)	-	+	0	-	0
(1,1)	-	+	-	-	-

注："+"表示推销成功的概率高；"-"表示推销失败的概率高；"0"表示推销成功的概率与推销失败的概率几乎相等。

正确把握推销心态与购买心态之间的关系是非常重要的。只要二者能相互配合、和谐统一，推销就会成功。

二、推销模式

所谓推销模式，是指根据推销活动的特点及对客户购买活动各阶段的心理演变应采取的策略归纳出的一套程序化的标准推销形式。在推销实践中，由于推销活动的复杂性、市场环境的多变性，推销人员不应被标准化程序所束缚，而应从掌握推销活动的规律入手，灵活运用推销模式。只有这样运用推销模式，才能起到提高推销效率的作用。

（一）"爱达"模式

根据消费心理学的研究，客户购买的心理过程可以分为四个阶段，即注意（attention）、兴趣（interest）、欲望（desire）、行动（action），其英文缩写为 AIDA，音译为"爱达"。国外心理学家和推销专家根据上述四个阶段的特点和他们的实践经验，研究出一套应对客户的方法和程序，这就是推销中的"爱达"模式。"爱达"模式的内容可以表述为：一个成功的推销人员必须把客户的注意力吸引或者转移到其产品上，使客户对其推销的产品产生兴趣，这样，客户的购买欲望也就随之产生，而后促使客户做出购买行动。该模式可分为以下四个步骤。

1. 唤起注意

唤起注意就是要使客户的注意力从自我或他人转向推销方面。为了吸引客户的注意力，说好第一句话是至关重要的，心理学家在研究推销心理时发现，客户听第一句话比听以后的话认真得多。如果客户听到的第一句话是一些杂乱无章的内容，那么往往会导致而后的推销谈话丧失效用。为了防止客户走神或者考虑其他问题，开头几句话必须生动有力，不能拖泥带水、支支吾吾，力求避免使用毫无意义的问句，如"很抱歉，打扰您了，但……""我只是想知道……""我到这里来的目的是……""我来只是告诉您……"等。一位钢铁产品推销人员对客户说："我们新近生产了一种新产品，这种产品可以降低你们的生产费用。现在我能问您几个问题吗？"哪一个生产厂商能对减少生产费用的建议不感兴趣呢？最后，这个推销人员得到了大笔订单。

案例 1-4

一个推销人员面对顾客，开口总是说："我是××公司的销售代表，这是我的名片。我们公司生产的××产品，性能优良，质量稳定，希望你考虑购买我们的产品。"这种开场白使顾客感觉到围绕话题的中心是推销人员及推销品。接受推销、购买产品是推销人员所希望的事，与顾客无关，由此会导致推销人员总是遭受拒绝和冷遇。如果在一开始就让顾客感觉到自己是被关注的中心，自己的需要和利益才是真正重要的，那么气氛就会不同。"久闻大名，大家都希望能为您做点事情。这是我的名片，希望能为您效劳。"最冷漠的顾客也会感动，从而将注意力集中起来。可见，吸引顾客眼球，引起顾客好感和注意，是推销成功的关键一步。

资料来源：杨雪青. 商务谈判与推销[M]. 北京：北京交通大学出版社，2009：199.

【启示与思考】

推销人员想引起顾客的兴趣就一定要有用户思维,让用户觉得推销人员是在帮助他,协助他,而不是打搅他。

2. 诱导兴趣

诱导客户购买兴趣的关键是,要让客户清楚地意识到接受推销的产品之后会得到利益或好处,推销人员要利用各种方法向客户证实推销的产品的优越性,以此引导他们的购买兴趣。一般来说,诱导客户兴趣的最基本的方法是示范。示范具有如下功能。

(1)它能够运用动作的刺激,使注意倾向优先地发生,并集中于推销的产品,防止注意力的转移和分散。

(2)示范刺激是一种视觉刺激,视觉比其他知觉具有更明显的印象效果。

(3)示范更具体,比其他刺激更容易为人们所理解,因而也更容易在短时间内奏效。

在推销中常用的示范方法有对比、体验、表演、写画等。为了增强示范的效果,示范要有计划地进行,同时要给人以新颖感。例如,有一个胶水推销人员让客户在一页纸的一端涂抹胶水,然后把带胶水的一端贴在一本厚厚的电话号码簿上,再用这页纸把电话号码簿提起来,以此向客户示范胶水的黏合力,这种方式使客户耳目一新,印象十分深刻。

3. 激发欲望

如果推销人员的示范令人信服,客户也明确地表示了这一点,但客户还未采取购买行动,其原因之一就是购买欲望尚未被激起,兴趣和欲望毕竟不是一回事。因此,在这一阶段,推销人员首先应当尽量刺激客户的购买欲望,然后再做说服工作,通过向客户介绍情况、讲道理,提出一些颇有吸引力的建议,使客户信服,使客户认识到这种购买是必需的,并使其产生购买念头。

一般来说,客户对推销的产品产生兴趣后就会权衡买与不买的利益得失。对那些正处在买与不买的犹豫状态的客户,推销人员若能巧妙地向客户说明购买了本产品后客户将会感到称心如意,并从中得到乐趣,得到实惠,同时强调产品的心理性使用价值以及在物质的基础上描绘精神上的"图景",这样就会大大增添产品吸引人的魅力,加强客户的购买欲望。

4. 促成交易

所谓促成交易,是指推销人员运用一定的成交技巧来敦促客户采取购买行动。有些客户在产生了购买欲望之后,往往不需要任何外部因素的刺激就会自己做出购买决策。但在通常情况下,尽管客户对推销的产品产生了兴趣并有意购买,也会处于犹豫的状态。这时,推销人员就应注意成交的信号,掌握有利时机,运用一定的成交技巧来施加影响,以促成客户尽快做出购买决策,而不是任其发展。

"爱达"模式是一种传统的推销手法,最早起源于美国。事实证明,这一模式的生命力是很顽强的。"爱达"模式四个发展阶段的完成时间是不固定的,可长可短;四个阶段的先后次序也不是一成不变的。这一推销过程可能需要几个月的时间才能完成,也可能只需要几分钟就能完成,有时也可以省掉其中的一两个阶段,但促成交易是其终极目标。

（二）"迪伯达"模式

"迪伯达"模式是国际推销权威海因兹·姆·戈德曼从推销实践中总结出来的一种行之有效的推销模式，即发现（definition）、结合（identification）、证实（proof）、接受（acceptance）、欲望（desire）、行动（action），缩写为 DIPADA。该模式的基本思路是：找出客户需求，促使客户想到需求，推销人员说明自己的产品可以满足其需求，并由此促使客户购买。与传统的"爱达"模式相比，"迪伯达"模式的特点是紧紧抓住了客户需求这个关键点，使推销工作更能有的放矢，因而该模式具有较强的针对性。

"迪伯达"模式把推销全过程概括为六个阶段：① 准确地发现客户有哪些需求和愿望；② 把推销的产品和客户的需求、客户的愿望结合起来；③ 证实推销的产品符合客户的需求和愿望；④ 促使客户接受所推销的产品；⑤ 刺激客户的购买欲望；⑥ 促使客户采取购买行动。

"迪伯达"模式是一种更灵活、更高级的推销方式，按照这种方式进行业务洽谈看起来比较复杂，但效果却是很理想的。

案例 1-5

以下是某品牌冰箱推销人员在商场进行产品推销的实例。

推销人员："这位小姐，您好。请问您需要购买什么样的冰箱？"

顾客："我看看。我家的冰箱小了，想换个大一点儿的。"

推销人员："是啊，现在家庭的食品越来越丰富了，以前的冰箱容积一般都比较小，不太适用了。请问您家几口人啊？"

顾客："我家人不多，夫妻俩加一个孩子。不过我们平时工作忙，上街购物时间不多，所以每次都会一次性买很多东西放到冰箱里面。"

推销人员："一次性买得多，使用时间长，那就要买一个容积大，同时有很好保鲜效果的冰箱。我们的生物保鲜系列冰箱就具有超长保鲜功能，容积大，食物长时间储存不变质、不脱水，特别适合您这样一次购物量大的家庭。"

顾客："我觉得食物放在冰箱里面时间一长就容易脱水，味道不好了。"

推销人员："是的，一般冰箱保鲜能力差，但是我们的生物保鲜系列冰箱采用了零度保鲜技术，在 0℃时，食物既可以保持'鲜活'状态，又能使食品变质的细菌繁殖得到最大限度的抑制。因此，我们的零度生物保鲜冰箱能够有效地锁住食物的营养和水分，延长食物的保鲜寿命。

"您看，这是中国家电研究院对市场上正在销售的我们的生物保鲜冰箱进行的实验室保鲜性能检测。各项检测数据显示，我们的'零度'保鲜冰箱在水分、VC（维生素）等保鲜指标上名列前茅。"

顾客："感觉是不错。我再考虑考虑吧。"

推销人员："对了，您刚才说您有个孩子，多大了啊？"

顾客："六岁半了，很调皮。"

推销人员:"孩子是家长的未来,孩子身体发育期间既要注意营养,更要注意卫生。其实现在冰箱里面放很多东西,生食和熟食常常混放,小孩子不懂事,容易吃了不干净的食物。您看我们的冰箱生食区和熟食区是独立隔开的,同时有明显的指示图案,小孩子很容易分得清。"

顾客:"你们这一款218 L的冰箱价格多少啊?"

推销人员:"这一款现在的价格是3970元。"

顾客:"有点贵啊!"

推销人员:"我们的这一款价格不贵的,现在在做特价,其他家一样大小的不具有超长保鲜功能的冰箱也要这个价格。您花同样的价格买一个我们这样的超长保鲜冰箱,很划算的。"

顾客:"我觉得这一款冰箱还可以,不过我觉得价格还是贵了一点儿。那我再到其他商场看看,比较一下吧。"

推销人员:"我们的产品是全市最低价的。您如果不放心,我们可以承诺,如果您在其他商场发现同样产品的价格比我们低,我们双倍返还差价。同时我们今天在举行购物幸运时间活动,您在幸运时间可以享受免费购物。祝您好运!不过这个活动今天是最后一天。"

顾客:"这样啊,我最近运气不错。那好吧,我就订这款冰箱,我要这种红色的。你开票吧。"

资料来源:胡善珍. 现代推销[M]. 北京:高等教育出版社,2010.

问题:请描述这个推销人员是如何一步步利用"迪伯达"模式进行冰箱推销的。

【启示与思考】

请分别从"迪伯达"六个步骤来分析推销人员的推销过程和关键点。

(三)"埃德帕"模式

"埃德帕"模式将推销全过程分为五个阶段:第一阶段,把推销的产品与客户的愿望联系起来(identification);第二阶段,向客户示范合适的产品(demonstration);第三阶段,淘汰不宜推销的产品(elimination);第四阶段,证实客户已做出正确的选择(proof);第五阶段,促使客户购买推销的产品,使客户做出购买决定(acceptance)。该模式的英文缩写形式IDEPA由上述五个阶段的英文首位字母组成。

"埃德帕"模式是"迪伯达"模式的简化形式,它适用于有着明确的购买愿望和购买目标的客户,是零售推销较适用的模式。当客户主动来到零售商店,提出要购买某些产品,或者手里拿着购货单,此时应使用"埃德帕"模式。总之,无论是哪种类型的购买,只要是客户主动与推销人员接洽,哪怕是通过电话询问某一产品的情况,"埃德帕"模式都是一种较为适合的推销模式。

(四)"费比"模式

"费比"模式是由中国台湾地区中兴大学商学院院长郭昆漠总结出来的推销模式。"费比"是英文 FABE 的中文译音,而 FABE 则是由英文单词

何为FABE销售法

feature、advantage、benefit 和 evidence 的首位字母组成。这四个英文字母表达了"费比"模式的四个步骤：把产品的特征（feature）详细介绍给客户；充分分析产品优势（advantage）；描述产品给客户带来的利益（benefit）；以"证据"（evidence）说服客户购买。

如何应用 FABE 销售法

1. 详细介绍产品的特征

该模式要求推销人员要以准确的语言向客户介绍产品的特征。介绍的内容包括产品的性能、构造、作用、使用的简易性及方便程度、耐久性、经济性、外观、优点以及价格等，如果是新产品，则应更详细地介绍。如果产品在用料和加工工艺方面有所改进，也应介绍清楚。如果上述内容多而难记，推销人员应事先打印成广告式的宣传材料与卡片，以便在向客户介绍时将材料和卡片交给客户。因此，如何制作好广告材料和卡片成为"费比"模式的主要特色。

2. 充分分析产品优势

推销人员应针对在第一步中介绍的特征，寻找出其特殊的作用，或者是某项特征在该产品中扮演的特殊角色、具有的特殊功能等。如果是新产品，则务必说明该产品的开发背景、目的、设计时的主导思想、开发的必要性以及相对于老产品的差别优势等。当面对的是具有较高专业知识的客户时，则应以专业术语进行介绍，并力求用词准确，言简意赅。

3. 描述产品给客户带来的利益

这是"费比"模式中最重要的一个步骤。推销人员应在了解客户需求的基础上，把产品能给客户带来的利益尽量多地列举给客户。在列举时，不仅要讲产品外表的、实质上的利益，更要讲产品给客户带来的内在的、附加的利益。从经济利益、社会利益到工作利益以至社交利益，都应一一列举出来。在对客户需求了解不多的情况下，应边讲解边观察客户的专注程度和表情变化，在客户表现出关注的主要需求方面要特别注意多讲解、多举例。

4. 以"证据"说服客户

推销人员在推销中要避免用"最便宜""最合算""最耐用"等字眼，因为这些话已经令客户反感而没有说服力了。因此，推销人员应用真实的数据、案例、实物等证据解决客户的各种疑虑，从而促使客户购买。

 案例 1-6

"张总，您曾经提到能源成本居高不下，导致产品缺乏竞争力。因为直流变频压缩机可根据实际空调开启的数量，在 5%～100%变频调节，所以相比其他非变频压缩机，能省电 30%左右。对企业而言，每年能节省资金 200 万元，这对提升咱们企业的竞争力有帮助，不是吗？"

问题：请按照"费比"模式分析案例中推销员的推销技巧。

资料来源：陆和平. 工程项目大客户销售攻略[M]. 北京：北京燕山出版社，2020：175.

【启示与思考】

分别从特点、功能、利益、证据四个角度来分析，特别要关注这四者之间的关联度。

（五）"吉姆"模式

"吉姆"模式（GEM）是一种对培养推销人员的自信心、提高其说服力极有帮助的模式。该模式的关键是"相信"，即推销人员一定要相信自己所推销的产品（goods）、相信自己所代表的公司（enterprise）、相信自己（man）。推销业务的"成交"是产品、公司和推销人员三要素综合作用的结果。

推销这种职业要求推销人员首先说服自己，然后再说服别人。在所拜访的客户中，有 4/5 的人会对所推销的产品不感兴趣。这就需要推销人员在精神上和感情上做出极大的努力。正是由于这种原因，推销人员必须完全相信他所从事的推销工作是大有作为的。只有相信自己的产品和公司才能充满信心，只有具备自信才会产生积极性，而积极性又可以使推销洽谈获得成功。对所代表的公司缺乏信任是非常危险的；对所推销的产品缺乏信心是十分有害的；而对自己缺乏自信心则是最致命的。因此，"吉姆"模式可以说是推销洽谈的先决条件。

在多数企业里，要求推销人员掌握的只是产品知识、市场情况和一些必要的推销技巧，很少关心推销人员是否具有自信心。事实上，工作热情不是自发的，它需要帮助。不仅是推销新手，就是有经验的推销人员也需要得到别人的帮助。

1. 要相信自己所推销的产品

公司及其各职能部门要向推销人员介绍有关产品的各类资料，使推销人员对本企业产品有全面、深刻的了解。同时，还要把所推销的产品同竞争产品相比较，使推销人员看到自己产品的长处，使其更加相信自己的产品。

2. 要相信自己所代表的公司

要使推销人员相信自己的公司及其产品，公司和产品的信誉是基础，推销人员和公司的全体职工要共同创造公司的商业特征，树立公司的形象；创造公司的个性，确立公司的声誉；创造公司的成功，激发客户的购买动机。

3. 要相信自己

推销人员首先要相信自己是一个合格的推销人员，对每次产品的推销都要有必胜的信心；要相信自己的辛勤劳动会有成果；相信自己的工作在经济发展中的重要作用。

任务总结

张伟通过深入地学习研究，对推销的含义和特点、推销的理论与模式以及推销人员应具备的素质与能力有了深入的理解，他将学习结果归纳如下。

（1）商品推销是指推销人员运用一定的方法和技巧，帮助顾客购买某种商品和劳务，以使双方的需要都能得到满足的行为过程。这一过程包括寻找顾客、推销接近、推销洽谈、处理推销障碍、成交和售后服务六个阶段。推销行为的核心在于满足顾客的欲望和需求。在推销过程中，推销人员要运用一定的方法和技巧，才能促成交易。

（2）商品推销由推销人员、推销品及顾客三个基本要素组成，其特点是特定性、双向性、互利性、灵活性、说服性。

（3）商品推销的基本原则：满足顾客需求原则、互利互惠原则、推销使用价值原则、人际关系的原则。

（4）推销人员作为一种促进社会生产交换的特殊职业，全社会对其应具有的品性素质与职业能力等方面有着与其他从业者不同的要求，与社会一般从业者相比要有更高的素质、能力和礼仪要求。

（5）推销方格理论包括推销人员方格和顾客方格。推销人员方格反映的是推销人员的态度，典型的推销态度有事不关己型、顾客导向型、强力推销型、推销技巧型、解决问题型。解决问题型的推销态度是最佳的推销态度。顾客方格反映的是顾客的态度，典型的顾客态度有漠不关心型、软心肠型、干练型、防卫型、寻求答案型。寻求答案型是最成熟的顾客态度。

（6）推销模式是根据推销活动的特点以及对顾客接受推销过程各阶段的心理演变应采取的策略归纳出的一套程序化的标准推销形式。

业务技能自测

一、判断题

1. 人员推销并不是一个孤立的因素，而是一个必须放在整个营销战略中来考虑的因素。（   ）
2. 一般来说，诱导客户兴趣的最基本的方法是示范。（   ）
3. 推销人员的任务就是满足顾客提出的明确需求。（   ）
4. 和客户拉关系就是要多请客户吃饭、娱乐。（   ）
5. 在推销过程中，我们无须关注与客户之间的关系，主要应关注我们的销售结果。（   ）
6. 推销只是由推销人员向推销对象传递信息的过程。（   ）

二、选择题

1. 相对于其他促销沟通方式，推销最大的优势是（   ）。
   A. 传播面广   B. 很快获得客户反馈
   C. 沟通信息量大   D. 沟通成本低
2. 假如利用 FABE 模式卖一款老年人手机，推销人员提到手机屏幕大、按键大，请问这是指 FABE 的哪个部分？（   ）
   A. F   B. A   C. B   D. E
3. 在接待客人时，哪些说法是正确的？（   ）
   A. 如果对方来人不多，也可以只设沙发，不需要桌子
   B. 通常主、宾相对而坐，一般面对正门一方为上座，应安排宾方面对正门就座
   C. 座次安排由双方的主谈人员居中，其他人员按礼宾顺序左右安排就座
   D. 合影时，一般是主人居中，主人左边为主宾
4. "爱达"模式中为了吸引顾客的注意力，应该避免的说话语句有（   ）。
   A. "很抱歉，打扰您了，但……"

B．"不好意思，我想占用您一点儿时间……"
C．"我想向您推销一种我们的新产品。"
D．"我们最近生产了一种新产品，这种产品可以降低您的生产费用。现在我能问您几个问题吗？"

5．盖洛普管理咨询公司对近50万名推销人员进行了调查。研究表明，优秀的推销人员的主要素质包括（　　）。

A．内在动力　　　　　　　　B．干练的作风
C．推销能力　　　　　　　　D．与客户建立良好业务关系的能力

6．推销的原则包括（　　）。

A．满足顾客需求原则　　　　B．互利互惠原则
C．推销使用价值原则　　　　D．人际关系原则

思考与讨论

1．什么是推销？应该如何全面把握推销的含义？
2．推销人员在进行商品推销时应遵循哪些基本原则？
3．假如你是一家家具厂的销售人员，由你来负责一个地区产品的销售，请列出你的主要工作职责。

实训题

项目一　冰　箱　推　销

【实训目标】
1．培养学生掌握如何发现、理解顾客的需要。
2．培养学生了解顾客目前使用产品过程中不满意和存在缺憾之处，并帮助顾客创造更大的价值。

【实训内容】
学生模拟美菱冰箱的销售人员，走访普通家庭用户和冰箱的销售商。了解他们购买冰箱时最关心什么，以及正在使用的冰箱产品和售后服务有什么缺陷，提出如何更有效地为客户服务。

【实训要求】
1．要求学生充分了解顾客对冰箱的需求。
2．要求学生了解目前顾客家里的冰箱产品和售后服务的缺陷。
3．走访经销商客户，了解经销商客户在业务运营各个环节中存在的问题，看看能否发现对客户决策有重大价值的真相。
4．要求教师对学生的情境模拟进行点评。

【组织与实施评价】
1．学生分组确定走访对象，列出将要询问的问题。

2. 学生实地进行客户拜访。
3. 教师点评。

【考核要点】

询问问题能力、灵活应变能力、语言表达能力等。

项目二　手机推销

【实训目标】

该项目训练帮助学生理解顾客的需求，掌握如何发现和总结某一商品相对于它的竞争品有哪些优势，锻炼准确向顾客传达产品价值的基本技能。

【实训内容】

学生模拟对使用对象为学生的三款手机的性能进行对比的训练。

【实训要求】

1. 了解学生对于手机的需求和关注点。
2. 要求学生针对目标客户的需求总结各款手机的FABE。
3. 要求教师对学生的情境模拟进行点评。

【组织与实施评价】

1. 学生分组确定角色。
2. 推销情境模拟。
3. 教师点评。

【考核要点】

角色特征把握准确程度、针对性推销的有效性、角色的灵活应变能力和语言表达能力等。

案例分析

史上伟大推销员之雷义传奇

学习情境二　寻找和审查潜在顾客

知识目标

1. 了解寻找潜在顾客的重要性。
2. 理解潜在顾客的含义和类型。
3. 掌握寻找顾客的方法。
4. 了解潜在顾客资格审查的意义和内容。
5. 掌握潜在顾客具备的基本条件。

技能目标

1. 具有寻找和审查潜在顾客的能力。
2. 初步具有获取潜在顾客各项资格审查信息的能力。

素质目标

1. 具有吃苦、创新精神。
2. 具有较好的调查、分析和实践能力。

导入案例

下一个顾客在哪里

推销专家原一平善于在生活中发现顾客，其敏锐的眼光令人佩服。

一天，原一平搭计程车赶路。车子在十字路口遇到红灯停了下来，不一会儿，一辆漂亮的黑色轿车也驶过来，停在他们旁边。原一平不经意地向那辆车瞥了一眼，发现坐在后座上的是一位头发半白的先生，看得出这位先生是有"身份"的人，他正闭目沉思，绿灯亮了，那辆车立刻赶到前面驶开。

那天，他开始关注那位头发半白的绅士。他先打电话查询白色车牌的车子到底是哪家公司的。获悉公司名称后，原一平又打电话给那家公司，问出使用这个牌号的是谁，头发半白的先生是谁，什么职位，平常什么时候在公司，公司的规模如何，目前的经营状况怎样，将来有何发展计划，如此等等。

原一平还了解了那位先生是哪个地方的人、参不参加同乡会的聚会、毕业于哪个学校、住宅的地址、嗜好、家里有哪些人、有几个孩子、进这家公司的供职情况、平时的行动范围如何、是不是家庭至上的人……之后原一平开始行动了。

"喂，是同乡会吗？我也是那里出生的人，请问下一次聚会是什么时候？"

"是下个月10日。"

"噢！我也想参加。请问，您可认识大谷先生？"

"我很熟。"

"他最近好吗？"

"他吗？很好。每次开会他都参加，是个很幽默的人。"

"是的，他早年就是一位很受欢迎的人。听到他很好，我也高兴。谢谢您。"

原一平也到过大谷先生常住的私宅附近，在鱼铺和杂货店探听一些消息——大谷先生的确切位置、家庭氛围等。

顾客不会主动把订单递过来，正如顾客不会把你所需要的信息主动告诉你一样。只有行动，才能找到下一个顾客，也只有行动，才能收获判断顾客是否是真正顾客的有价值的信息，也为今后成功缔约提供尽量多的信息。

资料来源：李玮. 金牌推销员的100个细节[M]. 深圳：海天出版社，2005.

任务一　寻找潜在顾客

任务引入

三个月实习期很快就结束了，张伟被派往华南区域负责业务开发，销售部李部长告诉张伟，华南地区市场空间较大，但目前本企业产品在该地区市场比重较小，希望张伟到达后能结合当地市场状况尽快确定潜在顾客的范围和特征，为真正寻找潜在顾客做好充足准备，那么张伟应该做好哪方面的准备呢？

任务1：张伟需要掌握潜在顾客的含义。

任务2：张伟需要掌握潜在顾客的条件和寻找原则。

任务3：张伟需要掌握潜在顾客的类型。

任务分析

推销人员在做好推销准备工作之后的任务就是寻找推销对象。寻找推销对象是实质性推销的第一步。如何在茫茫的消费者群体和成千上万的企业中，找到最好的推销机会和最有希望购买的顾客，是每一个推销人员面临的重要问题。推销人员如果不能准确定位目标顾客范围，就无法做到有重点的突破。因此，首先，张伟在寻找推销对象前应该通过市场分析，明确具备哪些条件的顾客才是其企业真正有价值的目标顾客，即潜在顾客。其次，张伟还应该厘清寻找潜在顾客的过程中应遵守的原则有哪些，以便使后期工作更有效率。最后，张伟应该掌握潜在顾客的类型及各类型的特点，从而使其寻找潜在顾客更具有针对性。

知识链接

一、潜在顾客的含义

潜在顾客亦称准顾客,是指既能购买某种推销商品获得价值,又有支付能力购买这种商品的个人或组织。推销人员按照某种要求评估合格的潜在顾客就成了实现销售的对象,即目标顾客。

二、潜在顾客与顾客的关系

潜在顾客是相对现实顾客而言的,潜在顾客是有可能购买本企业产品和服务的个人或组织,顾客则是正在与本企业保持交易关系的个人和组织。首先,顾客是企业生存的根本和基础,能够给企业带来直接的销售和利润,保持稳定的或增长的现实顾客数量对企业的稳定发展相当重要。其次,由于顾客复杂多变,拥有一定数量的潜在顾客能提高企业抗风险的能力。据估计,由于外界环境的变换,每年有15%~20%的顾客发生转移,因此,销售人员必须寻找新的顾客群来代替这些转向竞争对手的、破产的、退出该项领域的、被兼并而成为非顾客群体的,或那些决定中止该项生产和服务的顾客群。最后,顾客和潜在顾客之间存在相互影响、相互转化的关系。顾客的购买行为、购买评价会影响准顾客的未来决策,把潜在顾客转化为顾客是推销人员的目标之一。寻找潜在顾客对于无论是新手还是经验丰富的销售能手都是至关重要的。

三、潜在顾客的基本条件

寻找潜在顾客实际上从确定顾客源开始,顾客源是一个可能成为真正潜在顾客的人或组织。通过对潜在顾客的寻找,推销人员会获取一份包括许多潜在顾客在内的名单。但是,所有这些潜在顾客是否都值得花费时间和精力去进行接触或拜访,这是推销人员制订推销计划时必须予以考虑的一个关键性因素。为了避免出现盲目推销的情形,推销人员必须确定顾客源的资格,锁定合适的潜在顾客,选择拜访那些有较大可能会成为买主的顾客,才能提高推销的工作效率。

从顾客源确定为潜在顾客必须满足五个基本条件:对该产品或服务存在真实的欲望或需求;购买能力;购买决定权;购买资格;易于接近。

如果顾客源符合以上五个条件,那他基本就可算作优秀的潜在顾客了。但实践中,有些企业还加入了一些其他标准。例如,潜在顾客与竞争对手的合同什么时候到期?是否真的即将做出一个购买决定?如果企业追求长期合作伙伴,潜在顾客是否认同企业的经营管理理念并愿意与其建立长期伙伴关系?一些竞争对手是否已与他们建立了长期伙伴关系?与某个顾客源建立关系会不会影响与其他核心顾客的关系?如果一个顾客虽然能提供销售利润,但他影响其他顾客的购买积极性,这样的潜在顾客需慎重对待。寻求这些问题的答案有助于决定该顾客源是否值得追逐。

案例 2-1

判断准顾客,真的很不容易,张涛最近深深地体会到了这一点。

张涛是某一线楼宇智能控制系统制造商华东区的大客户经理,近年来他一直很苦恼,因为在他负责的区域内有一家二线外资品牌的友商,一直跟他的项目唱对台戏,项目报价永远比他低15%。虽说注重品牌、关系好的客户不太会动摇,但是张涛确实感到了巨大的竞标压力。

有一个超五星级酒店的项目机会,业主聘请的是国际著名酒店管理公司进行管理,因此对楼宇智能控制系统的美观便捷、系统一体化、总体造价优化都有比较高的要求,同时对系统中关键的人体感应和中控软件部分,也有明确的品牌要求。而这家友商的报价只有500万元,张涛所在公司的成本价都不止这个数,仅软硬件成本就在550万元左右,而且集成非常复杂,项目要不要立项呢?

资料来源:陆和平.工程项目大客户销售攻略[M].北京:北京燕山出版社,2020:28.

问题:如果你是张涛,你会怎么办?

【启示与思考】

所谓立项,就是选择值得投入的项目。因为一个项目从开始到结束,有三个成本:时间成本、资金成本、机会成本。首先,一个项目从头到底,少则几个月,多则几年,在时间上的投入是非常大的。其次,做项目一定会花钱。有工资、厂房、办公等固定成本,跟客户沟通有交际成本。最后,机会成本。什么叫机会成本?你把时间与精力投在这个项目上,就没有时间投入到另一个项目上,如果最后在这个项目上没有收获,那就失去了在另一个项目上成功的机会。而业绩跟每个销售人员的命运息息相关,提高销售业绩从项目评估开始。预计销售额=销售额×成功率,项目选择和两个因素有关:一是销售额;二是成功率。这两个因素具体可从三个方面筛选:规模、定位、竞争。

首先是规模,包括实现的订单大小、利润率、客户偿付能力、潜在商机。其次是定位。通俗地讲,定位就是门当户对,客户的需要是否与你匹配。最后是竞争。你进入的时机是早还是晚?项目采购流程很长,如果是项目立项时就介入,对客户就有先入为主的影响力,成功的概率较大。是否与该客户合作过?与客户是一般合作关系还是战略合作关系?合作多久了?有哪些友商参与竞争?友商与客户关系如何?

四、寻找潜在顾客的原则

寻找潜在顾客是最具挑战性、开拓性和艰巨性的工作。推销人员必须明白,寻找潜在顾客是一项讲究科学性的工作,是有一定的规律可循的。推销人员需遵循一定的规律,把握科学的准则,借鉴前人总结的经验和创造的方法,使寻找准顾客的方法更加科学化和高效化。

寻找潜在顾客的原则

(一)准确地定义目标市场

寻找潜在顾客前必须明白,潜在顾客是一个特定的群体,这个群体有自己的一些特征,区别于其他群体,即所谓的商品细分市场。一个成功的市场细分能使你满足一类顾客中所有人的特殊需求。顾客要求的特点和选择越多,推销人员就有更多的理由把他们分类。这就是说,推销人员应该学会辨别顾客的身份,权衡顾客的实际情况,从而有针对性地向顾客介绍商品,让顾客感到企业既能了解他的需求,又能满足他的需求,并对不同的人介绍不同的商品,必然会使买卖成功的概率增加。

（二）选择合适的途径,多途径寻找潜在顾客

对于大多数商品而言,寻找潜在顾客的途径或渠道不止一条,各种方法各有所长,各有所短,在可能情况下把各种方法同时并用,相互补充,密切配合,扬长避短,发挥优势,以取得较好的效果。究竟选择何种途径、采用哪些方法更为合适,还应将推销品的特点、顾客的范围及产品的推销区域结合起来综合考虑。

（三）培养敏锐的观察力和正确的判断力

推销人员只有通过观察方能发掘许多潜在顾客。观察就是要运用视觉和听觉,多看、多听;利用人人都喜欢表现的欲望,多请教别人问题,然后倾听、分析、判断。只有通过观察,才能判断顾客有没有需求及支付能力,才能判断该顾客能不能自己做主买东西,也才能判断该顾客是否只是一个听一听就算了的对手。如果该顾客没有资金买商品,不能自己做出购买决定,或者是个对交易不认真的顾客,那么就应该放弃他,不必把他列入潜在顾客的名册,以免空耗时间。同样,也只有通过观察才能有足够的顾客信息将潜在顾客分为A、B、C三级,实现计划的要求。

（四）养成随时发掘潜在顾客的习惯

在市场经济的社会里,任何个人、企业都有可能成为你的顾客,对一个推销人员而言,潜在顾客不仅出现在推销人员的市场调查、推销访问等工作时间内,而且更多的是出现在推销人员的非工作时间内。因此,推销人员应随身准备一个记事本,只要听到或看到一个可能的顾客就立刻记录下来,然后加以整理、分析、定级,只有这样才能保证顾客来源不会减少。

五、潜在顾客的类型

了解了发掘潜在顾客的原则后,还须了解潜在顾客的基本类型,这样才能有的放矢地寻找潜在顾客。一般来说,潜在顾客可以分为以下四种。

潜在顾客的类型

（一）潜在的顾客

潜在的顾客是指有购买意向和购买力,但还没有实施购买行为的顾客。他们的数量相对较多,但对推销人员来说,要准确地识别出来,并与之建立联系,却存在一些困难。其主要原因如下。

（1）这类顾客相对比较隐蔽。一般来说,除非一位顾客走进推销人员的办公室或门店,明确告知自己需要什么产品,咨询价格,并表明了购买的意愿,推销人员才能够确定这是一个潜在顾客,有成交的机会,否则,除非受过专业训练,拥有丰富的销售经验,并且掌

握了大量的有效市场数据，推销人员才可能通过分析，主动发现潜在顾客。

（2）这类顾客的防备心理较强。由于此类顾客尚未实施购买行为，特别是其中一部分顾客属于首次购买。对此类产品缺乏购买和使用经验。在多数产品进入买方市场的今天，顾客的选择权较强，可选择范围较大，顾客在收集市场信息、做出购买决策之前，面对推销人员可能不太愿意过早暴露出购买意图，这为推销人员识别出他们增加了困难。

（3）部分顾客的购买潜力需要激发。一些潜在顾客由于多方面的原因，可能自己还没有意识到需要某个产品，或者是不知道某个新产品已经上市，可以解决自己在工作、生产、生活中的困难等，一旦他们获知了此类信息，就会激发出购买需求。例如，某公司的文档复印工作一直是外包的，即送到社会上的打字复印部处理，原因是公司领导认为复印机价格昂贵、操作复杂、保养麻烦、容易损坏。这些都是老式复印机的特点，新款复印机已经有了很大的改进，以上问题许多已经不存在了。如果推销人员能让该公司领导意识到这一点，并告知文档复印外包有可能造成公司商业信息外泄，给公司带来风险，那么，该公司对复印机的购买潜力就有可能被激发出来。

案例 2-2

小丽是个漂亮的公司职员，刚好有个朋友出差给她带回来一条非常漂亮的裙子，她很喜欢，可是在家里试穿了所有的上衣后发现，哪件上衣都没办法和这条裙子完美搭配。小丽决定到商场买一件适合的上衣来搭配这条价格不菲的裙子。

小丽来到一家知名的品牌服装经营店，店员礼貌地说："欢迎光临，请随便看看！"小丽的眼光扫过几个模特身上的上衣，目光停留在一件衣服上。店员注意到了小丽目光的停留，紧接着说："喜欢的话，可以试一下！"小丽在心中默默地把这件上衣和家里的那条裙子做了匹配，不尽满意，转而看下一件。

店员注意到小丽的关注和思考，走上前来问："您好，您是看上衣吗？"小丽回答道："是的。"店员经过销售的培训，开始使用销售技巧："您是做什么工作的？"小丽说："我在一家 IT 公司上班。"店员心中暗喜，因为这个客户像是有购买能力的，随口说道："哦，您是白领啊！白领的着装标准是这样的……这几件是今年的新款，很适合白领的……"

资料来源：夏凯，田俊国. 赢单九问[M]. 厦门：鹭江出版社，2010：22-23.

问题：这个案例对你有什么启示？

【启示与思考】

当我们不知道顾客的具体需求时，任何的推销都是在"乱枪打鸟"。很多时候我们都在日复一日地这样"误打误撞"地做着销售。不仅有些顾客不愿说出其需求，更多时候是连顾客自己都没有办法完整地、清晰地描述他们心中那种朦胧的愿景和美妙的感觉。销售的任务就是要和顾客一起找到他们购买的理由和心中那种美妙的愿景与感觉，有效地将我们的产品和服务与顾客的感觉联系起来，甚至为其建立购买标准。

（二）竞争者的顾客

竞争者的顾客是指已购买或决定购买本企业竞争对手的产品的个人或组织。这类顾客中的一部分对品牌、供应商的选择比较专一，无特殊原因，不轻易转换品牌或供应商，也有一部分顾客对此相对比较随意。对于前者，获取比较困难，但他们一旦转变为我们的准顾客，后期的维护成本相对较低，因为他们的忠诚度较高；对于后者，获取较容易，但他们也容易流失。

与潜在的顾客相比，竞争者的顾客购买需求比较明晰，容易识别，另外，他们对此类产品有购买和使用经验，推销人员与他们容易建立对话，不需要对顾客进行过多的产品教育。可是，由于这类顾客有过购买经验，甚至有的已经拥有稳定的供应商，对于推销人员提出的交易请求，他们会显得比较精明，缺乏经验的推销人员在与他们的谈判中，可能会处于被动地位。

（三）中止交易的顾客

中止交易的顾客是指由于种种原因，曾经与企业有过交易历史，但没有继续购买本企业产品的顾客。中止交易可能是顾客自身的原因，也可能是本企业产品或服务出了问题。这些顾客中大部分存在重新被激活的潜力。推销人员应当重视这个群体，积极主动发现并重新转化他们成为本企业的准顾客。由于双方已经有了一定程度的了解，许多是愿意与本企业保持关系的。即使短期内没有重新建立交易的可能，分析他们不再购买本企业产品的原因，也是有价值的商业信息。

（四）现有顾客

有些推销人员在寻找潜在顾客时居然忘了站在自己面前的现有顾客，这也是很不应该的。如果推销一种新商品、新创意，或者研究出原有商品的新用法时，请别忘了告诉这些顾客。当他们可能离开你时，请记住"如果不幸被人当面拂袖而去，就抓住他的袖子，如果被人用脚踢开，就抓住他的脚。"这句话，极力地挽留住他们。如果和他们的关系良好，那么请让他们推荐其他顾客，宣传企业的产品和服务。他们在别的顾客面前说上几句好话，要胜过推销人员的千言万语！

任务二　寻找顾客的方法

任务引入

张伟在确定了顾客范围及特征后，开始尝试查找黄页或地毯式搜索的方法寻找潜在顾客。由于张伟勤奋，他的确在拜访过程中收集到一些有价值的顾客信息，同时积累了接触顾客的经验，但张伟还是感觉他所选用的寻找顾客的方法存在成功率偏低和成本较高的弊端。由于公司费用限制，他不得不思考有没有其他成功率较高、成本较低的方法来寻找顾客。张伟通过上网查找，了解到很多相关寻找方法，但每个方法各有优劣，那么，张伟应该选择哪些方法寻找顾客呢？他能否应用好每种方法呢？

任务1：张伟需要了解各种寻找顾客的方法的含义。

任务2：张伟需要掌握各种寻找顾客的方法的优劣点及注意事项。

任务分析

寻找顾客是一个困难的过程，不仅需要推销人员付出巨大的努力，还需要掌握正确的方法，正确的方法可以帮助推销人员提高工作效率。寻找顾客的方法非常多，而且具有灵活性和创造性。不同行业、不同企业的推销人员需根据自己面对的实际情况，逐渐形成一套符合自己需要和客观情况的寻找顾客方法的组合。

知识链接

从古到今，只要有市场的地方就会涉及顾客的寻找，但企业寻找顾客的方法并非都一样，笔者将寻找顾客的方法分为三大类：第一类方法是"拉式"策略，即企业重点在于制订一些营销手段、策略吸引目标顾客自动上门选购；第二类方法是"推式"策略，即企业重点在于依靠推销人员主动走出企业寻找顾客，把企业的产品和服务"推"出去；第三类方法是"推拉式"策略，即企业既采用营销策略吸引顾客上门采购，也会派推销人员主动去寻找顾客，并且二者相互配合，互相促进，如某幼儿英语教育机构采用免费体验课及家长课堂等方式吸引顾客，同时派推销人员到小区或幼儿园门口寻找对其培训感兴趣的家长，企业的策划活动和推销人员的活动对企业找到真正的顾客同等重要。

以下则按照各种方法使用时间的长短，分寻找顾客的传统方法和寻找顾客的创新方法分别进行介绍。

一、寻找顾客的传统方法

（一）"地毯式"搜寻法

1. "地毯式"搜寻法的含义

"地毯式"搜寻法也称为普遍寻找法、逐户寻找法、挨门挨户访问法或走街串巷寻找法。它是指推销人员在不太熟悉或完全不熟悉销售对象的情况下，直接拜访某一特定地区或某一特定行业的所有组织和个人，从中寻找准客户的一种方法。运用此方法时，推销人员应根据产品的各种特性和用途，进行必要的销售拜访的可行性研究，确定一个可行的销售地区或销售对象的范围。

"地毯式"搜寻法

"地毯式"搜寻法适用于制造企业对中间商的销售或者大型工业品的上门推销，也适用于日用消费品及服务的推销。在国外，这种方法被广泛地应用到生活消费品的挨家挨户的推销中，如化妆品、食品、药品、保险服务等。总之，"地毯式"搜寻法是现代推销人员最常用的寻找潜在顾客的方法之一。

案例 2-3

小王是某团购平台的市场开拓人员，他负责佛山某新片区拓展客户工作，他接手工作后首先上网及实地考查了片区内目标客户有哪些，能否找到联系方式，分布在哪里，规模如何，目前供应商是谁，然后小王制订了如下销售拜访计划。第一，对所有的企业进行一次电话拜访，预约面访。第二，凡是同意面访的客户，确定具体的面访时间，进行销售洽谈；凡是不同意面访的客户，如果距离近，也进行一次实地考察，不做销售面访，仅进行资料传递和收集，并争取建立联系，加深第一印象，他日再做销售面访。

问题：如何看待电话寻找潜在顾客？

【启示和思考】

在推销人员不熟悉推销对象的情况下，这种方法不失为一种寻找顾客的有效途径。它是建立在"平均法则"的基础上，即在推销人员走访的所有人中，准顾客的数量与走访的人数成正比，要想获得更多的准顾客，就要访问更多数量的人。

2. "地毯式"搜寻法的优缺点

优点：可以借机进行市场调查，能够比较全面地了解某地区或某行业顾客的需求情况；寻找过程中接触面广，信息量大，各种意见和需求、客户反应都可能收集到，是分析市场的一种方法；可以培养和锻炼推销人员，积累产品推销工作的经验；在搜索的过程中可以扩大企业或推销产品品牌的知名度等。如果推销人员事先做了必要的选择和准备，拜访和销售技巧得法，则可以争取更多的新客户。

缺点：该方法有一定的盲目性，针对性较差，如果推销人员过于主观，判断错误，则会浪费大量的时间和精力。因为需要访问每一个消费者和企业，所以会花费大量的时间和精力；在许多情况下，人们大多不欢迎不速之客，从而给推销工作带来阻力，给推销人员造成精神负担。

3. "地毯式"搜寻法的使用注意事项

（1）推销人员首先要根据自己所推销的产品的各种特性和用途，确定一个比较可行的推销地区或推销对象的范围，即寻找一块具有可行性的、可供访问的目标"地毯"。如果你是一位中央空调的推销人员，你挑选的"地毯"可能是在建或在装修的办公大楼、酒店、高档住宅区等；如果你推销的是某种特效洗衣粉，你确定的"地毯"可能是某一社区的居民或宾馆客房部。

（2）采用这种方法的企业应该注意对推销人员各自负责的目标"地毯"进行计划和协调，避免一个"地毯"被多个推销人员反复搜索，一方面造成企业资源浪费，另一方面会给所拜访对象造成企业管理混乱的不良印象。

（3）做好访问的准备工作，以减少被拒之门外的可能性。例如，推销人员最好将其与其他方法配合一起使用，事先可以进行公告，免费为顾客提供某项服务或赠品，并为推销人员准备好各种识别标志和进入手续等，做到随机应变，以取得良好的销售效果。

（4）要注意提高访问的效益。推销人员平时应把如何使销售成功的理由和顾客拒买的理由加以整理归纳，并且把针对拒绝理由的应答列入推销的准备方案之中，使自己能对顾客的拒绝很快地做出正确的判断和反应。要总结以前的经验，设计好谈话的方案与策略，尤其是斟酌好第一句话的说法与第一个动作的表现方式，以便提高上门访问的有效性。

（二）连锁介绍法

1. 连锁介绍法的含义

连锁介绍法

连锁介绍法是指推销人员依靠他人，特别是依靠现有顾客来推荐和介绍他认为有可能购买产品的潜在顾客的一种方法。当其推荐人是满意顾客或合作伙伴时，这种方式会达到最好的效果。当然，这种方式也可被用于尚未买过其产品的潜在顾客。

有些人反对用他们的姓名作为交友和商业结识的敲门砖。还有一些人，特别是那些信任推销人员或对于产品和服务非常热忱的人，会毫不犹豫地提供额外的潜在顾客的名单，甚至会为某位推销人员写一封引荐信或便条，或者提前打个电话等。潜在客户名单既可以来自某位顾客，也可以来自某位潜在顾客。

推销人员有时会利用推荐人举行集会活动，这是一种预先设计好的，允许当前顾客把潜在顾客介绍给推销人员的集会，推销人员可以利用这种集会来产生顾客源。例如，推销人员可以利用的活动包括研讨会、免费讲座、体育项目、在一家不错的餐厅就餐、短途旅行等具有乐趣且具有社交性质的集会。

采用连锁介绍法寻找特定用途的产品、专业性强的产品、无形产品（旅游、教育、金融、保险等）的潜在顾客尤其适合，因为在这些领域中，采购经验、信誉、感情和友谊尤为重要。在新媒体时代，商家更需要发挥老顾客在开拓客源方面的作用。

案例 2-4

"赞到爆！1000 个朋友领卡，铁西排骨送 iPhone（当时主流机型是 iPhone6 Plus），亲们跟我一起动动手指为铁西排骨代言吧！"这是铁西排骨借助 5 级推荐奖励做的老带新活动。在铁西排骨，会员推荐好友领卡返 30 积分，并长期享受好友消费额的 30%作为积分奖励，平时的老带新就极为活跃，没想到在一次活动中，真的实现了 1 个老会员成功带来 1000 个新会员的壮举。

资料来源：20分贝商学院. 客流荒：会员制打造门店爆客与持续盈利[M]. 北京：清华大学出版社，2019：115-116.

问题：新媒体时代应该如何应用好连锁介绍法？

【启示和思考】

通过老会员带动新顾客注册会员，对老顾客的推荐行为进行奖励。刺激老带新可以帮助商户低成本获取目标客户，从而保证持续增长。或者引导顾客将自己的电子优惠券分享给好友，以裂变的形式让双方各自拥有优惠券，不仅实现会员将自己拥有的特权分享给其他好友，在线领取优惠券的朋友用券后，还可以给老会员一定的分享奖励，属于加强版的"老带新"，总之，要通过恰当设计充分发挥老顾客在开拓客源中的作用。

2. 连锁介绍法的优缺点

优点：可以避免推销人员寻找顾客的盲目性；既是寻找新客户的好办法，也是接近新客户的好办法。可以赢得被介绍顾客的信任，并且现有顾客推荐的新顾客大多是他们较为熟悉的单位或个人，甚至有着共同的利益，所以提供的信息准确，内容详细，使推销人员更好接近顾客，推销成功率比较高。研究表明，朋友、专家及其他关系亲密的人向别人推荐产品，影响力高达 80%，向由熟人推荐的顾客推销比向没有熟人推荐的顾客推销，成交率要高 3～5 倍。

缺点：事先难以制订完整的推销访问计划；推销人员由于依赖于别人的积极性，所以常常处于被动地位。

3．连锁介绍法的使用注意事项

（1）企业成功利用连锁介绍法的关键是，取信于现有顾客，努力留住老顾客。有时顾客并不愿意推荐其他人。因为他们担心如果推销人员的工作没做好，他们就会被推荐的顾客源责备。所以在这种情况下，推销人员必须持续地让作为推荐人的顾客和其推荐的潜在顾客完全满意。当然，对于刚签约的新顾客就要求其推荐其他人也许还为时尚早。一般最好等到新顾客已经使用过本公司的产品，并感受到产品的好处和推销人员的服务水平后再请求推荐。成功的推销人员一定要与他们的满意顾客经常保持联系，从而确保他们一直保持满意的状态。

（2）对现有顾客介绍的未来顾客，推销人员也要进行详细的评估和必要的推销准备，尽可能多的从现有顾客处了解新顾客的情况。不能因为推荐人的关系而忽视了对所推荐人员的重视，要让潜在顾客感受到推销人员确实能帮其解决问题，而非依赖于面子去接受推荐的产品或服务。

（3）要向现有顾客（即推荐人）确认是否可以告知对方姓名，并在约见后向推荐人回馈表示感谢。如果其所推荐人员已经是你或你同事的潜在顾客，则要提前告知，否则会造成不必要的误会。

（三）中心开花法

中心开花法

1．中心开花法的含义

中心开花法是指推销人员在一个地区或社区有目的地选择一批有一定影响力的中心人物，取得这些中心人物的帮助，通过他们来影响周围其他顾客使其成为自己的准顾客。例如，推销计算机的推销人员可以找计算机方面的专家，因为专家对本领域的动态比较了解，知道哪些部门对哪些商品需求量较大，哪些商品是先进的、有竞争力的，哪些商品是过时的、应被淘汰的，这些商品上又有哪些竞争者，他们的竞争实力如何等。一般而言，这些核心人物最终或是推销人员的顾客，或是推销人员的朋友，前提是这些中心人物愿意合作。

中心开花法实际上也是一种链式传递介绍法，只是中心开花法是利用"核心人物"的链式关系来不断地扩大其顾客群，而不是利用普通的现有顾客。因此，中心开花法的关键是找出有影响力的核心人物，即"领头羊"，并极力说服这些核心人物，如果该核心人员已经成为推销人员的满意顾客，这种方式也会像无尽循环的价值链一样，取得最好的效果。

核心人物也可能从不购买。例如，一位家庭卫生保洁员可以在为别人提供家庭清洁服务时，向其顾客推荐某种品牌的清洁剂。总之，推销人员在取得他们的信赖和支持后，就可以利用他们的影响力、权威性或示范效应带动一大批潜在顾客。

应该如何发现核心影响人物呢？去试着问问那些顾客和潜在顾客，看看他们认为在他们的行业或协会中最具有影响力的人是谁，然后积极地培养同该核心影响人物的关系。

中心开花法主要适用于金融服务、旅游、保险等无形商品及时尚性较强的有形商品的准顾客的寻找。

2．中心开花法的优缺点

优点：推销人员只需要集中精力做核心人物的工作，就可以提高效率；利用核心人物的影响，可以扩大商品知名度。

缺点：推销人员需反复地向核心人物做细致的说服工作；核心人物的寻找与确定在某些行业比较困难。

3．中心开花法的使用注意事项

（1）寻找中心人物是决定使用效果的关键。这就要求推销人员进行详细而准确的市场细分，确定每个子市场的范围、大小及需求特点，从中选择具有较多潜在客户的子市场作为目标市场，在目标市场范围内寻找有影响力的中心人物。

（2）推销人员应努力争取中心人物的信任与合作。在较详细地了解中心人物后，推销人员应首先以良好的产品和高质量的服务充分满足其需求。

（3）在现行政策允许范围内，千方百计地开展推销活动，与中心人物建立良好的人际关系。

案例 2-5

以下是一位工业保洁服务的销售人员在遇到一位知名的、德高望重的维护工程师时，对中心开花法的应用：

"现在，我有机会来介绍我的服务，而您也有机会多了解我一些。我想知道您是否愿意帮我这个忙？您曾提到过，这可能是您所见过的设计得最好的包装。我知道，作为一名工程师，您个人也许不需要我的服务，但您是否想过让您的同事从这个项目中获益？是否有一个名字浮现于您的脑海？"

资料来源：威兹，卡斯伯里．销售与顾客关系管理[M]．坦纳，胥悦红，等译．北京：人民邮电出版社，2008．

问题：该案例对你在工业销售中寻找核心人物有什么启示？

【启示与思考】

在工业销售中，那些有核心影响力的人常常处于重要部门，但并不直接介入购买决策，如质量控制人员、设备维护和修理人员。推销人员会在很长一段时间内与这些人保持密切的接触，径直地请求他们的帮助，并让他们了解通过他们的帮助后的交易情况。

（四）人际关系网拓展法

人际关系网拓展法是通过相互间有联系与合作的个体间的关系来达到目的，即利用推销人员自身与社会各界的种种关系寻找准顾客的方法。在推销学中，简单来说，人际关系网开拓法意味着同其他人建立关系网络，

人际关系网拓展法

并且用这些网络吸引潜在顾客、收集资料、促成交易等。值得注意的是，人际关系网经常包括满意的顾客。

在众多寻找准顾客的方法中，最大限度地利用推销人员自身的关系网发现准顾客是最可靠、最有成效的方法。通常人们都愿意同自己认识、喜欢和信任的人做生意，谈及自己的业务。一次性买卖的时代已经一去不复返了，现今已步入构建人际关系网、培育忠诚客户的销售新时代。

连锁介绍法和中心开花法都是人际关系网拓展法的一种，人际关系网拓展法的优缺点和注意事项与这两种方法一致。

 小知识

为了能显著地增加推销业务，这里总结了以下实用性建议：第一，每天至少联络两个人，每周至少参加一次社交活动，以增加你的曝光率和与你的交往对象交流的时间。你必须尽力从你自己感觉舒服的社交范围中走出来，学会与你不认识的人交往。有专家将这种行为称为"反客为主"。第二，当你与一位新结识的人初次交流时，应多谈及对方的事情，而不是你的事情，且不要忘记了解对方的个人兴趣和爱好。第三，继续保持与你的新交往对象规范地交往，例如，利用卡片和便条对其嘉奖或升迁给予祝贺，以及提供对其帮助的信息和文章。无论什么时候，只要从你的交往对象那里获得顾客源，无论这位顾客是否从你那里购买了商品，你都应以个人的名义用书面方式向其致谢。同样，无论什么时候，只要有可能，你也应尽力给你的交往对象提供其所需的顾客源信息。

（五）委托助手法

1. 委托助手法的含义

委托助手法也叫作"猎犬法"，就是推销人员雇用他人寻找顾客的一种方法。在西方国家，这种方法运用十分普遍。一些推销人员常雇用有关人士来寻找准顾客，自己则集中精力从事具体的推销访问工作。这些受雇人员一旦发现准顾客，便立即通知推销人员，安排推销访问。例如，西方国家的汽车推销人员往往雇请汽车修理站的工作人员当"猎犬"，负责介绍潜在购买汽车者，车主很可能就是未来的购车人，当推销助手发现有哪位修车的车主打算弃旧换新时，就立即介绍给汽车推销人员。所以，他们掌握的情报稳、准、快，又以最了解汽车性能特点的内行身份进行介绍，容易取得准顾客的信任，效果一般都比较好。

另外，西方一些大的推销公司也为老推销人员安排新的推销人员作为助手。这种以老带新的方法主要有两个目的：一是尽快培养新手，增强他们独立工作的能力；二是充当老推销人员的助手，帮助他们寻找新顾客。一般来说，大量的调查和准备工作由新推销人员负责，而老推销人员则主要是在前者工作的基础上，判断、确定哪些顾客是最具吸引力的，并据此来拟订详尽的推销方案。这样无疑能有效地加速推销活动的进程，提高工作的效率。

除此之外，推销人员若能与不同行业的人相互交换信息，实现信息共享，就可以使得自己掌握的信息成级数增长。同样，相互交换潜在顾客，也可以使双方所掌握的潜在客户的数目都迅速增长,如汽车推销人员与珠宝推销人员之间就可以相互协作。汽车推销人员把购买自用轿车而又有购买珠宝意愿的潜在客户传递给珠宝推销人员;同样地,珠宝推销人员也可以把购买了珠宝又想购买汽车的潜在客户提供给汽车推销人员。这样,双方各自的潜在顾客就都增加了一倍。如果和多行业的人交换信息,那么潜在顾客的个数就会增加得更多,何乐而不为呢?当然,采用这种方法时,应和对方商定好他不能把他掌握的潜在客户提供给自己的竞争对手。作为交换,自己也不泄露自己所掌握的潜在顾客。这样,就可以有效防止潜在顾客的名单泄露出去了。

2. 委托助手法的优缺点

优点:委托助手法可提高高级推销人员的推销效率;可在一定程度上提高产品知名度。

缺点:推销助手的人选难以确定;推销人员会处于被动地位,其推销绩效要依赖于推销助手的合作;提供信息方有可能面对顾客信息泄露的风险。

3. 委托助手法的使用注意事项

(1)要选择理想的推销助手。推销助手帮助推销人员做成一笔生意,推销人员要立即向推销助手支付报酬,而且要感谢推销助手的友好合作。

(2)当推销助手提供一位准顾客名单时,推销人员应该立即告诉推销助手,这位准顾客是否已经列在自己的顾客名册上,尤其要告诉他是否已经被其他推销人员所掌握。

(六)广告探查法

1. 广告探查法的含义

广告探查法是指利用广告宣传攻势,向广大消费者告知有关产品的信息,刺激或诱导消费者的购买动机,吸引顾客上门展开业务活动或者接受反馈,并进行一系列的推销活动。在西方国家,推销人员用来寻找顾客的主要广告媒介是直接邮寄广告、电话广告和电子商务广告。

广告探查法

广告探查法通常用于市场需求量大、覆盖面较广的商品推销。推销走访前首先发动广告攻势,刺激和诱导市场消费需求的产生,在此条件下不失时机地派推销人员推销商品,把"拉式"与"推式"策略结合起来,促使推销效率提高。广告可用的媒体很多,可对市场特点、产品特性、推销范围、推销对象和产品寿命周期综合考察后做出选择,报纸、杂志、广播、电视、短信、互联网、邮寄目录、说明书都是可以利用的理想传媒。

通常,推销主体与推销对象之间存在着信息的阻隔,运用现代化的传播手段往往使信息传递面拓宽,使推销人员与准顾客之间的信息沟通在短期内得以完成,缩短推销时间,拓展市场,从而大大提高了推销效率。一则好的广告可以相当于成千上万名推销人员,产品的营销战役首先要打响的是广告的前哨战,其次才是推销人员的常规战和攻坚战。

案例 2-6

悦比例内衣在4周年店庆活动中,加入了"新人入会礼",当月新注册会员可获得58元现金券。结合线下物料与人工引导,配合线上微信公众号推送与自动回复,实现了从扫码到激活再到消费整个流程1分钟内结束的终极注册体验,当月获得新注册会员3600位,新会员专享券核销比例达到78%。

资料来源：20分贝商学院. 客流荒：会员制打造门店爆客与持续盈利[M]. 北京：清华大学出版社，2019：115-116.

问题：这个案例给你带来什么启示？

【启示与思考】

过客变顾客的常用招式：以利诱之，引导顾客提交信息，注册会员，建立联系，通过会员资料数据化，进行客户细分与筛选，为后期精准营销做准备。

2．广告探查法的优缺点

优点：

（1）可以借助各种现代化手段大规模地传播推销信息，推销人员可以坐在家里推销各种商品。

（2）广告媒介的信息量之大、传递速度之快、接触客户面之广，是其他推销方式所无法比拟的。

（3）广告不仅可以寻找客户，还具有推销说服的功能。

（4）能够使推销人员从落后的推销方式中解放出来，节省推销时间和费用，提高推销效率。

缺点：

（1）推销对象的选择性不易掌握。现代广告媒介种类很多，各种媒介影响的对象都有所不同。如果媒介选择失误，就会造成极大的浪费。

（2）有些产品不宜或不准使用广告探查法寻找客户。

（3）在大多数情况下，利用广告探查法寻找客户，难以测定实际效果。

3．广告探查法的使用注意事项

（1）利用广告探查法的关键在于选择正确的广告媒介，选择广告媒介的基本原则是最大限度地影响潜在顾客。

（2）在运用此法时，推销员要认真搞好市场调查，制订周密的计划，并配以其他方法，以免出现大的失误。

（七）文献调查法

1．文献调查法的含义

文献调查法是指推销人员通过查阅各种现有的资料来寻找顾客的一种方法，这种方法也称为间接市场调查法。

文献调查法

这种方法是利用他人所提供的资料或机构内已经存在的一些可以为其提供线索的资料，帮助推销人员较快地了解到大致的市场容量及准顾客的分布等情况。

一类获得资料的途径为企业内部资料。企业内部资料主要包括以下几个方面。

（1）财务部门的资料。企业财务部门往往保存有大量的资料，如应收账款明细账等。在过去的账目中，可以找到不少现在已失去的客户，推销人员可以重新将这些顾客名单进行整理，分别拜访。这样可以查明顾客与企业中断往来的原因，设法排除不利往来因素。

请回一个老顾客，就等于发现了一个新顾客。

（2）销售部门的资料。大多数企业都保留着以往销售情况的记录，如出库报表、客户订购表、订货合同、顾客意见表、退货记录等。这些宝贵的记录就是销售对象的信息。通过分析研究，可以找出改进措施，请回过去的顾客，不断深挖现有的顾客。

（3）服务部门的资料。服务部门常常在销售后的服务工作中和顾客接触，通过他们了解的情况，推销人员就会找到更多的顾客。例如，家电维修人员经常登门拜访顾客，就可能掌握了很多有价值的信息。当产品需要更新时，顾客的购买行为或多或少会受到维修人员的影响。

另一类获得资料的途径为企业外部资料。企业外部资料主要包括以下几个方面。

（1）企业外部资料主要包括企业名录、产品目录、行业统计资料、年鉴、专业团体或协会会员名册、政府及各主管部门公布的可供查阅的资料等。这类资料现在是比较丰富的，推销人员可以通过各种关系从各工业局、工商局、商业局、财政局、税务局、统计局、银行、公安局、物价局、大专院校、科研单位中有偿或无偿地获得。

（2）许多全国性的经济会议以及名目繁多的展销会、供货会、订货会、工商洽谈会、新产品技术鉴定会、预测讨论会、新闻发布会等也都是推销人员的重要资料来源。资料是共享的，就看推销人员是否会运用。

2．文献调查法的优缺点

优点：

（1）通过资料查阅寻找客户可以降低信息获取的成本，节约时间和精力，减少工作的盲目性，同时还可以通过资料详细了解客户，进行接近客户的准备工作，提高了工作效率。

（2）政府管理部门、银行、统计部门提供的资料可信度很高，可以减少寻访顾客的盲目性，提高顾客资料的可靠性。

（3）有些资料查阅亦比较方便，如图书馆图书、展览室的资料、电话簿等。

缺点：二手信息资料多为公开发布的资料，当今市场瞬息万变，一些资料的时效性较差，加之有些资料内容简略，信息容量小，使这种寻找顾客的方法具有一定的局限性；并非所有资料都能查阅到。

3．文献调查法的使用注意事项

（1）推销人员通过查阅资料寻找顾客时，首先要对资料的来源及提供者进行可信度分析，如果这些资料的来源或提供者的可信度较低，则会对推销工作起阻碍的作用。

（2）还应注意所收集资料的时间问题，应设法获取那些最新的有价值的资料。如果是反映以前情况的资料，对推销人员的帮助不会很大，因为市场是不断变化的。

保险人员应注意有关订婚、婚礼、出生、死亡和涉及企业和金融的新闻；机械和工厂设备推销人员应注意有关筑路、建房合同、建筑特许权的新闻和扩大招工的广告，以及有关工厂遭受火灾和开发新产品的消息；对家具、服装、珠宝等推销人员来说，报纸社会版上刊登的许多报道很有用；为递送牛奶开辟新路线的人应当注意出生和结婚的消息；房地产经纪人应当特别注意什么人将要结婚,哪些高级经营管理人员将要调入或调出,以及有关当地企业的扩展计划等,有关城市区界变更和法院查询驱逐房客情况的新闻对他们尤为重要。

资料来源:营销九连环:聚焦技巧分析[EB/OL].(2020-05-22)[2022-02-01]. http://www.doc88.com/p-66718890620.html.

(八)个人观察法

1. 个人观察法的含义

个人观察法就是推销人员依靠个人的知识、经验等来判断特定的观察对象是否为自己所要寻找的顾客。运用这种方法的关键在于推销人员的自身素质和职业敏感性,要善于处处留意,察言观色,从细微之处捕捉机会。

2. 个人观察法的优缺点

优点:它可以使推销人员直接面对现实、面对市场,排除一些中间干扰;推销人员花费较少的时间、精力,就能够迅速地发现新顾客,而且可以开拓新的推销领域,节省推销费用;它可以培养推销人员的观察能力,积累推销经验,提高推销能力。

缺点:推销仅凭推销人员的直觉、视觉和经验进行观察和判断,受推销人员个人素质和能力的影响;由于事先完全不了解客户对象,失败率比较高。

3. 个人观察法的使用注意事项

(1)运用这种方法的关键在于培养推销人员的职业素质。潜在的客户无处不在,有心的推销人员可以随时随地找到自己的客户。

(2)在利用个人观察法寻找客户时,推销人员要积极主动,处处留意,察言观色,既要用眼,又要用耳,更要用心。在观察的同时,运用逻辑推理。如果一个推销人员不具备敏锐的观察力和洞悉事物的能力,那么,采用这种方法寻找顾客是不可能取得理想的结果的。

(3)要想让个人观察方法达到预期效果,推销人员就要时刻注意搜集点点滴滴的信息:在上班路上,在办公室,在大街上,在等候会见时,在与可能买主交谈时,在家中听别人闲聊时,在读报、看杂志时等,都要保持高度的警觉。买主到处都有,只要你睁大眼睛,竖起耳朵,就能学会如何发现他们。

 案例 2-7

保险生活化,生活保险化。

有一天,原一平到一家百货公司买东西。任何人在买东西的时候,心里总会有预算,然后在这个预算之内,货比三家,寻找物美价廉的东西。忽然间,原一平听到旁边有人问女售货员:

"这个多少钱?"

说来真巧,问话的人要买的东西与原一平要买的东西一模一样。

女售货员很有礼貌地回答:"这个要 7 万日元。"

"好,我要了,你给我包起来。"

购买同一样东西，别人可以眼都不眨一下就买了下来，而原一平却要为了价钱而左右思量。原一平有条敏感的神经，他居然对这个人产生了极大的好奇心，决心追踪这位爽快的"有钱先生"。这位先生继续在百货公司里悠闲地逛了一圈，看了看手表后，打算离开。那是一只名贵的手表。

"追上去。"原一平对自己说。

那位先生走出百货公司，穿过人潮拥挤的马路，走进了一幢办公大楼。大楼的管理员殷勤地向他鞠躬。果然不错，他是个大人物，原一平缓缓地吐了一口气。眼看他走进了电梯，原一平问管理员：

"您好，请问刚刚走进电梯的那位先生是……"

"你是什么人？"

"是这样的，刚才在百货公司我掉了东西，他好心地捡起给我，却不肯告诉我大名，我想写封信向他表示感谢，所以跟着他，冒昧向您请教。"

"哦，原来如此，他是某某××公司的总经理。"

"谢谢您！"

资料来源：林望道．最伟大的推销员：原一平与乔·吉拉德的财富传奇[M]．上海：立信会计出版社，2012．

问题：这个案例给你带来什么启示？

【启示与思考】

推销没有地方限制，只要有机会，你都可以找到你要找的准客户。

（九）交易会寻找法

1. 交易会寻找法的含义

交易会寻找法是指利用各种交易会寻找潜在顾客的方法。国外、国内每年都有不少交易会，如广交会、高交会、中小企业博览会等。充分利用交易会寻找潜在顾客，与潜在顾客联络感情、沟通了解，是一种很好的获得潜在顾客的方法。

交易会寻找法

参加展览会往往会让推销人员在短时间内接触到大量的潜在客户，而且可以获得相关的关键信息，对于重点意向的客户也可以作重点说明，约好拜访的时间。例如，假如你想获得在印刷机械行业的潜在客户，可以参加国际印刷机械展，你将在那里遇到中国乃至世界上最著名的印刷机械制造商，几乎所有的大厂商都会参加，你只需要去看一个展览会，就能得到这个行业的几乎最有价值的那部分潜在客户。经常去参观某个行业的展览会，你甚至会发现每次你都能看到那些准顾客，这对以后向客户推销是非常有利的。

推销人员应该在每年的年末将未来一年相关行业的展览会进行罗列，通过互联网、展览公司的朋友都可以做到这些，然后贴在工作间的醒目处并在日程表上进行标注，届时提醒自己要抽时间去参观一下。

2. 交易会寻找法的优缺点

优点：效率高，能在最短时间内接触到最多的准顾客；因为参加交易会的人本来都对该行业有兴趣，对有兴趣的顾客，推销人员可以充分展示。

缺点：参加企业多，要想在众多参展商中吸引准顾客的注意力是个难题；参加交易会要给主办单位交一定的展位费，且费用较高。

3．交易会寻找法的使用注意问题

（1）要得到潜在客户相关人员的名片。一定不要满足于发资料、名片，要尽可能深入地了解情况，实践证明展会上85%的资料都进了垃圾桶。

（2）在可能的情况下与这些潜在客户进行现场技术交流，明确主管人员。

（3）在展览会结束后，尽快取得联系，免得记忆失效而增加后期接触难度。

（4）将客户的产品资料拿回来仔细分析，寻找机会。

二、寻找顾客的创新方法

（一）网络搜寻法

1．网络搜寻法的含义

网络搜寻法是指推销人员运用各种现代信息技术与互联网通信平台来搜索准顾客的方法。它是信息时代的一种非常重要的寻找顾客的方法。

网络搜寻法

人们正处在互联网高速发展的时期，在销售中网络这个工具必不可少，网上寻找顾客常用的几种方法归纳如下。

（1）网上查询法，即通过网络搜索引擎搜集顾客的采购信息或准顾客信息。例如，企业或政府会把其采购招标信息挂在网上；公司建设好自身的网站，通过网站宣传吸引潜在顾客，如很多公司会利用其网站为其顾客源提供产品信息，如最近的经销商的位置，如果顾客需要更多的信息，则提供经销商的姓名、地址和联系方式或提供网上客服。但关键是确保公司的网址被列入主要的和重要的搜索引擎中，如百度、搜狗等。

（2）B2B 网上寻找法。B2B 是指进行电子商务交易的供需双方都是商家（或企业、公司），他们使用互联网技术或各种商务网络平台完成商务交易的过程。这些过程包括：发布供求信息，订货及确认订货，支付过程及票据的签发、传送和接收，确定配送方案并监控配送过程等。企业可以在 B2B 网站上查询求购信息或销售信息，从而联系到潜在顾客。

（3）竞价推广法。竞价推广是把企业的产品、服务等通过关键词的形式在搜索引擎平台上做推广，它是一种按效果付费的新型而成熟的搜索引擎广告。用少量的投入就可以给企业带来大量的潜在客户，有效提升企业销售额。竞价排名是一种按效果付费的网络推广方式。企业在购买该项服务后，通过注册一定数量的关键词，其推广信息就会率先出现在网民相应的搜索结果中。

（4）卖家通过网络交易平台进行销售产品。例如，很多商家在京东、天猫、苏宁易购等大型综合购物平台上搭建自己的网店，对终端顾客进行直销。这是一种"宅经济"消费趋势，网上购物成为一种趋势，对于商家来说，如何吸引顾客点击、如何留住顾客成了销售的关键。

（5）社会化媒体营销法。企业利用社会化网络、在线社区、博客、百科或者其他互联网协作平台和媒体来传播和发布资讯，从而形成的营销、销售、公共关系处理和客户关系服务维护及开拓的一种方式。一般社会化媒体营销工具包括论坛、微博、微信、博客、SNS

社区、图片和视频,通过自媒体平台或者组织媒体平台进行发布和传播。企业应用社交媒体,可以在社交网络、微博、博客等拥有海量注册用户的社交媒体网络上发布相关的服务信息和产品资讯,利用社交媒体网络上的粉丝关注效用和社群效应,可以大大增加企业的产品与服务信息在社交网络上的曝光量。除增加宣传、维护好客户关系之外,企业还可以通过媒体提高其销量。

(6)数据库营销法。通过收集和积累消费者大量的信息,经处理后预测消费者有多大可能去购买某种产品,以及利用这些信息给产品精确定位,定期向目标顾客发送对顾客有价值的信息,同时合理地附带产品促销广告。

互联网渠道精准获客

搜索引擎优化(SEO)、竞价广告投放(SEM)、社会化媒体优化(SMO):PC互联网或移动互联网时代客户都会使用到搜索引擎来查找产品服务,只是PC互联网时代渠道相对集中,所以大部分电子商务企业重点通过SEO、SEM、SMO方式实现用户流量获取,而这部分流量获取主要针对需求用户和潜在需求用户。

搜索关键词:从网络营销角度,词语的优化分为精准词、长尾词、泛类词。例如,用户有明确的产品或品牌需求,会通过网络搜索日本旅游、国庆节旅游、iPhone XR、华为P30;而长尾词指三亚旅游多少钱?迈腾和帕萨特哪个好?泛类词指和产品相关的周边词,不一定是该平台提供的某项产品服务,如新加坡旅游攻略、北京周边有什么好玩的地方、20万的车哪个好。不同的搜索词语目的不同,转化效果不同,引导营销刺激消费策略不同。

应用商店关键词排名优化(ASO)、应用商店竞价广告(ASM):移动APP兴起时各大企业通过ASO、ASM等方式获得应用下载,获取客户。

精准触达策略面向精准需求或潜在需求用户群体,当用户通过搜索引擎、应用市场搜索时精准触达,从而实现用户点击流量、引导转化、产生交易。这是转化率最高的方式之一。

场景获客(BD异业合作):线上、线下产品服务都存在场景中潜在需求用户,通过产品特性搭建消费场景,获得潜在客户。例如,在购物商城场景中有餐饮,在4S店中有保险公司入驻,在地图软件中有打车服务,酒店提供机票、当地旅游服务,支付类APP提供生活服务。场景化服务中一种是与外部第三方平台合作,还有一种是平台内不同产品按照场景搭建实现消费提升。如通过电子商务平台APP买手机,页面中会推荐手机壳、手机膜等周边产品,且更容易转化。

在异业合作中最优秀的案例莫过于支付宝,其基于支付场景接入了许多异业合作,对于中小企业而言,需要梳理自己的优势有哪些、对应大流量平台有哪些、内部可整合利用的有哪些。

邀请有礼:老带新属于会员营销活动,引导存量客户权益增值。当然,不同平台客户属性产生效果有所不同,如微信公众号、微信小程序邀请有礼的活动带有一定的熟人效应,行为本身会增加一定的信任度。

优惠权益：促销行为，如"6·18""双 11"、会员日、满减折扣活动也能激发潜在消费用户消费，当然，前提是将信息传达曝光给潜在用户。日常工作或生活中我们也经常遇到某个平台有优惠活动，但是我们根本不知道，为什么？因为没有传达给潜在消费者，如何有效地把信息传达给潜在用户，是需要市场营销策略的方法来实现的，这里不做详细展开。

挖掘竞品潜在客户：对于知道并认可有一定知名度的品牌的用户而言，会通过互联网、应用市场、微博、微信搜索品牌名称，这部分用户有一定的品牌服务标准要求。而通过竞品品牌拦截客户也是获客的一种方式。当用户通过网络搜索相关品牌时，会发现同业竞品的广告曝光紧随其后。如线下场景中肯德基和麦当劳、链家地产和我爱我家门店总是邻居，在应用市场中搜索饿了么 APP，紧随其后的是美团外卖。

新媒体渠道：微博、微信、抖音、自媒体是目前互联网企业都比较重视的发展渠道，通过线下或线上活动增加粉丝提升用户关注量，通过活动引发用户转发，裂变传播，如拼多多、逻辑思维等品牌通过新媒体传播优秀文案或产品服务。

信息传达营销：信息触达用户有邮件、短信、微信、APP 消息推送等多种方式，当然，这种情况下大部分是已经获取到客户的信息，客户提供了个人的联系信息后进行活动营销传达的一种方式，目的是促进用户活跃度或复购率。这里只谈获客，在用户下载 APP 进入微信公众号或通过第三方平台看到公司活动后，点击领取权益时，就需要填写用户信息或者注册。能够真正触达到需求用户和潜在需求用户时，权益活动可有效促进消费者提供自己的个人信息，注册为平台会员等。这类活动在微信公众号、APP 中尤为常见。

资料来源：誉鸣. 客户从哪里来？线上线下获客策略分享[EB/OL]. [2022-01-21]. https://lusongsong.com/reed/12132.html.

2．网上寻找顾客法的优缺点

优点：网络搜寻法是一种非常便捷的顾客搜寻法，推销人员可以在相关商业网站上，通过各种关键词快速寻找目标准顾客，从而节约时间，避免盲目的市场扫荡，提高推销工作效率；该方法可以降低推销成本和市场风险，可以较全面地搜寻到有关准顾客的资料。

缺点：由于网络信息更新较快，在一定程度上会影响推销人员在网上所检索到的目标准顾客资料的准确性。出于信息安全的考虑，一些重要资料并不在网上公布，如一些官方资料、企业内部信息资料等，推销人员在网上并不能完全查到；网络世界是个虚拟的世界，推销人员在运用互联网这一现代化信息手段查找资料时，难免会遭遇到假情报的干扰，从而不能完全保证目标准顾客资料的真实性和可靠性。

3．网上寻找顾客法的注意事项

（1）网上寻找顾客法与其他方法必须有效结合，相辅相成，共同完成顾客的寻找和后期跟踪工作。

（2）推销人员应根据自己的产品特点有效组合网上寻找顾客的各种方法，提高寻找到顾客的概率。

（3）网上寻找顾客需提高警惕，注意核查信息的准确性和真实性，并加强顾客资格的审核。

案例 2-8

在小米早期的营销打法中，引入了社群的力量。刚开始到处找种子用户，选了 100 人，参与 MIUI 的研发与测试，也就是小米所称的"100 个梦想的赞助商"，这些人后来爆发了很大的能力。据说，雷军当时也会经常回复微博上的评论，工程师也被要求到网上回复网友的问题。如果有网友在小米的社区上提意见，则在帖子后面会有一个状态，显示建议是否被采纳，以及解决问题的工程师是谁。后来，小米的客服还被赋予一种权限，就是根据自己的判断，给那些投诉用户赠送贴膜或其他小配件。

"同城会"是小米社群运营的一大特色，让各地的"米粉"自行组织活动，让发烧友验产品，同时举办"米粉节"，大打折扣与赠品战。在 2016 年的"米粉节"上，小米销售额突破 187 亿元，累计参与人数达 4683 万人。可以看出，小米做社群，并不是微信群与 QQ 群，它采取的是全渠道策略，主要培养铁杆用户、回馈与激活用户、保持与用户的密切互动，并且线上与线下相结合。

有一家经营母婴线上零售的企业"大 V 店"，它有一套社群运营策略，按地域划分，建立涵盖各个省份的"V 友会"，通过活动发现 V 友会中的意见领袖，并将他们培养成"班委"，负责 V 友会的日常管理工作。之后还启动了"妈妈加油站"，选出有影响力的妈妈作为站长组织线下活动。

这些"大 V"妈妈在满足个人社交需求、实现自我价值的同时，也分担了一部分运营工作，此外，大 V 店还签约了近 900 个落地机构，为妈妈们提供线下的活动场所。

资料来源：邓超明. 新零售实战[M]. 北京：电子工业出版社，2018：247-249.

问题：这个案例给你带来什么启示？

【启示与思考】

越来越多的企业通过互联网形式获客，其中社群零售是比较流行的模式。传统运营社群的模式基本上是社群营销，就是用 QQ 群、微信群及各种小组、兴趣群等展开营销。其实，营销再向前迈一步，跟门店、销售、业务人员挂钩，就变身社群零售。比如经营建材的，建了很多以装修、建材选购、室内设计、装修设计、涂料等为主题的社群，吸引潜在业主加入，主动拉业主或设计师加入，然后通过分享有价值的内容、发红包、提供建材购买、组织砍价等方法，吸引新群员，激活老群员，产生购买转化。

（二）会议寻找法

1. 会议寻找法的含义

会议寻找法是指公司举办各类对潜在消费者有价值的会议来吸引特定顾客源参加，从而发现真正顾客的过程。会议形式可以是有专家参与的研讨会、免费培训会或者咨询会等。会议前期先由销售人员邀约一定数量的客户源到现场，再通过会议上的沟通了解顾客信息，确定是否为潜在顾客。例如，药品销售公司可能会请 8～10 位肿瘤专家举行一次研讨会，并邀请全国知名的肿瘤研究专家来做报告。该专家会探讨一些医疗技术和治疗方法的最新发展状况。在研讨会期

会议寻找法

间或研讨会之后，公司的销售代表会介绍如何利用该公司的某种药帮助治疗卵巢癌和乳腺癌。又如幼儿早教机构请专家为儿童家长讲解育儿知识，保险公司组织一场投资分析会，等等。

2．会议寻找法的优缺点

优点：会议寻找法往往在一定程度上能引起顾客的兴趣，并能邀请到优质的顾客，特别是那些不愿意一对一会面的潜在顾客。来到会议现场的潜在顾客往往更容易接近，能直接给企业带来收益或搜集到更多顾客的资料，为后期开发做好铺垫。

缺点：组织难度大，对人员要求高，如果组织不好，破坏性也比较大。

3．会议寻找法的使用注意事项

（1）注重前期筹备工作，包括会议前顾客资料的搜集分析、会场的布置、专家的邀请、人员的培训、交通安排等。

（2）会议主题必须是与会者有浓厚兴趣的方面，同时发言人必须是这方面的权威。

（3）销售人员必须在会议前、中、后做好和潜在顾客的联系、沟通和跟踪，确保销售的开展。

任务三　顾客资格审查

任务引入

有一天，张伟接到一封询价的邮件。这位网上询价的顾客不仅从未进入他们的重点顾客名单，连名字张伟也没听说过。对方希望购买张伟所在公司一大批货，问能给一个什么折扣率。对于一家未列入公司重点顾客名单的顾客来说，一次性进这么多货，张伟有些拿不准，便问其销售经理王总按什么级别给对方报价。

"你跟对方电话联系过了吗？"王总问。

"我打电话跟他们联系过了，是他们老总接的电话。他说这个询价邮件就是他发的，他对经销我们这个产品很感兴趣。"张伟说。

王总让推销人员先查查对方的网站，看看他们的实力和规模。推销人员说对方现在似乎没有网站。

"这样吧，你用电话跟对方联系一下，说你准备带着资料和样品去拜访他们。"

张伟去了半天，回来说那家公司的店面只有二三十平方米，一打听才知道，那家公司是他们的一个竞争对手老板的亲戚开的。他们询价的目的自然就很清楚了。

任务 1：张伟需认清顾客资格审查的作用。

任务 2：张伟需掌握顾客资格审查的内容。

任务分析

现代社会毕竟是一个竞争非常激烈的商业社会，对于这种不合常理的询价，推销人员必须多问自己几个为什么，不能为了完成自己的销售量指标就饥不择食，见风就是雨。有些公司本来没有什么诚意来经销你的产品，但它可能出于其他目的，装出一副真心实意要做的样子，与你狠狠地讨价还价。一旦拿到底价后，他就犹如石沉大海，一点儿音信也没有了。这种被人套取商业情报的事在现在的商场上并不少见，很多推销新人就这样成了竞争对手的义务信息员。要证实对方是不是真正的买家，必须对潜在顾客进行资格审查，才能做到功夫用在刀刃上，同时不被竞争对手所利用。

知识链接

一、顾客资格审查的作用

顾客资格审查

准顾客的审查是指推销人员对"引子"是否真为一位准顾客进行分析判断的全部活动过程。推销人员在取得"引子"之后，还需要对准顾客的资格进行审查，把符合条件的"引子"列入准顾客的目录中，把不符合资格的"引子"从目录中剔除。顾客资格审查主要包括对顾客需求的审查、对购买力的审查和对准顾客购买决策权的审查三个方面，只有上述三个条件均具备才是合格的准顾客。在现代推销学中，把对某特定对象是否具备这三个条件的研究称为准顾客资格审查或认定。顾客资格的审查和认定并非与寻找准顾客截然分开，实际上它贯穿于寻找准顾客过程的始终。

准顾客资格的审查在整个推销中起着关键的作用，具体表现在如下几个方面。

（1）发现真正的产品推销对象，避免徒劳无功的推销活动，确保将推销工作落到实处。

（2）通过潜在顾客资格审查和认定，可使推销人员节约大量时间和费用开支，提高顾客的订货率和增加顾客的订货量，从而提高推销人员的工作业绩。

（3）通过潜在顾客资格审查使推销人员对顾客资料有更全面的掌握，并根据准顾客的价值、潜力对准顾客进行 ABC 分类，从而有的放矢地实施推销策略，提高访问成功率。

（4）当企业资源有限的情况下，顾客资格审查可以有助于决策应该优先服务于哪个潜在顾客。

 案例 2-9

某企业的一位推销人员小张从事推销工作多年，经验丰富，关系户较多，加之他积极肯干，在过去的几年中，推销量在公司内始终首屈一指。谁知自一位新推销人员小刘参加推销人员培训回来后，不到半年，其推销量直线上升，当年就超过了小张。对此小张百思不得其解，问小刘："你出门比较少，关系户没我多，为什么推销量比我大呢？"小刘指着手中的资料说："我主要是在拜访前，分析这些资料，有针对性地拜访，例如，我对 124 名老顾客分析后，感到有购买可能的只有 94 户，根据以往经验，94 户中 21 户的订货量不大，所以，我只拜访 73 户，结果，订货率较高。其实，我的老顾客 124 户中只有 57 户订货。订货率不足 50%，但是这能节约出大量时间去拜访新顾客。当然，这些新顾客也是经过挑选的,尽管订货概率不高,但建立了关系,还是值得的。"从小刘这些话可见,成功之处就在于重视目标顾客的选择。

资料来源:张晓青. 现代推销实务[M]. 北京:地质出版社,2010.

问题：小刘为什么要这么注重目标顾客的选择？

【启示与思考】

此案例启示我们,任何一个推销人员的时间都是有限的,在进行准顾客访问前,如果能花些时间对准顾客的资格做基本的审查和评估,则会达到事半功倍的效果。

二、顾客购买需求审查

顾客购买需求审查是指推销人员通过对相关资料的分析,判断并确定将来的推销对象是否对推销的产品具有真正的需求（包括现实需求和潜在需求）以及需求量大小的活动过程。

顾客购买需求鉴定是识别顾客首先要做的事。顾客存在真实的需求,是成功销售的基础。正确判断顾客的需求及其规模,是推销人员的一项重要基本素质。只有正确判断了顾客的真实需求,有针对性地展开一系列销售活动,才有可能实现销售,否则,即使推销人员做出了大量的努力,顾客也认可了产品和服务,但顾客没有切实的需求,他们是不可能做出购买行为的。购买需求审查包括以下几个方面。

（1）潜在顾客需要什么,即对潜在顾客需要什么样的产品的描述。涉及潜在顾客购买产品的用途、使用要求、将在什么条件下使用等问题,这些问题决定了潜在顾客对产品的选择标准,并为推销人员提供了推销说服的基点。需求多种多样,极富弹性,生产资料的购买有时要邀请有关专家来做鉴定。经过鉴定后,若发现自己所推销的产品无益于该顾客,不能适应其实际需求,就不要向其推销。

（2）品牌倾向,即潜在顾客是否有对某一品牌的特别偏好。当潜在顾客没有明确的品牌倾向时,表明任何厂商的产品都没有优先性的排他优势；当潜在顾客有较明确的品牌倾向时,如果自己的产品品牌与潜在顾客品牌倾向一致,表明自己已获得优先性的排他优势,反之则表明自己的产品品牌已被潜在顾客所排斥。潜在顾客的品牌倾向可以从与顾客有关人员的接触中直接询问而获得。

（3）期望的价格,即潜在顾客为实现某项购买而设定的心理价位或购买预算。大多情况下,尤其是当潜在顾客具有明确的购买意图和购买计划时,都会有相应的期望价格与预算。掌握潜在顾客的期望价格,对于推销人员确定产品报价和议价的策略是非常重要的。

（4）需要的数量,即潜在顾客需要购买产品的数量。购买产品的数量涉及推销人员确定报价和议价策略及其他交易条件,推销人员在考察准潜在顾客要多少产品的问题时,既要考察当前的交易量,也要考察潜在的购买量。

（5）购买时间,即潜在顾客做购买决策、签约及履行合约的时间。时间问题可通过准顾客的购买计划和采购计划日程做出相应的判断。

此外,在分析准顾客需求时,推销人员应该知道顾客的需求有现实需求与潜在需求。现实需求是顾客已经感觉到的需求,并且拥有相应的购买力；潜在需求需要激发才能体现出来，推销人员应同时关注这两个方面的需求。对于潜在需求，推销人员应对顾客需求进行深入细致的调查研究，分析和把握顾客不使用推销品的真正原因，当认识到顾客的潜在需求时，采取必要手段把潜在需求变成现实需求，而非将其作为不合格顾客而草率放弃。正是因为存在大量的潜在需求，才为推销人员去大胆探求和创造需求提供了用武之地。

案例 2-10

郑旭东，在上海一家酒吧做服务生，每天晚上从他服务的桌台销售出去的红酒不仅数量多，而且都是酒吧中价格中上的品牌。而另外 6 个服务生每个晚上销售出去的总金额都无法超过他。

眼前是一男一女两位年轻人，落座后在看酒单。酒单上品牌琳琅满目，从 100 多元的长城干红到 800 元一瓶的澳洲本福，各个价位的酒都有。正当男客人犹豫不决的时候，郑旭东来到桌前说："你好！我们这里有一种红酒，从来都不放到酒单上，那就是香贝丹。你一定知道法国大名鼎鼎的拿破仑，他赠送给最心爱女人的酒就是'香贝丹'"。男客人看了看女客人，女客人眼中流露出期待、渴望的目光。男客人问："多少钱一瓶呢？""一瓶要 3000 元，不过您可以品尝两杯，380 元一杯。"此时，郑旭东将目光凝聚到女客人的脸上，女客人用手碰了一下男客人，男客人说："那就来两杯。"

问题：在你看来，以下哪个原因让郑旭东的话如此有威力？

（1）因为拿破仑是知名的人。

（2）因为香贝丹是知名的酒。

（3）因为"心爱的女人"符合客人内心的需求。

（4）因为客人有钱，不在乎价格。

【启示与思考】

判断客户的需求是销售人员最重要的一个能力，那就是能洞悉存在于客户内心深处通常都不说出来的需求。判断客户需求是销售顾问的第一道销售能力台阶，不能迈过这个台阶，就迟迟不能改善与客户的关系。

在酒吧里，客户所处的情景是男女交友的氛围，到酒吧来无非就是享受浪漫情怀。在这种情景下，男女内心最脆弱的部分就是心爱的人。当提到拿破仑"赠送给最心爱女人"这句话的时候，"心爱"两个字已经完全俘虏了男客人的心，同时也捕获了女客人内心深处的期待。此刻，钱不重要，特别是遇到渴求的爱时。

资料来源：孙路弘. 大客户销售：能力测试与成长[M]. 杭州：浙江人民出版社，2012. 185.

三、顾客购买力审查

顾客购买力审查是指推销人员通过对市场调查的有关资料的分析，确定潜在顾客是否具备购买推销品的经济能力，进而确定其是否是合格的目标顾客的一种活动过程。目标顾客中的许多人可能对产品都会有需求，但是只有具备一定支付能力的人才有可能最终成为你的顾客。

学习情境二 寻找和审查潜在顾客

顾客支付能力可以划分为现有支付能力和潜在支付能力两种。首先，要着眼于具备现有支付能力的顾客，具有购买需求并具备现有支付能力的顾客才是最理想的目标顾客，对这类顾客，推销人员需要快速促成交易。其次，要关注具备潜在支付能力的顾客，他们今后可能为产品推销开拓更为广阔的市场前景，对这类顾客，推销人员需要主动协助顾客解决现有支付能力方面的问题，如建议顾客向银行贷款或者分期付款、延期付款等其他付款方式，对于没有此项开支预算的企业，需说服和跟踪相关部门提出预算申请，并跟踪预算审批结果。

对个体顾客潜在购买力审查，主要是对影响个人或家庭购买力的各种因素，如实际收入、购买支出、消费储蓄与信贷等进行审查。通过询问、观察"引子"的言行来判断，一般支付能力强的人，注重自己的衣食住行与其身份相协调，但不要"以貌取人"。

对组织购买者，推销人员要更注重调查该组织的经营状况、资金状况、财务状况、信用状况等，虽然可以采取赊销、分期付款、延期付款等方式促成交易，但要防止其商业欺诈，防止坏账、呆账出现，就应当学会如何运用担保、抵押等手段将风险降到最低。即便是对亲戚、朋友、大顾客、上级相关部门，也不例外。由于很多组织的经营状况、资金状况、财务状况、信用状况等信息是对外保密的，但如果推销人员有能力，则可以通过其主管部门、会计师事务所、其他同行、银行、大众传播媒体及推销人员的自我观察等进行调查，或者从外围调查相关信息，如企业口碑、员工工资发放情况、市场经营情况等，这些资料都可以为推销人员判断企业的潜在支付能力提供有价值的依据。

四、顾客购买决策权审查

从现代推销学的角度看，无论是家庭消费品的购买，还是企事业单位的采购活动，购买决策权往往掌握在少数人的手中，其他人只是起到收集、传递信息、提供决策参考建议的作用。面对顾客时，要判断顾客是否具有决策权。当然，对顾客中提参考建议的角色，也应足够重视，他们的意见会影响最终的购买决策。向一个家庭或组织推销，实际上是向家庭或组织的购买决策者推销。

在消费品市场中，以家庭为单位的购买行为往往由于文化背景、社会环境的差异，使各个家庭的购买决策状况不尽相同。组织市场比个人市场更复杂，影响购买决策的人员类型和数量更多。组织市场带有很强的专业性，通常是理智性的采购，一般购买决策均由企业管理者做出。推销人员必须了解组织内部的人际关系、决策系统与决策方式，掌握其内部管理者的相对权限，尽量向有决策权的管理者推销产品。

任务总结

经过一个多月的"摸爬滚打"，张伟逐渐对推销中的第一环节"寻找顾客"有了更深的、更全面的理解，他将学习结果归纳如下。

（1）现实顾客是企业生存的根本和基础，但顾客的复杂多变以及企业的发展需求，仅靠老顾客难以达到企业的目标，推销人员应一方面开发新顾客，另一方面对现实顾客进行业务深挖，同时注意顾客和潜在顾客之间存在相互影响、相互转化的关系。

(2)将顾客源确定为潜在顾客必须满足五个基本条件：对该产品或服务存在真实的欲望或需求、购买能力、购买决定权、购买资格、易于接近。

(3)推销人员需遵循一定的规律，把握科学准则，使寻找顾客的工作科学化、高效化。

(4)潜在顾客分潜在的顾客、竞争者的顾客、中止交易的顾客、现有顾客四个类别，不同类别的顾客有不同的特征，推销人员应有的放矢地去开发这些顾客。

(5)寻找顾客的传统方法包括"地毯式"搜寻法、连锁介绍法、中心开花法、人际关系网拓展法、委托助手法、广告探查法、文献调查法、个人观察法、交易会寻找法。寻找顾客的创新方法主要包括网络搜寻法、会议寻找法。推销人员应该根据行业环境、顾客特征、产品特征、推销人员自身条件等因素，综合确定自己的最佳寻找方法组合。

(6)顾客资格审查对整个推销的有效开展起着关键作用。在推销访问前对准顾客的资格做基本审查和评估，则会达到事半功倍的效果。顾客资格审查主要包括三个方面：顾客购买需求审查、顾客购买力审查、顾客购买决策权审查。

业务技能自测

一、判断题

1．推销人员必须确定顾客源的资格，才能提高寻找顾客的效率。（　　）
2．顾客需求、购买能力、购买决定权、购买资格、易于接近是确定潜在顾客的所有条件。（　　）
3．竞价推广法是一种免费的搜索推广方式。（　　）
4．"地毯式"搜寻法不仅可以搜寻潜在顾客，还可以兼有市场调研作用。（　　）
5．顾客支付能力审查仅仅指顾客现有支付能力审查。（　　）
6．文献调查法一定要注意搜集资料的可信度和时间效应。（　　）

二、选择题

1．下列哪些是寻找推销对象应遵循的原则？（　　）
　　A．准确定义目标市场
　　B．多途径寻找顾客
　　C．养成随时发觉潜在顾客的习惯
　　D．培养观察力与判断力
2．尚没有实施过购买行为的潜在顾客具有哪些特征？（　　）
　　A．隐蔽　　　　　　　　　　　　B．防备心较强
　　C．更多需要激发潜在需求　　　　D．需求清晰
3．顾客资格认定的内容包含（　　）。
　　A．准顾客需求认定　　　　　　　B．准顾客心理认定
　　C．准顾客社会地位认定　　　　　D．准顾客支付能力认定
　　E．准顾客购买决策权认定
4．装修公司的推销人员让房产公司的推销人员介绍顾客，被称为（　　）。

A．人际关系网拓展法　　　　　　B．中心开花法
C．连锁介绍法　　　　　　　　　D．委托助手法
5．当我们需要老客户向我们推荐新客户时，哪些说法是错误的？（　　　）
A．要求别人帮你介绍客户这件事是件很随意、顺便的事
B．第一次联系目标顾客时就要求别人帮你推荐
C．要求别人帮你推荐就是让别人给你一个朋友的联系方式就可以了
D．只要你的推荐人采取了行为承诺，你就应该立即向推荐人表示感谢
E．最好让推荐人明白具体哪种类型公司和人群需要你所提供的东西
6．顾客购买需求审查包括（　　　）。
A．潜在顾客需要什么　　　　　　B．品牌倾向
C．期望价格　　　　　　　　　　D．需要的数量
E．购买时间

思考与讨论

1．准顾客应该满足的条件是什么？
2．寻找准顾客应遵守哪些原则？
3．寻找准顾客有哪些方法？
4．认定准顾客的作用有哪些？
5．怎样对顾客资格进行审查？

实训题

项目一　分析顾客

【实训目标】
培养学生在给定市场销售环境中，分析目标顾客特征的能力、收集顾客信息的能力以及审查顾客资格的能力。

【实训内容】
假设你是某学校专升本的招生人员，学院内的学生是你的顾客源。请运用各种信息收集的途径与方法收集学院内师生（人、办公室、班集体、宿舍）的相关信息，并进行顾客信息整理、顾客资格评审，力求从中找到推销机会。

【实训要求】
1．要求学生充分搜集和了解该校专升本的优劣势和目标人群特征。
2．要求学生列出用于顾客资格审查所需信息调查样表。
3．要求学生确定最适合的途径与方法来收集目标顾客的相关信息，并填写信息调查表。
4．要求学生根据搜集的资料撰写市场分析报告。
5．要求老师对学生的分析报告进行点评。

【组织与实施评价】
1. 学生分组（4~6人一组）选择产品种类和具体推销范围。
2. 学生完成前期调查前各项准备工作。
3. 实地进行信息收集，填写信息调查表，并撰写市场分析报告。
4. 教师点评。

【考核要点】
信息收集渠道和方法的多样性、信息的价值性、市场分析报告的价值等。

项目二 寻 找 顾 客

【实训目标】
培养学生寻找顾客的能力。

【实训内容】
假设你是一位应届毕业生，刚来到北京，并且找到一份推销工作，主要负责北京公交移动电视下端的滚动字幕广告（跟新闻滚动条一起播放的），请确定适合你所推销产品的目标顾客群特点，以及确定你寻找准顾客的最佳方法组合。

【实训要求】
1. 要求学生首先熟悉所推销产品的特点。
2. 要求学生上网或实地调研，了解该企业和该类产品当前寻找顾客的方法。
3. 要求学生确定适合该行业和自己的最佳寻找顾客方法组合，并提交具体方案。

【组织与实施评价】
1. 学生分成4~6人一组，每组确定2人负责文案陈述。
2. 学生按要求搜集资料，撰写文案。
3. 学生分组陈述方案，进行自我评价和互相评价。
4. 教师点评。

【考核要点】
寻找准顾客方案的合理性、全面性和创新性等。

案例分析

案例一 新会员开发和老会员维护

欧铂丽潮南商场位于一个非常小的城市，2020年老板娘利用自己的抖音号，带来的意向客户110人，产生业绩140多万元。目前她抖音号每月均有60人左右留言私信，从抖音上加新客户微信每月有20~30人。年转单都会超过20户。

三套车洗车行对洗车会员推出充值送券活动，充1000元，享受洗车会员价，并获得价值3000元的汽车养护代金券，其中包括2张500元基础保养代金券、6张200元美容代金券、1张800元高级镀晶套餐代金券。涉及的项目平时消费频率并不高，单项价格高。通过充值赠送代金券，会员核销率显著提升，并且美容类消费均产生了更高的客单价。

宏远服饰对其会员积分计划进行了调整，施行消费1元积1分，50分抵1元现金使用，生日当天消费3倍积分，限本月抵现使用，下月统一清零。他们只有将近120位忠实会员，平均每月过生日的会员为10个，那么人均消费1000元可以获得3000积分，用于抵现的话相当于60元，因为积分下月清零，刺激会员当月二次消费，如果这次消费人均500元，整个活动的让利就是1000元×3倍×10个人，然后除以50为600元，而撬动的消费额则是1000元×10人+500元×10人=15 000元。每月都有人过生日，每月都会因为积分抵现即将过期带来二次消费。

资料来源：家居建材培训营. 泛家居门店如何做好抖音新媒体（上）[EB/OL]. （2022-02-17）[2022-02-20]. https://mp.weixin.qq.com/s/j1QSJQFxXnQdkSD4BofS-A.

20分贝商学院. 客流荒：会员制打造门店爆客与持续盈利[M]. 北京：清华大学出版社，2019: 115-116.

分析思考：

查找资料，分析新媒体时代企业应该如何开发新顾客以及提高老顾客的购买频率和购买量？

案例二　××化工客户资质审核

××化工客户资质评估审核表如表2-1所示。

表2-1　××化工客户资质评估审核表

公司名称：　　　　　经营人：　　　　　审核日期：
手　机：　　　　　　传　真：　　　　　电子邮箱：

市场状况	省份名称		地域市名		覆盖区域	
	覆盖人口			消费水平	□高等水平　□中等水平　□低等水平	
	竞争品牌			竞争地位		
店铺情况	法人代表			营业面积		
	店铺位置					
	公司性质	□个体　□私营　□合资			注册资金	
	物流通达性	□优　□良　□差			人流量	
	人力配备	专业导购		资金能力	□≥3万元　□≥5万元　□≥10万元	
		技术服务		经营方式	□工程　□批发　□零售	
		市场开发		关系网络	□政府　□装饰公司　□家装队	
经营状况（过去3年内）	营业额	2018年：_____　2019年：_____　2020年：_____				
	利润额	2018年：_____　2019年：_____　2020年：_____				
	存货额	2018年：_____　2019年：_____　2020年：_____				
经营者情况	性别		年龄		从业年限	
	经营管理能力	□强　□中　□弱		广告宣传能力	□强　□中　□弱	
	认同彩艺企业文化	□是　□否		认同彩艺管理模式	□是　□否	
	认同彩艺销售模式	□是　□否		信誉度	□优　□良　□差	
	关系网络	□政府　□装饰公司　□家装队　□分销网络　□业务团队				
	代理意向	□单一产品　□多种产品　□全套产品				
	合作意愿					

续表

区域经理评估建议	
营销中心评估意见	

资料来源：客户资质评估审核表[EB/OL]．（2009-12-03）[2022-02-01]．http://www.docin.com/p-35921863.html．

分析思考：

1. 该公司制订以上客户资质评估审核表的意义何在？
2. 对经销商或代理商客户的审核内容主要包括哪些方面？

学习情境三　约见和接近顾客

知识目标

1. 了解接近顾客前准备的意义和内容。
2. 掌握约见顾客的内容、方式和技巧。
3. 掌握接近顾客的策略和方法。

技能目标

1. 具有独立分析目标顾客资料，并结合顾客资料确定拜访计划的能力。
2. 具有完成顾客接近前各项准备工作的能力。
3. 具有灵活选择和创新顾客约见方法的能力。
4. 具备处理各类顾客约见异议的能力。
5. 具有针对具体顾客顺利完成顾客接近，达到接近目标的能力。

素质目标

1. 具有一定的亲和力、应变能力。
2. 具有较好的抗压能力。

导入案例

小张的拜访

一天，销售人员小张走进客户办公室，热情地向客户伸出手问候：

"王经理，近来好吗？昨天的足球比赛看了吗？××（球星）又被罚了几个黄牌。"客户极其勉强地伸出手来。小张为了拉近与客户之间的距离，又询问了客户几个有关家庭的问题，还谈论了一阵天气，之后开始介绍其产品的特性和优势。在小张介绍产品的大部分时间里，客户面无表情地坐着，问一些具体的技术细节时，小张也只凭个人的了解作泛泛的解答。这次的访谈草草收场，没有任何交易，甚至也没有约定下次接触或进一步电话联系的时间。

小张离开客户办公室以后，客户心里也犯嘀咕：今天这个销售人员对自己产品的专业知识如此欠缺，而对一些与业务无关的话题如此津津乐道，他干什么来了？

那么，销售人员如何与客户恰当地寒暄呢？

资料来源：陆和平. 大客户销售这样说这样做[M]. 北京：中国青年出版社，2019：25.

任务一　接近顾客的准备工作

任务引入

通过前期努力，张伟通过各种途径确定了几个合作可能性比较大的顾客名单，希望通过他的努力能争取这些顾客的合作，尤其是具有很好的客户资源的 A 公司的合作，但他也打听到 A 公司的领导比较盛气凌人，难以接近。为了能更好地接近这位领导，并成功约见和拜访，你认为张伟在接近 A 公司领导前应做哪些方面的准备？

任务 1：张伟需要了解接近顾客需要准备的内容。

任务 2：张伟需要掌握顾客拜访计划的意义和内容。

任务分析

推销人员在确定了准顾客之后，除非电话营销或者网上直销，一般情况下接下来的工作就是有目的、有策略地采取方法接触顾客，争取面对面地与顾客建立信任，激发顾客的兴趣，并传递商品信息，最终促成交易。做好接近准备是为了更好地把握每个销售机会，在接近顾客前推销人员首先要了解消费者的各种信息，然后通过信息的收集、筛选、处理，从而制订正确的拜访计划，争取更有效地接近顾客。

知识链接

一、接近准备

接近准备是指推销人员在与准顾客正式接触前，针对某一特定准顾客而进行的准备工作，是为进一步了解、掌握、分析顾客的情况而进行预先准备的过程，是顾客资格审查的继续，也是非常重要的推销工作环节。

二、接近准备的内容

（一）信息准备

1. 约见个人购买者前的准备

成功接触个人购买者，最重要的是对其背景资料有一定的掌握，具体来说，应包括约见和拜访对象的姓名、年龄、性别、民族、大概相貌特征、家庭背景、办公及居住地址、联系方式、性格特征、出生地、学习和工作经历、兴趣爱好、需求内容、采购习惯和特征等。

信息准备

为了更好地把握顾客的整体情况，推销人员还必须对搜集来的资料进行归类、分析，从大量资料中发现某类准顾客某些共性的问题,例如,某类顾客的需求有何特征?他们最感兴趣的话题是什么?共同的需求点是什么?如此等等。

另外,推销人员特别要注意的是,如果要拜访的顾客是已经有过几次接触的顾客,一定要在再次拜访前看看前几次的拜访记录,一方面对顾客的特点和购买特点进行梳理,为本次拜访做好准备;另一方面还需对前几次拜访情况进行了解,以免顾客说到前几次拜访中谈到或关注的问题而自己却忘了,不知怎么回答,显得不专业。

2. 约见法人购买者前的准备

法人购买者是指除个体准顾客以外的所有准顾客,包括工商企业、政府机关、事业单位、社团组织等购买者。由于法人购买者的业务范围广、购买数量大、购买参与人多、购买周期长,而且购买决策人、购买执行人、商品使用人往往是分离的,使法人购买者的购买行为变得更为复杂,因此涉及的问题也比较多。法人购买者的主体同时兼有法人代表与个人代表两种社会角色,进行购买决策时会同时考虑团体与个人两个方面的利益和需求。因此,推销人员接近法人准顾客前所准备的资料应比接近个体准顾客前所准备的资料更充分。现仅以工商企业准顾客为例,说明约见法人准顾客前应做的准备。

(1)掌握法人购买者的基本情况。法人购买者的基本情况包括法人购买者的机构名称、品牌商标、营业地点等。此外,推销人员还应了解法人顾客的所有制性质、注册资本、职工人数、交通条件以及各种形式的通信联络方式等。

(2)了解法人购买者的生产经营情况。法人购买者的生产经营情况对其购买行为有着较为直接的影响。因此,在接近法人购买者之前,推销人员应尽可能全面地了解其生产经营情况,包括其生产经营规模、经营范围、生产能力、资信与财务状况、设备技术水平及技术改造方向、企业的市场营销组合、市场竞争以及企业发展方向等方面的内容。为此,推销人员可以了解顾客产品线的宽度、长度,产品线之间在材料来源方面的关系,等等,了解目标企业的设计生产能力、目前已经达到的生产能力和潜在的生产能力,从中寻找推销产品的机会。如果准顾客属于商业机构,应该了解顾客的营业面积、商品规模、商品等级、客流量、购买者的购买行为以及商品特点等,并了解对方的资信情况。

(3)了解法人购买者的采购习惯。一般来说,不同的法人顾客有各自不同的采购习惯,采购对象的选择、购买途径、购买周期、购买批量、结算方式等方面都可能有差异。在准备工作的过程中,推销人员要对团体顾客的采购习惯进行认真、全面、细致的分析,再结合推销品的特征和性能,确定能否向顾客提供新的利益以及团体顾客对推销品采购的可能性。

(4)了解法人购买者的组织结构和人事状况。推销人员不仅要了解法人顾客的近期目标和远期目标、规章制度和办事程序,而且还要了解它的组织结构、人事状况、人际关系及关键人物的职权范围与工作作风等方面的内容。因为对法人购买者的推销实际上是向机构决策人或执行人推销,而绝非是向机构本身推销。但是,机构本身复杂的组织结构和人事关系对推销能否成功有着重要的影响。因此,在接近团体顾客之前,了解和掌握机构的组织结构和人事状况,有针对性地开展推销接近工作,对促进推销活动的进一步顺利进行显得非常重要。

例如,一般情况下,要对由哪些部门产生购买需要或者提出购买申请、由哪些部门对购买申请进行审核、由哪些部门发出招标书和选择供应商、有哪些机构与个人对购买决策行为施加影响等了解清楚。此外,还要了解关键部门和关键人物,要了解关键人物的价值观念、爱好、性格等个人情况,推销人员应该对顾客在购买过程中各个阶段的"实权派"有深入的了解。

（5）了解竞争对手的资料。只有了解竞争对手的相关信息,推销人员才能更有针对性地制订自己的推销方案。竞争对手的资料包括以下几方面:目前进货渠道有哪些？维持原来的购买对象与可能改变的原因是什么？目前准顾客与供应商的关系如何？发展前景如何？目前竞争对手给准顾客的优惠条件是什么？顾客的满意程度如何？竞争对手的销售代表的名字？谁支持竞争对手？该销售代表与顾客的关系如何？如此等等。

（6）了解采购项目的资料。法人顾客的项目情况包括顾客最近的采购计划、顾客该项采购要解决的主要问题、采购时间表、采购预算、采购流程、采购标准、购买决策的影响因素、采购关键人物的个人信息,以及对该项采购中他们各自希望达到的个人需求等。为更好地接近采购关键人物,推销人员必须充分了解他们的个人信息,采购关键人物的个人信息参照以上所谈到的个人购买者所要了解的信息内容。

3．约见老顾客前的准备

老顾客是推销人员熟悉的、比较固定的买主。保持与老顾客的密切联系,是推销人员保证顾客队伍的稳定,取得良好推销业绩的重要条件。

对老顾客的接近准备工作,不同于对新寻找的目标顾客的准备工作,因为推销人员对老顾客已经有一定程度的了解,主要是对原有资料的补充和调整,应该在拜访前先了解老顾客（无论是个体顾客还是团体顾客）上一次成交后的情况反馈。顾客反映的内容是多方面的,主要包括供货时间、产品价格、产品质量、使用效果和售后服务等。

案例 3-1

某年五一黄金周前夕,某车内空气净化器代理商通过近两个星期的努力,基本上与北京家电销售市场上一家大型家电销售公司建立了联系。如果他们的产品能进入对方的销售网络,他们不仅能利用对方在全国各大中城市 200 多家的连锁店进行销售,而且在对方公司销售的同时,对提高他们产品的知名度和品牌形象都有帮助。

该家电销售公司一般在五月底、六月初讨论当年下半年的采购计划。时间不多了,如果车内净化器代理商不采取特别的措施,对方肯定会按惯例采购其对手的产品。尽管时间紧迫,但他们还是下决心要在今年下半年把产品打进这家家电销售公司的销售网络。

净化器代理商专门抽了几个人去摸清这家家电销售公司的情况,最大限度地收集其各种信息。通过黄金周期间的调查,他们首先了解了这家家电销售公司的商品采购程序:一般是集体决策,即通过各部门的主管、技术专家投票表决,投票人数多达 12 人。他们要向每一个有投票权的人介绍产品是来不及了,而且他们的竞争对手已经早早地做好了准备工作。无疑,他们的处境相当被动。怎么办?

他们又想办法与这家家电销售公司前工会主席建立了联系,通过他的指点,了解的情况更加具体,基本上找到了进门的方法:他们的产品可以由这家公司的采购、市场和销售三个部门提出申请。采购部虽然在公司影响力最大,但是采购部的负责人与其他部门的人员关系一般;销售部在公司的影响力较小,如果从销售部提出申请参加讨论,胜算不大;市场部在公司的影响力较大,但不及采购部,虽然市场部的负责人目前只是一个部门主管,但同时身兼公司总裁助理,而且他在公司的人际关系不错。他们的竞争对手主要是围绕着采购部做工作。既然如此,他们毅然决定把市场部作为突破口。经过一番缜密而有效的活动,这家公司的市场部终于同意为他们的产品提出申请。尽管他们公司的前期工作并没有做得像竞争对手那么细致,但由于市场部负责人的个人影响力,他们终于战胜了对手!

资料来源:谭一平. 推销精英的十年总结:中式推销[M]. 北京:企业管理出版社,2006.

问题:这个案例说明了什么?

【启示与思考】

推销人员需要抓"战机",但不能仓促上阵,打毫无准备之仗。在拜访客户之前,推销人员一定要尽可能地多收集一些客户的信息,做到知己知彼。

(二)拜访计划

所谓拜访计划,是指推销目标的具体实施方案,是推销人员自我活动的规划。它是指导推销活动的依据,也是销售管理的重要内容。"用兵之道,以计为首。"其实,无论是单位还是个人,无论办什么事情,事先都应有合理的打算和安排。有了计划,工作就有了明确的目标和具体的步骤,就可以协调我们的行动,增强工作的主动性,减少盲目性,使工作有条不紊地进行。同时,计划本身又是对工作进度和质量的考核标准,对我们自身有较强的约束和督促作用。所以计划对工作既有指导作用,又有推动作用,合理安排工作计划,是建立正常的工作秩序、提高工作效率的重要手段。

制订拜访计划

计划分为年计划、月计划、周计划和日计划。随着计划周期缩短,拜访计划要求内容更为具体化,不能泛泛而谈,最好是把销售目标定量化。短期计划是长期计划的保障。拜访计划的内容可以形象地用"5W1H"来表示。

(1)who(谁)。这是指计划拜访的对象,是潜在顾客还是现有顾客,是你喜欢的顾客还是你讨厌的顾客,是离你近的顾客还是离你远的顾客,等等,具体拜访顾客可以根据推销人员和顾客预约的时间和结果进行调整。

(2)when(什么时间)。这是指你拜访顾客的日程安排。根据双方达成的约访时间,拟定好拜访日程,掌握好谈判进度,这也是提高推销拜访成功概率的关键因素之一。

(3)where(什么地方)。这是指拜访的顾客所在地及拜访最佳路线。要规划好拜访路线,减少消耗在路上的时间,增加与顾客见面的时间。

(4)why(为什么)。这是指拜访顾客的原因。推销人员每次接近顾客都应具体根据自己与顾客的关系,根据交易中顾客的情况选择此次拜访的目标。推销人员在执行拜访计划时,一定要牢牢记住此行的目的。那么,拜访的目的有哪些呢?通常每次拜访推销人员都需要主动为自己的拜访设定一定的阶段性目标。例如,通过某次拜访了解顾客的具体需求,与顾客建立良好的关系,确定谁是关键负责人或争取结识总负责人,弄清竞争对手在推销商品区域中的活动情况,获得向准顾客的有关人士做商品示范或介绍的机会,争取签订一份商品买卖合同，解决顾客抱怨，等等。

（5）what（什么）。这是指拜访顾客洽谈的重点内容是什么。确定拜访洽谈的要点就是针对推销对象的具体情况和拜访目标，制订该次拜访洽谈的重点。

（6）how（怎么）。这是指怎样进行推销，即推销的策略和技巧。推销人员应事先估计洽谈中顾客可能提出哪些问题，应如何解决这些问题。推销人员应从实际出发思考这些问题，例如，如何赢得顾客的信任，如何引起顾客的兴趣或购买欲望，以及如何引导顾客进行成交，等等。

案例 3-2

推销人员张星通过市场调查、专家预测和其他方式寻找潜在客户，在找出潜在客户后，张星将对他们进行 ABC 分类。找出潜在客户后制作推销区域地图。方法是先把地图贴在墙上，再在上面贴上一张透明塑料布。然后在有顾客的地方钉上图钉，制作销售区域图。在钉图钉时现有顾客钉绿色，潜在顾客钉灰色，已经推销成功的顾客则钉红色。这样，张星就可以准确了解他需要拜访的顾客的分布和所在地了。然后他把整个销售区域分成更小的区域（5～6 个），这样每天他都拜访不同的区域。他还在塑料布上用新笔画出销售路线，这些销售路线距离最短，旅途时间最少，而又包括了所有的图钉（客户），同时使每条路线上的客户购买潜力相等。这样，张星就能通过每天的比例看自己的工作效果如何了。

资料来源：赵月华. 管理精英文库[M]. 北京：中国人民出版社，1998.

问题：张星的做法体现了他在哪些方面的能力？

【启示与思考】

推销人员的合理计划和规划可有效提高其工作效率，是自我时间管理的具体表现。

（三）物质准备

有些推销人员去拜访客户，寒暄之后正要进入正题时才发现遗忘了文件、样品等重要物品，回去取已来不及了，从而失去了对方的信赖。所以，离开公司或家门之前，一定要慎重检查一下东西是否齐全。业务不同，商谈内容也有差异，必带物品也有很大出入，以下仅供参考。

1. 必备品

必备品主要有手机、钱包、钢笔、名片、眼镜、笔记本、钥匙、打火机、地图、工作证、驾驶执照等。此外，还需要一个像样的公文包。

2. 推销工具

在推销人员的公文包中，必须放一些推销过程中必需的辅助工具，如介绍信、样品、企业的宣传资料、产品说明书、产品鉴定证书、企业认证证书或荣誉证书、价目表等，如果在推销过程中需要电脑演示公司情况或产品方案，还包括笔记本电脑以及随行所需相关文档资料。这些物品的合理应用能大大提高顾客对企业或产品的信任，有利于推销人员更好地洽谈。

3．签约工具

随时随地准备好签约所用的物品，以免贻误商机。例如，价目表、发票、收据、计算器、印章、印泥、合同及可能会送给对方的赠品等。

（四）心理准备

心理准备

接近顾客须保持良好的心态，要有充分的心理准备。接近的成败往往取决于最初的五分钟。而一天的情绪则受早上起床时心情的影响，心情不好，"士气"自然低落，商谈也就容易失败。因此，必须在一天刚刚开始的早上，就要努力调整好自己的心情，在拜访顾客之前一定要有"我会带给他利益"的骄傲——所谓战略上蔑视，而战术上重视。推销人员在调整心情的同时，更应注重自己的形象，要使自己充满自信和骄傲，并有不怕困难的坚定意志。

任务二 约见顾客

任务引入

为了提高约见顾客的成功率，即使加强了约见顾客前的准备工作，但在电话约见过程中，时常还是会因为前台秘书等"挡驾者"的阻碍或者约见对象各种理由的推辞而无法接近顾客。有一次，张伟直接跑到某公司，但那位笑眯眯的采购科长还是很客气地说了声"不好意思，有点事先走一步。"而不给他任何接近的机会。张伟感到头疼，怎么约顾客见面，甚至请对方吃饭就这么难？

任务1：张伟需要掌握各种约见顾客的方法。

任务2：张伟需要掌握一些约见顾客的技巧。

任务分析

随着人们的时间观念越来越强，生活节奏越来越快，拜访前对拜访对象的约见工作成为推销人员工作的商业活动之一。约见顾客同样需要一定的艺术，如果约见的对象、时间、地点、理由不合理，约见方式选择不恰当，以及缺乏约见顾客的技巧都可能造成约见的失败。作为推销人员，必须掌握各种约见方法的技巧和注意事项。

知识链接

一、约见顾客的含义

何为约见顾客

约见顾客是指推销人员事先征得顾客同意接见的行动过程。约见顾客既是对顾客的尊重，也是基本的商务礼仪，使销售过程有一个良好的开端。

推销人员为了成功地接近顾客，一般需要事先征得对方同意，以赢得顾客的信任和配合，同时也便于推销人员做好顾客拜访计划，做好拜访前准备，并与顾客有一段不被打搅的时间段，从而提高拜访效率和成功率。

二、约见顾客的内容

推销人员约见顾客的内容要根据推销人员与顾客关系的密切程度、推销面谈需要等具体情况来定。例如，对关系比较密切的顾客，约见的内容应尽量简短，无须面面俱到，提前打个招呼即可；对来往不多的一般顾客，约见的内容应详细些，准备应充分些，以期发展良好的合作关系；对从未谋面的新顾客，则应制订细致、周到的约见内容，以引起对方对推销活动的注意和兴趣，消除顾客的疑虑，赢得顾客的信任与配合。

约见的基本内容包括确定约见对象、明确约见目的、安排约见时间、选择与确定约见地点四个方面。

（一）确定约见对象

约见顾客，首先要确认的问题就是约见谁，即确定约见对象。推销人员需要事先弄清楚约见顾客中的哪一位，才能更快地促成交易，避免把推销努力浪费在那些无关紧要的人身上。一般地，在确定约见对象时，要根据推销业务的性质，设法约见购买决策人或对购买决策有重大影响的人。

一般来说，对于组织机构较为健全的法人购买者，没有人独自拥有这个权力，因为购买决策是由团队做出的。推销人员必须了解其法人机构采购中心的成员，以及他们在采购进程中的不同阶段中的参与程度，从而知道在整个采购过程中应该重点关注哪些人。例如，铲车推销人员把产品销售到生产企业之前，要去见铲车使用部门经理、采购中心负责人、财务部经理、总经理等人，推销人员往往要同整个采购成员及其影响成员逐个安排会面，逐一赢得更多成员的支持。

在尽力约见购买决策人的同时，也不要忽视培养与主管下属的关系，如总经理助理、秘书、办公室主任等人。这些人虽然没有最终购买决定权，却经常扮演"挡驾者"的角色，所以推销人员可以通过"挡驾者"开展工作，提高与其领导约见的概率，并赢得他们的间接支持。

小知识

一位研究人员在仔细研究了超过 35 000 次销售访问后，提出推销人员在一开始就应会见支持方的核心人物（focus of receptivity），此人愿意接受所听到的内容，并给卖方提供所需要的有价值的信息。事实上，此人甚至也可能不在采购中心工作，但他会与推销人员交流并提供信息，同时指导推销人员开展推销。据研究，支持方的核心人物会把推销人员引向反对方的核心人物（focus of dissatisfaction），他是更有可能察觉问题并表达不满的人。最终，反对方的核心人物会把推销人员引向掌管权力的核心人物（focus of power）那里，他是能批准行动、阻止行动或影响行动的人。过早地到达权力掌管的核心人物那里会出现问题，因为卖方还未建立起关系，还未确切了解买方的需求。总而言之，"在销售中，大家盲目地认为越早见到决策者越好。也就是说，有效的销售就是直接去找拥有权力的核心人物。这是一个值得怀疑的看法。"

资料来源：威兹，卡斯伯里. 销售与顾客关系管理[M]. 坦纳，胥悦红，等译. 北京：人民邮电出版社，2008.

案例 3-3

在某重大项目开发中，有个外围的销售顾问给了某企业推销人员很多指导，当地的总经理对这个销售顾问也很信任。这个销售顾问说项目的决策人是董事长。根据推销人员的经验判断，一个大型企业要建设一套全面的信息化管理系统，会涉及组织结构和管理流程，甚至涉及各部门之间的责任和权力的再调整，一般情况下都是一把手决策。他们根据这个信息和判断部署了行动计划，申请高层对董事长进行了拜访，与各个业务部门都进行了深入的交流，与主要高层领导也都进行了逐一沟通，从上到下每个人都说这种项目要董事长亲自决策才行，这更加坚定了他们的判断。

在自我感觉局面大好的情况下，利用对方董事长在北京开会期间，推销人员诚挚地邀请他到公司参观。董事长以开会紧张为由说自己没时间，出于各方面考虑，也不好拒绝他们的邀请，便安排他们的总经理前来参观。虽然来的不是期望的董事长而是二把手总经理，推销人员所在企业还是很重视，由副总裁出面接待。推销人员汇报了一下公司的发展和行业经验，而总经理也表示是出于领导安排来考察的。这位总经理走后，推销人员对这个项目的感觉已经不太好了，虽然通过销售顾问与董事长有所接触，却是总经理出面参与这件事情，态度也很一般，接下来的事情证实了这种不好的预感。

就在送走总经理后不长时间，推销人员接到了客户的招标通知。有经验的推销人员拿到招标通知心里就明白七八分，他们也不例外，并且不用现场投标，直接把标书寄过去就行了，客户直接决策，结果可想而知。

后来销售顾问反馈，董事长在结果出来之后曾经问总经理是怎么回事，总经理说："我从他们公司回来之后，他们没有一个人和我联系，我以为他们不做了。"

资料来源：夏凯，田俊国. 赢单九问[M]. 厦门：鹭江出版社，2010.

问题：该案例中推销人员存在什么问题？

【启示与思考】

首先，推销人员对决策者并没有把握好。其次，董事长是不是真的支持他们，也没有把握好。再次，这个项目的销售顾问是不是真的支持方，也是应该进行反省的。最后，忽略了关键角色。

（二）明确约见目的

约见顾客要有明确的目的，一方面让顾客感到约见的必要性，另一方面也使推销人员的推销访问有针对性。虽然约见顾客的最终目的是为了成功推销商品，但约见目的因顾客、推销进展阶段和具体推销任务的不同而不同。常见的约见目的有如下几个。

1. 推销产品

这是最常见的约见目的。在此约见目的下，为使约见成功，可以着重强调推销品能给顾客带来的利益或能帮助顾客解决的问题，即使要介绍推销品的用途、性能和特点，也要重点突出，在约见过程中约见是主题，而非介绍商品，因为这个阶段顾客考虑的是我值不值得花时间听你的电话和接待你。尽管目的是推销商品，但要赢得顾客的配合，就必须提前做好准备，了解顾客的兴趣点，体现以顾客为中心的职业道德。若顾客确实不需要，推销人员也最好不要强求。

另外，推销人员应该认识到多数情况下绝非一次拜访就能达到签单的目的，要最终赢得顾客的订单，往往需要推销人员多次拜访顾客，所以推销人员应该根据顾客的采购进程、自己和顾客的关系进展、业务进展制订针对性的销售推进计划，并为每一次推销拜访设定具体的目标，认真完成每次目标。随着阶段目标的完成，业务开展不断推进，最终达成和顾客签单的目的。

2. 市场调查

市场调查是推销人员的重要职责之一，通过对顾客及其所在地市场情况的调查，推销人员不仅可以收集和掌握真实、可靠的市场信息，为进一步推销做准备，从而有利于推销工作的深入开展，而且能够为企业的经营决策提供信息上的支持。同时，以此为事由的约见，由于不需要顾客实际的购买行动，往往易让对方接受，容易赢得顾客的信任、合作与支持。另外，通过调查研究性的访问，还可以了解到其他潜在顾客的需求信息，扩大调查和推销的对象。

3. 提供服务

服务在现代市场竞争中起着越来越重要的作用，作为非价格竞争的主要方式，服务是成功推销的保障。可以说，提供服务与推销产品同等重要。事实上，推销本身就是一种服务。把提供服务作为约见顾客的理由，往往是比较受欢迎的。通过这种方式既可以完成推销任务，又可以扩大企业影响力，树立企业及其推销人员的良好形象，并为进一步推销奠定较好的基础。

4. 联络与老顾客的感情

对于企业和推销人员来说，要保证基本顾客队伍的稳定与发展，不断提高销售业绩，不仅要不断寻找、发现、发展新顾客，而且要不断巩固与老顾客的关系，以建立自己稳定的销售网。这种方式既可以引起顾客的好感、增进与顾客的感情，又可以使推销人员赢得主动，还可以收集到真实的信息、合理化的建议，甚至忠告等，为正式推销奠定良好的基础。

5. 签订合同

推销人员与顾客经过多次推销洽谈，已达成购买意向，需要商讨一些具体细节，签订合同。以此为目的的约见，一定不要显得过于急切，要尊重顾客的时间。因为签订合同不仅意味着一次交易的结束，而且意味着下一次交易的良好开端，必须予以高度重视。

6. 收取货款

收取货款是推销人员的职责之一，也是推销过程中的重要环节。没有收回货款的推销是不完整的推销，无法收回货款的推销是失败的推销。推销人员不能及时、足额地收回货款，就会使企业资金周转不灵，无力购进原材料，使生产受到阻碍，给企业带来一系列的不利影响。

总之，约见顾客有各种目的。推销人员应根据具体情况创造各种机会约见、接近顾客。扩大自身影响力，提高企业信誉，树立企业形象，并达到预期的推销目的。

（三）安排约见时间

约见顾客的时间安排是否适宜，会影响约见顾客的效率，甚至关系推销洽谈的成败。在日常工作中，不少推销人员的推销之所以失败，并不在于推销本身有问题，也不在于主观努力不够，而是选择约见的时机欠佳。因此，有经验的推销人员都非常重视拜访时间的安排。选择合适的拜访时机一般要考虑以下几个方面的因素。

1. 了解顾客的工作节奏与习惯

只有站在顾客的立场上寻找最方便、适当的时间进行商谈，才能获得最佳的结果。如果在不适当的时间访问顾客，顾客有可能会不在或者因有许多事要做而没时间接待你。

一位推销人员曾在中午 12:00 去拜访一位饭店老板，当时老板正忙着招呼客人，因而这位推销人员一说明来意，老板就马上拒绝了他，说："我不需要你的商品，你走吧。"推销人员一开始有点儿纳闷：老板还不知道我要推销什么、价格如何就拒绝自己，这是为什么呢？后来，他看到匆匆赶来吃饭的客人，一下就明白了，并转身离去。当天下午三点，他又来了，先买了一份饭菜，然后开始和老板聊天，由于这时吃饭的客人很少，老板见他买了自己的东西，也就乐意听听他关于商品的介绍，并且最终给了推销人员一份订单。

2. 顾客的心理时间规律

人都有喜、怒、哀、乐等各种情绪变化，情绪不同，做出的反应也不同，所以推销人员应选择有利的时间拜访顾客。

3. 顾客面临的问题

顾客在遇到问题时最希望遇到的人当然是能帮助他的人。推销人员如能以这种角色出现在顾客面前，一定是很受欢迎的。例如，顾客当前的供应商供货能力不足或令顾客不满意时，推销人员以新供应商的身份拜访顾客时，是会受到欢迎的。

4. 把约会定在不寻常的时间

即使在顾客可能有时间亲自见推销人员的情况下，推销人员也还面临着与竞争对手争夺这个最佳时间的问题。因而可以把约会定在别的推销人员不太可能去的时间，这样就能独自与客户面谈了。例如，推销人员可以在刮风天、下雨天或酷寒酷热等恶劣天气下，在所有人都不愿外出时，拜访你的客户，此时，由于你的竞争对手没在，更由于你的举动感动了顾客，给他留下了良好印象，他很可能因此就购买了你的商品。这也可以说是推销中的"苦肉计"。

（四）选择与确定约见地点

选择与确定约见地点应坚持方便顾客、有利于约见和推销的原则，这样才可能利于交易的达成。约见地点的选择方式一般有以下几种。

（1）选择推销人员的工作单位作为约见地点。此种选择方式可以增进顾客对公司的了解，从而增强其对公司和产品的信赖感。但选择本公司作为约见地点，要求事先进行一些相应的准备和策划。一般来说，在本单位约见顾客，推销的成功机会比较大。

（2）推销人员也可以根据具体情况，考虑到顾客的兴趣偏好来选择各种社交场合和公共场所，以此作为约见顾客的地点。如歌舞厅、酒会、咖啡馆、座谈会、公园、广场等，在这种场合下，双方企业的影响力是均等的，而且容易拉近彼此的关系，相对较容易对顾客施加影响。

（3）选择顾客工作单位为约见地点。这是较为常用的方式，因为在大多数情况下，顾客是被动的，而推销人员应该主动。但这种选择容易在心理上使推销人员处于弱势地位，不利于推销人员进行推销活动。如果推销的产品是日常消费品，则通常以顾客居住地为约见地点，既方便顾客，又显得亲切、自然。

三、约见顾客的方式和技巧

以什么方式约见顾客往往直接决定约见成功与否。约见顾客的实质是方便顾客，实现有效推销。但约见又很自然地要占用顾客的时间，甚至影响顾客的工作与生活。因此，推销人员在约见顾客时，不仅要考虑约见对象、约见时间和地点，还必须讲究约见方式和约见技巧。在实际推销活动中，常见的约见方式和约见技巧有以下几种。

（一）电话约见

电话约见是现代推销活动中常用的约见方法，它的优势在于能在短时间内接触更多的潜在顾客，是一种效率极高的约见方式。但由于顾客与推销人员缺乏相互了解，电话约见也最容易引起顾客的猜忌、怀疑，所以推销人员必须熟悉电话约见的原则，掌握电话约见的正确方法，让顾客感觉确实有必要约见。电话约见成功的关键在于，推销人员必须懂得打电话的技巧以及如何回应顾客的拒绝。

1. 电话约见的技巧

电话约见成功的关键在于推销人员必须懂得打电话的相关技巧。

（1）要精心设计开场白，开场白要有针对性，容易激起对方足够的好奇心，使他们有继续交谈的愿望。

（2）约见事由要充分，用词要简明精练。

（3）态度要诚恳，语气要自信。坚定、充满自信的讲话语气使"守门人"觉得这是一次很重要的电话。

（4）掌握电话约见的基本步骤。电话约见的一般步骤包括问候、介绍自己和公司、感谢顾客倾听、道明约见目的、确定约见时间和地点、再一次致谢。并且要记住，与对方通话时，目标只有一个，那就是确定见面的时间，获得约见的机会。

 小知识

五步客户预约法

以下是美国《财经》杂志对500名各条战线的推销人员的综合考察，发现"五步客户预约法"可达到成功邀约。

第一步，关心对方，了解对方为诉求。

发自内心地表现出诚恳而礼貌的寒暄及亲切的问候最令人感到温馨，不过必须注意，如果过度地在言词上褒扬对方，反而会流于虚伪做作，虽然我们常说"礼多人不怪"，但是不诚实的推销辞令对许多人而言并不恰当，不如衷心地关怀比较能够取得对方的信赖。

五步客户预约法

除诚心地问候之外，了解客户的诉求也是第一要务，敏锐的推销人员必须能够在客户谈论的言词之间了解客户心中的渴望，或是最急迫而殷切想要知道的事物，才能掌握住客户的方向，达到邀约的目的。

第二步，寻找具有吸引力的话题。

凡是面对有兴趣的事物就不容易拒绝，例如有人喜欢逛街买东西，只要有人邀约，纵然还有许多事情没有处理完，也会一同前往，这是因为兴趣会引起他排除万难的决心，因此提供一个可以吸引客户接受而且具有高度兴趣的话题，才容易获得客户的认同而接受邀约。

第三步，提出邀约的理由。

合理而切合需求的理由是勾起客户"一定要"接受邀约的必备要素。推销人员从客户的言行中可以得知他的需求，从需求中可以找到他的渴望，再由渴望中找到可以说服他的理由，在如此一步步地分析与推论下，客户拒绝的机会便小。倘若使用合理的方法进行邀约都无法让客户认同，也不妨采取低声下气的哀兵招式，或是以不请自到、主动登门拜访手段令客户无法推辞，总之，不管任何方法都以能够达到邀约为首要任务。

第四步，善用二择一的销售语言。

如果问你要不要吃饭？你的回答不是吃，就是不吃，但如果直接问你要吃中餐还是西餐，吃与不吃的问题就直接跳过去，而且多半会得到一个肯定的答案。换句话说，这种直接假设对方会接受的答案是一种快速切入的方法，也是避免遭到拒绝的方法。因为我们在回答问题时，总是会受到问题的内容影响思考，而暂时性地丧失先前的思考逻辑，所以推销人员在邀约时，可以舍去太过刻板的问法"有没有时间"，而改以直接问"您是上午还是下午有空？"或是"下午14:00还是16:00比较有空，让我们见个面吧！"

第五步，确定后马上挂电话或立即离开。

资料来源：王祖远. 把握推销中预约采访的艺术[J]. 现代营销·经营版，2009（05）.

2. 电话约见的开场白

电话开场白主要目标有两个：一是推动潜在顾客进入一种积极的、接受性的参与心态。二是引导潜在顾客进入提问阶段，并让他们开口交流。一开场不能只是介绍或讲解某种产品或服务，也不能无端要求对方答应你的见面要求，首先要做的是让潜在顾客感到好奇、有趣并因此而愿意和你沟通。

激发兴趣的开场白流程如下。

（1）介绍你和你的公司。

"____，您好！我是____公司的____。"

这一步很简单。

（2）使用收集到的信息。利用已知信息突出自己与常见推销人员的区别，你的话越有针对性，越能击中对方要害越好。

"我和____通过话,她提到您现在正在____。"
"我在____读到了您发表的____,恭喜您!"
"我一直在关注您在微博发表的关于____的话题。"
"我知道您的公司目前正____。"
"根据我的理解,您的公司今年一项主要的工作计划是____。"
"我在您的网站看到____。"

(3) 向潜在顾客暗示价值主张。为这个潜在顾客专门制订价值主张,继续发挥前面学到的各项技巧的力量。

"我们专门为____服务,帮助企业处理____的问题。"
"我们和顾客一起努力,帮助顾客____。"
"听起来您可能正遭遇____。如果确实如此,那么我们能为您提供____的决策。"
"和面临相同处境的其他____,我们能够____。"

(4) 继续提出价值,推动对方有兴趣进入邀约环节。在暗示价值主张的基础上,向潜在顾客提出问题,这些问题必须是在考虑对方具体处境、问题和考量的基础上准备好的。

"我有一些关于____的想法,可能会对您有用。我想有机会当面和您沟通,您说呢?"
"我们有几种方案可能适合您。如果您的时间方便,我想向您提供一些有用信息。"
"我们已经帮助 220 家企业实现类似成果,如果我能进一步了解您的情况,我便可确定我们的产品、服务是否也适合您,您说什么时候比较方便。"

如果顾客拒绝见面商讨,那也可以直接打电话向顾客进行提问,了解顾客的情况,引导潜在顾客认识到自己的问题、困境以及愿望,产生想让你帮忙的需求。

3. 电话约见的异议处理

除了解电话预约的步骤外,推销人员还应该将常遇到的顾客约见异议加以归结,并总结出可靠的应对话语对这些异议做出反应,从而使推销人员对约见过程更有可预知性和主动性,减少因顾客各种拒绝而草草挂断电话的现象。表 3-1 展示了施乐复印机的推销人员在预约见面时面对通常的质疑所做出的适当回应。推销人员要预料到可能的反对理由并正确决定该如何回应。

表 3-1 对反对约见的回应

秘书的反对	回应
对不起,怀克先生现在正忙	我只占用几分钟。我是半小时后再来,还是您建议我做个预约呢
我们已经有一台复印机了	那太好了。我想和怀克先生谈谈我们专为您这样的公司设计的新纸张传送系统
我负责所有的复印工作	好吧。但我来这里是想展示一下施乐所提供的集成了数据传输、报表生成和复印功能的完美的纸张传送系统。我很乐于同怀克先生谈谈这些服务
潜在客户的反对	回应
你能不能把信息寄给我呢	是的,我可以寄给您。但是怀克先生,每个人的情况不一样。我们的系统是按照每位顾客的需求量身定做的。现在……(申明利益并再一次要求预约见面)
好吧,你要谈什么	电话里很难说清楚。给我 15 分钟,我会向您展示这个系统能够帮您节省的时间和金钱(获得约见是目的而非介绍商品)

续表

潜在客户的反对	回 应
你这是在浪费时间,我不感兴趣	一般的反对理由里隐藏着具体的反对理由。推销人员须探寻出具体的反对理由:您这么说是因为您不需要复印许多文件吗
我们曾经用过一台施乐复印机,并且不喜欢它	探寻不满意的具体原因并做出答复,但不要扯太远,目的是获得预约见面,不是销售复印机

资料来源:威兹,卡斯伯里. 销售与顾客关系管理[M]. 坦纳,胥悦红,等译. 北京:人民邮电出版社,2008.

(二)信函约见

这是推销人员利用书信约见顾客的一种方法。信函通常包括个人书信、会议通知、社交柬帖、广告函件等,其中采用个人通信的形式约见顾客的效果最好。当然,书写个人信函一般要在与对方较熟识的情况下采用,否则,莽撞地给对方寄去个人书信,则有可能产生消极的结果。如碰到并不熟悉的顾客,寄去柬帖、会议通知、参观券或广告函则是比较理想的方式。

为了提高信函约见的成功率,推销人员在写约见信函时应注意以下几个问题。

(1)措辞委婉恳切。写信约见顾客,对方能否接受,既要看顾客的需要与购买力,也要看推销人员是否诚恳待人。一封措辞委婉恳切的信函往往能博得顾客的信任与好感,也使对方同意会面。

(2)内容简单明了。书信应尽可能言简意赅,只要把约见的时间、地点、事由写清即可,切不可长篇大论,不着边际。

(3)传递的信息要投其所好。约见书信应该以说服顾客为中心,投其所好,以顾客的利益为主线劝说或建议其接受约见要求。

(4)信函形式要亲切。约见信函要尽可能自己动手书写,而不使用冷冰冰的印刷品,信封上最好不要盖"邮资已付"的标志,要动手贴邮票。

(5)电话追踪。在信函发出一段时间后要打电话联系,询问顾客的想法与意见,把电话约见与信函约见结合起来使用,可大大提高约见效果。

(三)当面约见

当面约见是指推销人员与顾客面对面约定见面的时间、地点、方式等事宜。这种约见简便易行,也极为常见。

当面约见的机会,往往是推销人员在某些公共场合与顾客不期而遇,借机与之面约。但是这种机会并不常有,这就要求推销人员时时留心,了解重要顾客的生活习惯、兴趣爱好,创造机会与顾客见面,进而约定正式见面的时间。

当面约见的机会很多,主要包括:在展销会或订货会上遇见;在社交场所不期而遇;在推销旅途中偶然相遇;其他见面的场合;等等。

当面约见具有以下优点:一是能及时得到顾客的反应,缩短双方的距离,增加亲近感,甚至建立信任与友谊关系;二是信息传递准确、可靠,保守商业秘密,并能消除顾客疑虑;三是该约见方法节约信息传递费用,简便易行,于人于己都比较方便,等等。

当然,当面约见也有一定的局限性:一是受地理限制,远距离的顾客往往很难当面约见；二是受时机的限制，有时很难碰巧遇到所要当面约见的顾客；三是效率限制，当面约见花费的时间与精力较多，当面约见较少的顾客还行，多了就很难在短时期内办到；四是一旦当面约见遭到顾客拒绝后，推销人员便处于被动局面，无法挽回败局。

（四）委托约见

委托约见是指推销人员委托第三者约见顾客的一种方法，受托人一般都是与访问对象本人有一定社会关系或社会交往的人，尤其与访问对象关系密切的人员或对其有较大影响的人士最为合适，可以是推销人员的同学、老师、同事、亲戚、朋友、上司、同行、秘书、邻居等，也可以是各种中介机构。

委托约见的优点是可以通过第三者与目标顾客的特殊关系对其施加影响，从而克服约见障碍，顺利达成交易。与自己约见相比，委托约见比较容易达到约见顾客的目的，容易取得顾客的信任，并为推销接近与洽谈打好基础。但是，委托约见也受推销人员社交圈大小以及委托人与约见对象的关系好坏等因素制约，要视情况采用。最关键的是找到合适的第三方人士。

（五）广告约见

广告约见是指推销人员利用各种广告媒体约见顾客的方式。现代广告媒体主要有广播、电视、报纸、杂志、路牌、招贴、直接邮寄等。利用广告进行约见可以把约见的目的、对象、内容、要求、时间、地点等准确地告诉广告受众。广告约见比较适用于约见顾客较多或约见对象不太具体、明确，或者约见对象的姓名、地址不详，在短期内无法找到等情况。

广告约见具有很多优点：一是约见对象较多，覆盖面大；二是能够吸引顾客主动上门约见；三是节省推销时间，提高约见效率；四是可以扩大推销人员的影响、树立企业形象；等等。广告约见也有一定的局限性：一是针对性较差；二是费用高；三是在广告烟海中，很难引起目标顾客的注意；等等。

（六）网上约见

在当今互联网应用越来越普及的时代，电子邮件为推销人员提供了另一种推销手段。电子邮件约见的前提是要知道对方的邮件地址，而许多人的名片上都留有 E-mail 地址。推销人员应该充分利用这一联系手段，或许会得到意想不到的收获。另外，网上联系成本低、方便、快捷，而且可在邮件中附有产品或服务的简介。但一定要突出最能吸引对方的特点，不可像做广告一样发送电子邮件。另外，电子邮件配合电话等工具，可能会收到更好的效果，因为在电话中很难把事情讲得翔实，但电话可以提醒对方去查看电子邮箱。而且电子邮件不受上班时间的限制。很多公司负责人是在闲暇时，心情比较好时才上网查看邮件，这也有利于提高约见的成功率。

网上约见的优点是快捷、便利、费用低、范围广，不仅可以非常容易地约见国内顾客，而且还为约见国外顾客提供了非常有效的途径。不过网上约见也有较大的局限性，如企业要有网站，推销人员还必须掌握上网技术，增加其网页的浏览量，或者知道顾客的网上联系方式等。

以上介绍了约见的六种基本方法。除此之外，随着新型沟通媒体的不断出现，微博、短信等方式都可以用来约见顾客。推销人员应尝试运用各种不同的方法，判断哪种方法对自己的销售最有帮助，并把它作为推销约见的工具，同时虚心地向业内人士学习新的方法。

案例 3-4

当你了解到一个潜在客户既需要你的产品又拒绝与你会面时，你应该如何做？也许创造力就是答案。这里有两个例子。

兰迪·罗斯勒（Randy Rosler）同 UPS 约定了一次会见，将其贺卡公司的产品销售给 UPS。但 UPS 的营销主管取消了会见，并再也没有对罗斯勒要求另外约时间的请求做出回应。罗斯勒通过与接待人员交谈，发现那位主管喜欢高尔夫。所以他买了一些高尔夫球并带一张卡片送到了主管那里。卡片的外面写着"想一想我会采取的另外一种方式……"卡片的里面写着"……由于我无法与您接触，我希望能马上同您谈谈"。他的下一次电话访问就成功了。罗斯勒赢得了预约并拿下了 UPS 的业务。

一位 Moore Wallace（Moore Wallace 是北美地区最大的标签生产厂家之一，年生产能力在 5 亿片以上）的销售代表非常想见施蒂芬——一位重要的潜在客户，但施蒂芬经常找借口不见这位销售代表。绝望之际这位销售代表使用了创造性思维。他决定每星期一早晨寄给施蒂芬一个新鲜的菠萝。卡片上只简单写道："来自您的菠萝伙计"。就这样过去了七周，第八周的周一，那位销售代表亲自出现在了施蒂芬的接待区。当被问及谁要见施蒂芬时，销售代表的回答很简单："菠萝伙计"。不必多说，这位销售代表立即被迎接了进去。

资料来源：威兹，卡斯伯里. 销售与顾客关系管理[M]. 坦纳，胥悦红，等译. 北京：人民邮电出版社，2008.

问题：本案例给你的启示是什么？

【启示与思考】

当你无法约见到你想约见的对象时，不要轻易放弃，创造力也许就是答案。

任务三　接　近　顾　客

任务引入

最近，据可靠的消息来源，A 公司近期将有一批××的采购计划，而负责这一采购计划的就是技术部门的李主任。张伟通过电话预约获得了下午 20 min 拜访李主任的机会，但一走进李主任的办公室，李主任则摆出一副公事公办、一本正经的样子，让张伟顿时感觉有些压抑和紧张。请问：刚和顾客接触阶段，张伟的主要任务是什么？

任务 1：张伟需要了解接近顾客阶段的主要目标。

任务 2：张伟需要掌握接近顾客有哪些策略和方法。

任务分析

当一个人首次面对一位陌生的推销人员时,出于担心推销人员浪费其时间、向其施加压力等多方面原因,通常都会或多或少存在一定的戒备心理,也很容易找出各种理由拒绝和推销人员做深层次沟通。推销人员能否在短时间内想办法突破顾客的"心防",赢得顾客的信任,显得非常重要。一个良好的接近将引领推销洽谈向有利方向发展,成功的交易往往需要成功的接近作为前奏。

知识链接

一、接近顾客的含义

接近顾客是推销过程中的一个重要环节,它是推销人员为进行推销洽谈与目标顾客进行的初步接触。接近目标顾客阶段的目标主要是为进入实质推销洽谈创造良好的条件,在短时间内引起顾客的注意和兴趣,争取与准顾客建立信任,为后期推荐产品奠定一个良好的基础。

认识接近顾客

TOYOTA的神谷卓一曾说:"接近客户,不是一味地向客户低头行礼,也不是迫不及待地向客户说明商品,这样做,反而会引起客户逃避。当我刚进入企业做一个新推销人员时,在接近客户时,我只会销售汽车,因此,在初次接近客户时,往往都无法迅速打开客户的心防。在无数次的体验揣摩下,我终于体会到,与其直接说明商品,不如谈些有关客户太太、小孩的话题,让客户喜欢自己才可真正关系销售业绩的成败,因此,接近客户的重点是让客户对一位以销售为职业的业务主管抱有好感。"

二、接近顾客的策略

设计和运用正确的接近策略是推销洽谈顺利进行的保证。为保证推销接近的成功,推销人员必须把握以下策略。

接近顾客的策略

(一)迎合顾客策略

推销人员应以不同的方式、身份去接近不同类型的顾客。依据事前获得的信息或接触瞬间的判断选择合适的接近方法。推销人员应该扮演顾客乐意接受的角色,语言风格、服装仪表、情绪都应根据顾客的喜好做出一定的改变,注重自己的形象、态度和礼节。

小知识

开场可选择的话题:
- ☐ 由对方的名片找话题。对方名片上的头衔、职位、地址等都可引出话题。
- ☐ 从对方的房间(接待室或会议室)、公司内部环境或公司外部环境引出话题。

- 从自己在报纸、杂志或电视、广播中听到或见到的关于对方或对方公司的有关消息展开话题。
- 以介绍人为话题。可以利用介绍人来和对方拉关系。
- 选择对方感兴趣的事或最近的新闻加以评述。
- 要善于迎合对方。对方所说的话题，要善于承接，使其平安过渡到正题。尤其注意不要忽视对方的话题，不要自顾自只说自己的。

（二）调整心态策略

在与陌生顾客接近过程中，推销人员以各种形式表现出的紧张是很普遍的。许多人害怕接近，以种种借口避免接近，这种现象被称为"推销恐惧症"。其实有时顾客的冷漠和拒绝是多方面原因造成的，应该对顾客充分理解并坦然接受。成功的推销人员应学会放松和专注的技巧，它能让自己设法克服压力。推销人员应想象可能发生的最坏情况，然后做好如何反应的准备，如果必要的话甚至接受它，积极的态度能够带来成功。

（三）减轻顾客压力策略

推销人员必须尽快减轻顾客的心理压力。在接近过程中，有一种独特的心理现象，即当推销人员接近时，顾客会产生一种无形的压力，似乎一旦接受推销人员就承担了购买的义务。正是这种心理压力使一般顾客害怕接近推销人员，冷淡对待或拒绝推销人员的接近。这种心理压力实际上是推销人员接近顾客的阻力。推销人员只要能够减轻或消除顾客的心理压力，就可以减少接近的困难，顺利转入后面的洽谈。

（四）控制时间策略

推销人员必须善于控制接近时间，不失时机地转入正式洽谈。接近的最终目的是为了进一步的洽谈，而不仅仅是引起顾客的注意和兴趣。有些缺乏经验的推销人员总不好意思谈论自己的推销话题，到顾客要走了，还没开始谈论正题，这种接近效果是不理想的。如何把握时间的长短，推销人员应视具体情况而定。

很多推销人员，尤其是处于销售初期的新手，求胜心切，服务特别热情。殊不知这样做其实是在赶顾客走，让顾客没有在这里购物的轻松氛围，当然更不存在什么深度接触了。

聪明的推销人员会这样做。

锦囊一：询问需求

顾客一进来，热情招呼之后，应给顾客以适当的空间任其随意浏览。留意顾客的肢体语言，轻声询问顾客的需求，如"您好，请问您是送人还是自己穿？""您好，请问您是想选上衣还是裤子呢？"

注意事项：① 与顾客的站距不少于 3 步（即约 1 m 以外）；② 不要专注顾客的身体，要以自然放松的环境让顾客去活动，但要随时留意顾客的需求及动作；③ 切勿两名推销人员同时紧跟一个顾客，以免给顾客过大压力。

锦囊二：制造空间

如果顾客说出需求，那自然皆大欢喜，针对需求推荐即可。

如果顾客说"随便看看"或者不予回应，那就可以说："请随意看，有什么需要请叫我，我是××。"同时，与顾客保持一定的距离，使顾客有足够的私人空间，但要用眼睛余光关注顾客，一旦顾客需要帮助，即可主动上前提供服务。

一般以下情况是顾客有需求的时机：顾客目光专注于某一货品时；顾客表现出寻找导购或商品时；顾客与导购视线相遇时；顾客表现出询问的语言或动作时；顾客随意翻动商品猛抬头时；顾客翻看吊牌时；顾客将已购大宗商品或纸袋放下时（抱小孩的顾客将小孩放下时）；顾客拿取或比试商品时；顾客手触某一商品时（区别于随意翻看货品）；顾客与同伴谈论商品时；顾客翻看画册、海报、POP（卖点广告）等时；顾客询问品牌产地等时。

注：切忌在顾客刚接触商品瞬间突然发问，会吓到顾客。

锦囊三：个性开场

寻找顾客身上的个性化之处，适当地用赞美或其他话题开场，从而打开僵局，打开与顾客沟通的局面。

锦囊四：及时帮助

用标准语言询问及推荐，如"您好，需要帮忙吗？""喜欢不妨试试看？""想要这一款吗？先生。""这款的颜色（款式）很适合您，不妨试试看？""这款采用了我们今年的特色面料（工艺），可以穿上感觉一下，很不错的。"

注意：要细心留意顾客每一细微动作，察言观色，积极把握时机，快步迎上前去，敏捷、有活力、不拖沓。面部表情自然放松，真诚微笑，语调明朗愉悦。

资料来源：欧阳海森. 谁吓跑了我的顾客？如何解决深度接触率的问题？[EB/OL]. （2011-01-18）[2022-02-01]. http://www.docin.com/p-405107219.html.

三、接近顾客的方法

推销人员在正式接近顾客时，能否主动拉近与顾客的心理距离，使顾客有继续谈下去的热情和信心，还要掌握一定的接近方法和技巧。以下是常见的几种接近方法。

接近顾客的方法（上）

（一）介绍接近法

介绍接近法是指推销人员通过自我介绍或经由第三者介绍而接近推销对象的办法。介绍接近法按介绍主体不同，可分为自我介绍法和他人介绍法。

1. 自我介绍法

自我介绍法是指推销人员自我口头表述，然后用名片、身份证、工作证等来辅佐达到与顾客相识的目的。口头介绍可以详细解说一些书面文字或材料无法了解清楚的问题，利用语言的优势取得顾客的好感，打开对方的心扉；利用工作证、身份证，可以使顾客更加相信自己，消除心中的疑虑；名片交换非常普遍，给对方递上自己的一张名片，也同样可以弥补口头介绍的不足，并且便于日后联系。自我介绍法是最常见的一种接近顾客的方法，大多数推销人员都采用这种接近技巧。但是，这种方法很难在一开始就引起顾客的注意和兴趣。因此，通常还要与其他的方法配合使用，以便顺利地进入正式面谈。

在自我介绍时，第一次见面难免会涉及公司的介绍。对于一家正式公司的介绍应该讲到业务、谈到实力、说到案例。简明扼要地告诉对方你们是做什么的，实力体现在哪些方面，最好还有和顾客情况类似的案例。

2．他人介绍法

他人介绍法是推销人员利用与顾客熟悉的第三者，通过打电话、写信函或当面介绍的方式接近顾客。在推销人员与所拜访顾客不熟悉的情况下，托人介绍是一种行之有效的接近方法，因为受托者是跟顾客有一定社会交往的人，如亲戚、朋友、战友、同乡、同学、老部下、老同事等，这种方式往往使顾客碍于人情面子而不得不接见推销人员。如果你真的能够找到一个顾客认识的人，他曾告诉你顾客的名字，或者会告诉你该顾客对于你产品的需要，那么你自然可以这样说："王先生，您的同事李先生要我前来拜访您，跟您谈一个您可能感兴趣的问题。"这时，王先生可能会立即要知道你所提出的一切，这说明你已引起了他的注意而达到了你的目的。同时，他对你也会感到比较亲切。可是，一定要切记不要虚构朋友的介绍。

通过他人介绍，介绍人与顾客的关系越亲密，效果越好。介绍的形式有当面介绍、写推荐信、电话介绍等。有时，虽然没有获得某人介绍引见，但在面对顾客时，如果获知顾客与该人关系较好，也可以使用"××公司的××曾经提到过您，他说……"等话语，拉近与陌生人之间的关系。

（二）赞美接近法

赞美接近法是指推销人员利用顾客的自尊心理来引起顾客的注意和兴趣，进而转入正式洽谈的接近方法。著名人际关系专家卡耐基在《人性的弱点》一书中指出："每个人的天性都是喜欢别人赞美的"。赞美接近法就是推销人员利用人们希望赞美自己的愿望来达到接近顾客的目的。以此方法接近自己的顾客，有时会收到意想不到的效果。因为人们在心情愉快时，很容易接受他人的建议，这时推销人员要抓住时机，正确地引导推销活动。但不论赞美顾客的哪一个方面，都应本着尊重顾客的原则，讲究赞美的方式和方法，真心实意、态度诚恳、语气真挚；赞美时应该因人而异，不同人赞美的方面和角度不一样；赞美的语句应具体、有针对性；有时用第三者的口吻间接对顾客值得赞美的方面加以赞美，也会达到不错的效果。总之，让顾客在一种自然亲切的气氛中接受赞美，切勿将赞美歪曲为巴结、卖弄、溜须拍马等不良的做法。

案例 3-5

柯达公司创始人伊斯曼曾捐赠巨款在罗彻斯特建造一座音乐堂、一座纪念馆和一座戏院。为了承接这批建筑物内的座椅，当时许多制造商展开了激烈的竞争，但是，找伊斯曼谈生意的商人们无不乘兴而来，败兴而归，一无所获。正是在这样的情况下，"优美座位公司"的经理亚当森前来会见伊斯曼，希望能够得到这笔价值9万美元的生意。

亚当森被引进伊斯曼的办公室后，看见伊斯曼正埋头于桌子上的一堆文件，于是静静地站在那里，仔细地打量起这间办公室。过了一会儿，伊斯曼抬起了头，发现了亚当森，便问道："先生有何见教？"这时亚当森没有谈生意，而是说："伊斯曼先生，在我等您的时候，我仔细地观察了您的这间办公室。我本人长期从事室内的木工装修，但从未见过装修得这么精致的办公室。"

伊斯曼回答说："哎呀！您提醒了我差不多忘记了的事情。这间办公室是我亲自设计的。当初刚建好的时候，我喜欢极了。但是后来一忙，一连几个星期都没有机会仔细欣赏一下这个房间。"

亚当森走到墙边，用手在木板上一擦，说："我想这是英国橡木，是不是？意大利的橡木不是这样的。"

"是的，"伊斯曼高兴地站起身来回答说，"那是从英国进口的橡木，是我的一位专门研究室内细木的朋友专程去英国给我订的货。"伊斯曼心绪极好，便带着亚当森仔细地参观起这间办公室，把办公室里所有的装饰一件一件地向亚当森介绍，从木质谈到比例，又从比例谈到颜色，从手艺谈到价格，然后又详细介绍了他的设计经过。这期间，亚当森都在微笑着聆听，饶有兴趣。

直到亚当森告别时，俩人都未谈及生意。

你想，这笔生意落到了谁的手里，是亚当森，还是亚当森的竞争者？

最后，亚当森不仅得到了大批的订单，而且和伊斯曼结下了终生的友谊。

资料来源：刘德胜. 甜言蜜语推销法[M]. 西安：陕西旅游出版社，2000.

问题：亚当森成功的秘诀是什么？

【启示与思考】

推销人员从伊斯曼的经历入手，赞扬他取得的成就，使伊斯曼的自尊心得到了极大的满足。最终，伊斯曼把亚当森视为知己，这笔生意当然非亚当森莫属了。

（三）利益接近法

利益接近法是指推销人员以顾客所追求的利益为中心，简明扼要地向顾客介绍产品能为顾客带来的利益、实惠和好处，引起顾客的注意和兴趣，进而转入面谈的接近方法。从现代推销原理来讲，这是一种最有效、最有力的接近顾客的方法。因为它不仅符合顾客求利的心理，而且符合商业交易互利互惠的基本原则。顾客购买商品的目的是想通过商品使用价值的实现而从中获得某种利益，而工商企业的购买更是直接以盈利为目的。个人消费者总是希望同等的货币能够获取更多的使用价值。因此，物美价廉是顾客普遍追求的目标，也是各类消费者维护和争取自身利益的重要手段。

如果推销人员能够用精练的语言把产品优点与顾客最关心的问题和利益联系起来，往往能取得比较理想的效果。具体使用利益接近法时，要注意以下两点。

（1）对产品利益的陈述要能打动顾客的求利心理，但必须实事求是，不可夸大其词，否则就会失去顾客的信任或导致推销本身没有实际效益。在正式接近顾客之前，推销人员要科学地测算出商品的实际效益,并且要留有一定的余地。在接近顾客陈述商品利益时,最好能出示财务分析资料、技术性能鉴定书、用户证明等资料予以印证。例如,推销衬衣的推销人员以这样的话为开场白会显得十分乏味而失去吸引力,"这种衬衫只要用温水泡上一些中性洗涤剂,就可以洗得干净,而且洗好后不用烫衣服就会很挺的"。如果将这句话换为"这种衬衫干得快且不用烫,晚上洗,第二天早上您就可以穿着它去上班了",就能充分吸引顾客的注意力,甚至引起购买兴趣。

(2)产品利益最好具有可比性。推销人员可以通过对产品供求信息的分析,使顾客相信购买该产品所能产生的实际效益。这样,顾客才能放心购买这种产品。例如,"李经理,您是否知道通过我们的服务,贵公司可以比其他公司更快地将产品从利物浦航运到伦敦!"

(四)演示式接近

演示式接近最显著的特点是通过向顾客展示具体产品使用过程和效果或直接让顾客参与产品的试用,以引起顾客注意,并激发其购买欲望的方法。按顾客参与的方式不同,演示式接近可分为产品接近法和表演接近法。

1. 产品接近法

产品接近法也称为实物接近法,是指推销人员直接把产品、样本、模型摆在顾客面前,以引起顾客对其推销产品的足够的注意与兴趣,进而转入面谈的接近方法。产品接近法也是推销人员与顾客第一次见面时经常采用的方式。例如,一名推销人员曾把一块透明塑料布样品递给一个汽车经销商,然后对他说:"请您摸一摸这块塑料布。试试看能否把它撕烂。"为什么他这样做,因为推销人员知道这位潜在顾客有50多辆汽车存放在露天停车场,需要东西把汽车盖起来,以防风沙、雨淋,保护汽车。他在推销时首先让顾客检查一下产品的质量,当顾客发现塑料布不容易撕烂后,当然会认为它是盖汽车的好材料,这样就引起了顾客的注意,坚定了其购买的决心。

这种方法的关键之处在于,要凭借产品的用途、性能、色彩、造型、味道、手感等特征来取代推销人员的口头宣传。让真实的产品本身去作介绍,这种做法更符合顾客的认识与购买心理,因而接近顾客的效果比较好。

2. 表演接近法

表演接近法是指推销人员利用各种戏剧性的表演活动引起顾客的注意和兴趣,进而转入面谈的顾客接近方法。这是一种比较传统的推销接近方法,如街头杂耍、卖艺等都采用现场演示的方法招徕顾客。在现代推销活动中,有些场合仍然可以用表演的方法接近顾客。

在利用表演接近法时,推销人员必须选择有利时机出场,剧情安排合理,表演自然,才能吸引顾客。如果表演过分做作,可能引起顾客的反感,反而达不到目的。

接近顾客的方法(下)

(五)提问式接近法

通过提问来接近顾客是最常用的技术,因为提问方式能使推销人员更好地确定顾客的需求,促成顾客的参与。在提问式接近法中,问题的确定是至关重要的,应该提出那些业已证明能够收到顾客积极响应的问题。

通过提问题去接近顾客的具体方法很多，这里主要介绍问题接近法、好奇接近法、求教接近法和震惊接近法四种。

1. 问题接近法

问题接近法主要是指推销人员直接面对顾客提出有关问题，通过提问的形式激发顾客的注意力和兴趣点，进而顺利过渡到正式洽谈的一种方法。问题接近法经常会和利益接近法、好奇接近法结合起来使用。推销人员在不了解顾客真实想法的情况下，直接向顾客提出问题，促使顾客思考有关问题，继而引发讨论来吸引顾客，从而转入推销面谈。

问题接近法是推销人员公认的一种有效的方法。提问不仅容易引起顾客的注意，还可引发双方的讨论，而在讨论的过程中，顾客的真实需求、意见、观点等就比较容易得到表露。推销人员在提问与讨论的过程中，就可能发现顾客的需求，并在一定程度上引导顾客去分析和思考，然后根据顾客对问题的反应，循循善诱地解答问题，从而把顾客的需求与所推销的产品有机地联系起来。

问题接近法虽然是比较有效的方法，但其要求也较高。推销人员在提问与讨论中应注意以下两点。

（1）提出的问题应表述明确，避免使用含混不清或模棱两可的问句，以免顾客听起来费解或误解。例如，"您愿意节省一点儿成本吗？"这个问题就不够明确，只是说明"节省成本"，究竟节省什么成本，节省多少，节省多长时间，都没有加以说明，很难引起顾客的注意和兴趣。而"您希望明年内节省7万元材料成本吗？"这个问题就比较明白确切，容易达到接近顾客的目的。一般来说，问题越明确，接近效果越好。

（2）提出的问题应突出重点，扣人心弦，更不能问一些顾客不好回答的问题或是过于复杂的问题。在实际生活中，每一个人都有许许多多的问题，其中有主要问题，也有次要问题。推销人员只有抓住最重要的问题，才能真正打动人心。推销人员提出的问题，重点应放在顾客感兴趣的主要利益上。如果顾客的主要动机在于节省金钱，提问应着眼于经济性；如果顾客的主要动机在于求名，提问则宜着眼于品牌价值。因此，推销人员必须设计适当的问题，把顾客的注意力集中于他所希望解决的问题上，缩短成交距离。例如，一个叉车推销人员问顾客："您想减少场内搬运材料的时间吗？"效果将可能大大好于"您是否有兴趣买叉车？"的问题。

2. 好奇接近法

好奇心理是人们的一种原始驱动力，在此动力的驱使下，促使人类去探索未知的事物。好奇接近法正是利用顾客的好奇心理，引起顾客对推销人员或推销品的注意和兴趣，从而点明推销品利益，以顺利进入洽谈的接近方法。推销人员接近顾客时，不只有紧张和不安，有时推销也可能是愉悦的，特别是对于喜欢创造的推销人员。好奇接近法需要的就是推销人员发挥创造性的灵感，制造好奇的问题与事情。

采用好奇接近法，应该注意下列问题。

（1）引起顾客好奇的方式必须与推销活动有关。

（2）在认真研究顾客的心理特征的基础上，真正做到出奇制胜。

（3）引起顾客好奇的手段必须合情合理，奇妙而不荒诞。

3. 求教接近法

求教接近法是指推销人员利用向顾客请教问题的机会，达到接近顾客目的的一种方法。在实际推销工作中，推销人员可能要接近某些个性高傲的顾客，这类顾客自高自大，目空一切，唯我独尊，很难接近。但是，一般来说，顾客不会拒绝虚心求教的推销人员。这类顾客喜好奉承，推销人员若能登门求教，自然会受欢迎。如"赵工程师，您是电子方面的专家，您看看我厂研制投产的这类电子设备在哪些方面优于同类老产品？"

求教接近法对那些刚涉足推销生涯不久的年轻人来说，是一个比较好的方法。但在具体运用这种方法接近顾客时，应注意以下几个问题：美言在先，求教在后；求教在前，推销在后；虚心诚恳，洗耳恭听。

4. 震惊接近法

所谓震惊接近法，是指推销人员利用某种令人吃惊或震撼人心的事物来引起顾客的兴趣，进而转入面谈的接近方法。如果推销人员利用顾客震惊后的恐慌心理，适时提出方案，往往会收到良好的效果。推销人员在使用这种方法时应该特别注意以下几个问题。

（1）推销人员利用有关客观事实、统计分析资料或其他手段来震撼顾客，应该与该项推销活动有关。

（2）推销人员震惊顾客，必须结合顾客的特征，仔细研究具体方案。

（3）推销人员震惊顾客，应该适可而止，令人震惊而不引起恐惧。

（4）必须讲究科学，尊重客观事实。切不可为震惊顾客而过分夸大事实真相，更不应信口开河。

以上介绍了五大类共十种接近顾客的技巧方法。在实际工作中，推销人员应灵活运用，既可以单独使用一种方法接近顾客，也可以多种方法配合使用，还可以自创独特方法接近顾客。

微信里，如何与陌生顾客破冰

第一，用专业的形象赢得顾客的信任。在线下，员工穿着品牌的服装，戴着工卡站在门店里提供服务，能够得到消费者的认可；在微信里，员工用企业微信添加顾客的微信，带有企业的标识和实名认证，并通过日常沟通和朋友圈发表专业知识，建立专业人设，自然而然地获得顾客的信赖，成为顾客微信里"专业的好友"。

第二，赞美式接近。具体通过查看对方头像、背景墙、朋友圈找到最有效的赞美话题，并可形成于对方的互动。

第三，寒暄式开场白。真诚而不做作，例如，回忆和对方上次交往的细节，由衷关心对方。

第四，开门见山。直接介绍公司，介绍自己。例如，我们是做什么的，有什么样的实力，可以帮助对方解决什么难题，让对方感知你的价值。

第五，专家式开场白。如"您好，我是××公司的设计师，有10年设计经验，我可以就××方面给您提供一些参考意见，可以避免装修中的错误决策。"

任务总结

为了提高顾客约见的成功率，以及避免拜访顾客时被顾客三言两语打发出门的尴尬场景，张伟不断地对自己前期的工作进行总结和反省，同时向老业务员进行学习。以下是其总结出来解决以上两个问题的几个关键点。

（1）推销人员需要抓"战机"，但不能仓促上阵，打毫无准备之仗。在拜访客户之前，推销人员一定要尽可能地多收集一些客户的信息，做到知己知彼。一般接近顾客前准备内容包括顾客信息准备、拜访计划、物质准备、心理准备。

（2）约见的基本内容包括确定约见对象、明确约见目的、安排约见时间和选择与确定约见地点四个方面。四个方面对顾客约见的成功都有一定的影响，推销人员需要认真选择。

（3）电话约见是最常见的约见方式，打电话时唯一的目的就是约到顾客，而非商品介绍或其他，另外，推销人员的自信、约见的步骤和技巧，以及对约见异议有效的处理都对约见成功很重要。无法约见到你想约见的对象时，不要轻易放弃，创造力也许就是答案。

（4）接近目标顾客阶段的目标主要是为进入实质推销洽谈创造良好的条件，在短时间内引起顾客的注意和兴趣，争取与准顾客建立信任，为后期推荐产品奠定一个良好的基础。推销人员应该避免在未打开顾客"心防"的情况下直接进行商品推销。

（5）推销人员接近顾客时可选择的策略：迎合顾客策略、调整心态策略、减轻顾客压力策略、控制时间策略。

（6）接近顾客的方法一般包括介绍接近法、赞美接近法、利益接近法、演示式接近法、提问式接近法。作为一个优秀的推销人员，当无法顺利接近顾客时，需要不断创新方法。

业务技能自测

一、判断题

1. 推销人员在采用电话约见这一方式与顾客约定拜访时间时，为了避免顾客的轻易拒绝，可以提出选择性的约见时间供对方选择。（   ）
2. 利益接近法是指推销人员以一些小巧精致的礼品赠送给顾客，进而和顾客认识并接近，借以达到接近顾客目的的一种方法。（   ）
3. 每个推销人员在推销过程中必须自始至终地执行推销计划。（   ）
4. 电话约见时，若对方要求介绍商品，最好详细介绍。（   ）
5. 销售拜访的目标有时是结果性目标，有时是过程性目标。（   ）
6. 接近前的准备工作和顾客资格的审查工作是相互独立的。（   ）

二、选择题

1. 在写给准顾客的预约拜访信中，应该重点（   ）。
    A．详细介绍本公司的最新产品
    B．介绍本公司的实力
    C．根据了解的信息，设法激发顾客的兴趣

D．赞美顾客，取得顾客对本公司的好感
2．拜访顾客时，（　　）。
   A．拜访时间和地点对拜访无太大影响
   B．一定要拜访对方的最高级别管理人员
   C．直接说明销售的目的
   D．事先做好充分准备
3．了解顾客的心理时间规律，可以帮助我们（　　）。
   A．找到顾客的空闲时间　　　　B．选择约见方式
   C．避免个人情绪对约见效果的不利影响　　D．确定约见事由
4．公司正式介绍不包括哪个方面？（　　）
   A．讲到业务　　　　　　　　　B．谈到实力
   C．说到案例　　　　　　　　　D．讲到价格
5．通过提问题接近顾客时，应注意（　　）。
   A．提出的问题应表述明确，避免使用含混不清或模棱两可的问句
   B．问题多多益善
   C．提出的问题应突出重点，重点放在顾客感兴趣的主要利益上
   D．问顾客一些专业性强、显示水平的问题
6．使用赞美的方法接近顾客时，（　　）。
   A．讲究赞美的方式和方法，真心实意、态度诚恳、语气真挚
   B．一定会取得好的效果，因为人们都喜欢好听话
   C．间接赞美不如直接赞美
   D．赞美时应该因人而异，翔实具体
7．关于约见顾客的说法，正确的有（　　）。
   A．特殊情况下，可以"不约而见"
   B．提前约见可以提高拜访的效率
   C．提前约见，双方可以做好充分准备
   D．逐级约见是应当遵守的基本原则
8．下列接近客户的方法哪些比较好？（　　）
   A．一个叉车推销人员问顾客："您想减少场内搬运材料的时间吗？"
   B．一个叉车推销人员问顾客："您是否有兴趣买叉车？"
   C．一个卖书的推销人员问顾客："如果我给您推荐一本马云都在读的管理书籍，您是否会有兴趣呢？""如果有兴趣，您是否会买呢。"
   D．一个卖书的推销人员问顾客："我想给您推荐一本很好的书。"

思考与讨论

1．简述约见顾客的内容。
2．确定约见人物、时间与地点时，应该注意什么问题？
3．讨论"五步客户预约法"的内容和意义。

4. 举例说明各类顾客接近方法，并简述各自的内涵和注意事项。

项目一　约 见 客 户

【实训目标】

1. 熟练运用打电话约见顾客的方法与技巧。
2. 有效处理顾客的反对意见。

【实训内容】

如果你是某电信公司的销售经理。星期一早上刚上班，你的经理走到你的办公桌前，把一张名片交给你说："这是 AB 公司马经理的名片，这位马经理我还没见过。这张名片是我们的另外一位顾客给我的，那位顾客和 AB 公司之间有业务关系，并了解到 AB 公司目前要进行企业内部通信管理改革，可能要对原来的电话小总机进行改装。你按名片上的电话号码给马经理打个电话，最好这周和他约个时间见面谈谈。到时我可以和你一起去，你和马经理约好了时间再通知我。"请给马经理打一个约见电话。

【实训要求】

1. 要求小组扮演顾客的同学要适当给推销人员设置一定的约见障碍。
2. 要求小组讨论并制订本小组模拟演练的评价标准。
3. 要求小组编制实训记录。记录实训的时间、地点、参与人、模拟演练过程及评价过程和结果。
4. 要求教师根据各组评价标准确定最终演练评价标准，并对各组的模拟演练过程进行点评。

【组织与实施评价】

1. 将参加实训的学生按 4～6 人/组分成若干小组，各组选派队长一名，以小组为单位进行演练。每位成员都要参与讨论并轮流进行演练。每次演练时，派出一人演推销人员，一人演顾客，其他组员都要当观察员，由队长进行记录并撰写实训记录。
2. 小组电话约见情境模拟。
3. 其他小组代表和教师总结评价标准并对各组模拟角色扮演进行点评。

【考核要点】

电话约见技巧、灵活应变能力、语言表达能力等。

项目二　推 销 接 近

【实训目标】

该项目训练帮助学生理解、熟悉推销接近前的准备工作，熟练运用推销接近的方法与技巧。

【实训内容】

假设你所在的学校要采购 70 台计算机，初步决定订购某品牌的计算机。你作为另一家公司的销售代表，发现了这个商机，经过与你所在学校负责采购的某科长的多次电话沟通，

学习情境三 约见和接近顾客

该科长答应三天后的上午约见。

【实训要求】

1. 通过电话沟通，你感觉该科长比较认可某品牌的产品，而且人比较和气可亲，请列出在拜访该科长前你还应该做哪些方面的准备。
2. 请设计一份约见拜访计划。
3. 请按照约定模拟推销接近情境。

【组织与实施评价】

1. 学生分组讨论，并做好分工。
2. 撰写拜访计划。
3. 同学们课下模拟推销接近情境，并选出最好的一组。
4. 小组代表课堂分组模拟演练，同学互评。
5. 教师点评。

【考核要点】

信息收集能力、推销准备的充分性、拜访计划的有效性、推销接近目标的达成等。

案例分析

案例一 电话约见

在一家奔驰车行里，一名销售顾问拿起电话，要与在车展上曾接触过的客户联系。走进展厅，来看车的人并不多，这就需要销售顾问能够主动邀约客户。比如每次举办大型车展，都会有不少人来看车。在看车的过程中，争取留下客户的电话号码等联系方式。一周后，开始联系这些客户，争取约他们来展厅更加仔细地评鉴各种车型，以找到与客户心理需求匹配的车。

萧蓉燕拿起电话，接通后说："您好，张女士，我是奔驰车行的萧蓉燕。这次来电话打扰您，不是说您买车的事情，是另外有一件事情，能麻烦您吗？您现在说话方便吗？"

张女士："噢，你好，你说什么事情？"

萧蓉燕："上次在车展上遇到您看我们展出的车，到今天已经一个星期了，我现在还记得您用的那款香水呢，那个香味实在是特别难得。今天，德国奔驰总部来了一个亚太区的市场总监，指导我们展厅的工作，恰好我们也进了一些全新的车款。在开会中，我就觉得她的那个香水的香味与您的特别类似，所以，就想起您了。想麻烦问您一下，那是什么牌子的香水呢？"

张女士："噢，就这个事情呀。那个香水的确不是在国内买的而且挺不好找，是我朋友从欧洲带回来送我的。牌子我也记不清了。"

萧蓉燕："哎呀，一定是外国的香水，肯定没有中国名字吧？"

张女士："就是，而且好像还不是英文，我现在想，有可能是德文。我看不懂，所以也就没有仔细看。你怎么没有问你们德国来的总监呢？"

萧蓉燕："您知道的，我也不会说德语，英语也不好，所以，就没敢直接问。我觉得肯定与您的那款一样。"

张女士："这样，如果我朋友再去欧洲，我托他给你带一瓶怎么样？"

萧蓉燕："那可太好了，不过确实是太麻烦您了吧！要不，您看我什么时候把钱给您送过去，大约多少钱？"

张女士："不用，等带回来再说。不过，你也不用来，我还说下周要去你们展厅呢。上次说的那款CLK240的香槟色有现货了吗？"

萧蓉燕："真是不好意思，一直就没有，所以，我也不好意思给您打电话麻烦您。除了香槟色，其他任何颜色您都不考虑吗？"

张女士："那倒也不见得那么死板，我其实就是想找一个颜色少一点的，这样不至于与周围这些朋友的颜色一样。"

萧蓉燕："对，对，有个性、有特色而且时尚，别人想要也不多对吗？"

张女士："对，就是这个意思。"

萧蓉燕："我们还有4种比较少见的颜色，现在展厅有3种。一个是橄榄绿，一个是宝石红，还有一个是海蓝。咱们电话里说，看不到具体的样子，想象起来也挺抽象的，您刚才说下周来我们展厅，周几呢？"

萧蓉燕在随后的电话沟通中约定了时间，张女士果然如约来看了有现货的车，并在不到30分钟的过程中，签订了购车合同。

资料来源：孙路弘. 大客户销售——能力测试与成长[M]. 杭州：浙江人民出版社，2012.

分析思考：

本案例中，请问该推销员在此次约见顾客中哪些方面的做法有利于其约见成功？

案例二　接近顾客

李军是新纪元广告公司的销售员，科北酒厂是他的第一个客户，我们来看一下他是如何与客户成功签订协议的。

科北酒厂厂长姓徐，是一位不苟言笑、看起来冷若冰霜的人。如何与这位厂长沟通呢？

李军在出发前专门选择了一套与徐厂长风格一致、款式庄重的深色西装，并按预约提前了5 min到了酒厂。当秘书把他向徐厂长引见后，他先是谈了初来该厂的四个方面的感受，得体含蓄地称赞了徐厂长。话落，徐厂长露出满足的神情。接着李军话锋一转："由于贵厂在我们省内消费者中有较高的知名度和较好的口碑，因此我们来厂之前特意精心准备了几种赋予贵厂产品更高形象定位的方案，供贵厂选择。打个比方，就相当于我们是开饭店的，今天配备了数种口味不同、各具特色的菜肴，你们相当于我们的客人，至于哪一种菜肴更适合你们的口味，请你们选择享用。"这几句话使本来因初打交道而显严肃的气氛一下子轻松了许多。徐厂长也忍不住接话了："看来李经理还很有做菜的高招，没见到啥菜，倒叫我开始口馋了。好，请再介绍下你的菜谱吧。"

初谈轻松，好像老朋友共同探讨一个课题。李军在本上记下了谈话中重要的内容，并用随身携带的录音笔把客户有关的需求录制下来。不过，在与负责合肥地区销售的周科长商谈具体事项时，李军又碰到了不小的麻烦。

周科长言语不多，且从不正视李军，颇有些冷漠，落座后一开口，李军便感到空气骤然紧张："李经理，我在合肥做销售四五年了，经常与广告界打交道，但没听说过你们新纪元广告公司。"

气势压人，但又言之成理！李军迅速调整一下思路后，微微一笑说："周科长说得不错，我们公司开张才半年，这半年来我们公司主要做了两件事：一件是开展社会调查；另一件是对员工进行培训。所以即使已经做了一点小的业务，在合肥广告界仍是一名新兵。"

然后语调一变："我们公司倒是有一点可以和其他广告公司比较一下，就是我们公司的 8 名员工的知识层次可能不算低！"

周科长若有所思地"噢"了一声，看来他还算满意："不过我想请教一个问题：合肥市内路牌广告每平方米每年多少钱？"

李军头"嗡"的一下，天啊，他对这种当时仅仅呈零星散布的媒体还没来得及注意呢。事不等人，但又不知如何回答，怎么办？情急生智，话到嘴边，突然变成了这样的了："周科长的这个问题叫我无法回答，因为路段不同、用料不同，价格也不同呀。"说话间，李军立刻把基本费用大致分几个方面估算了一下，场租费、管理费、材料费……还没算出结果，周科长又补了一句："如四牌楼附近的护栏呢？"

"租期多长呢？"又一个巧妙的拖延时间的垫子！

"就按一年期算吧。"

这时李军已经大致算出来了：月租金每平方米 10 元，普通纤维板每平方米 10 元，税费及加工费每平方米大约 5 元，绘制费每平方米 25 元，其他辅料每平方米 3 元，再加上适当利润，"每平方米月租价 35 元左右！"

"嗯，差不多。"

李军如释重负。以后的问题李军回答得就更从容了，仿佛掌握了主动权。

"那么付款方式呢？"

李军谦虚的态度中带着固执的用词："我们的惯例是合同签订三日内付总费用的 30%，制作完成正式发布时付 50%，其余 20%在发布后一个月内付清。"

"基本可以，下午我向厂长汇报，明天早晨请你们做好准备签合同。"周科长露出合作的笑容。

资料来源：新浪教育. 如何进行有效沟通[EB/OL]. （2004-08-24）[2022-02-01]. http://edu.sina.com.cn/l/2004-08-27/81783.html.

分析思考：

1. 本案例中，李军为接近该顾客做了哪些方面的准备？
2. 你认为李军在顾客接近环节表现得如何？其应用了哪种顾客接近方法？

学习情境四　推销洽谈

知识目标

1. 熟悉推销洽谈活动的主要任务。
2. 掌握推销人员在推销洽谈中应把握的基本原则。
3. 了解推销洽谈的工作程序。
4. 掌握推销洽谈的基本策略、方法与技巧。

技能目标

1. 具备制订推销洽谈方案的能力。
2. 具备灵活运用推销洽谈基本策略的能力。
3. 具备灵活运用推销洽谈方法的能力。
4. 具备灵活运用推销洽谈技巧的能力。

素质目标

1. 具备诚信负责、遵纪守法的思想意识。
2. 具备计划能力和灵活应变能力。

导入案例

如愿以偿

孙浩是一家建筑公司的业务员。他最近接手了一项非常大的工程项目的谈判工作，公司的谈判价格是 8.6 万元，而业主给出的价格是 7.4 万元。经过一段时间的谈判，业主提高到了 8 万元，但公司的价格底线却是 8.4 万元。这该怎么办呢？

这时候，孙浩站起来对谈判做了总结性发言说："好吧，我想谈判应该就这么完了，我们在价格上都花了这么长时间了，并且我们的价格已经非常接近，双方都能接受，如果因为 0.4 万元的分歧使谈判破裂那是我们双方的耻辱。"

对方显然心动了，最终，他们说："那我们折中怎么样？"

孙浩显得有些迟疑，说道："折中，什么意思？我要 8.4 万元，您给 8 万元，您说您会涨到 8.2 万元，我听见的是这个意思吗？"

"是的，"对方说，"如果你能降到 8.2 万元，我们就成交。"

孙浩又说："8.2 万元听起来比 8 万元更合适一些，跟您说，我得同上级领导商量下，看看他们意见如何。我会告诉他们您给到了 8.2 万元，看看我们能不能成交。我明天给您回话。"

第二天孙浩对他们说："哦，我的老板态度强硬！我本来相信自己能让他们接受 8.2 万元的，但我昨天晚上花了两个小时又过了一遍数据，他们坚持说如果比 8.4 万元少一分钱，我们就会亏本，但庆幸的是我们只是 0.2 万元的分歧。"

最终，这单生意以 8.4 万元的价格成交了。

资料来源：曹华宗. 销售攻心术[M]. 北京：中华工商联合出版社，2010：154.

任务一　确定推销洽谈的任务与内容

任务引入

张伟在实现与顾客成功接近后，他的推销活动进入了推销洽谈阶段。他知道推销洽谈是整个推销过程中的一个关键环节。能否说服顾客，进一步激发顾客的购买欲望，最后达成交易，关键在于推销洽谈是否成功。那么，张伟在推销洽谈阶段如何能顺利完成推销任务呢？

任务 1：张伟需要了解推销洽谈的任务。
任务 2：张伟需要了解推销洽谈的内容。

任务分析

洽谈也称为谈判，是社会生活中经常发生的事情，几乎每个人都在某一特定条件下成为一个洽谈者。在市场上，与小商贩讨价还价；在单位中，与领导讨论个人工作调动；在谈业务时，作为企业代表与其他洽谈者磋商某一交易活动，等等，都可以看成一种洽谈。因此，洽谈已成为我们生活中不可缺少的部分。

知识链接

推销洽谈是指推销人员运用各种方式、方法和手段去说服顾客购买推销品的过程，也是推销人员向顾客传递推销信息的过程。推销洽谈是整个推销过程的关键环节，这是一个复杂的、具有丰富内容的活动过程。推销人员能否成功地说服顾客，达成最后的交易，往往取决于推销人员在洽谈中的表现。

认识推销洽谈

一、推销洽谈的任务

要想有效地激发顾客的购买欲望，促成顾客采取购买行动，推销人员在洽谈前就必须明确推销洽谈任务。洽谈者只有明确了洽谈任务，才能把握洽谈节奏与方向，才能在洽谈中把握分寸，保证洽谈的顺利进行。具体来说，推销洽谈的任务主要包括以下几个方面。

（一）积极寻找顾客的需求

现代推销是市场营销的方法与手段。推销人员在洽谈之前，也必须尽量设法找出顾客的真正需求，投其所好地开展推销活动。有的推销人员赢得了洽谈的机会后，只是从自身企业的角度去介绍自己产品的特点、自己的价格政策或对顾客的优惠措施，唯独不去思考、判断此刻顾客在考虑什么，顾客最关心的是什么。往往说了半天后，顾客会不耐烦地说："如果我需要你的产品，我会跟你联系的，再见。"其实，推销洽谈的最根本目的就是满足消费者（顾客）的需求，那么推销人员要善于让顾客发表见解，从他们的话语中了解他们的真正所需，这样才能增加成功的机会。从以下老太太买李子的案例中，我们将发现由于卖家对顾客需求了解程度不同直接影响各自推销的成果。

案例 4-1

一位老太太每天去菜市场买菜、买水果。一天早晨，她提着篮子来到菜市场。

遇到第一个小贩，卖水果的，问："您要不要买一些水果？"老太太说："你有什么水果？"小贩说："我这里有李子、桃子、苹果、香蕉，您要买哪种呢？"老太太说："我要买李子。"小贩赶忙介绍自己的李子，又红又甜又大，特好吃。老太太仔细一看，果然如此。但老太太却摇摇头，没有买，走了。

老太太继续在菜市场转。遇到第二个小贩。这个小贩也像第一个一样，问老太太："您买什么水果？"老太太说："买李子。"小贩接着问："我这里有很多李子，有大的，有小的，有酸的，有甜的，你要什么样的呢？"老太太说："要买酸李子。"小贩说："我这堆李子特别酸，你尝尝？"老太太一咬，果然很酸，满口的酸水。老太太受不了了，但越酸越高兴，马上买了一斤李子。

但老太太没有回家，继续在市场转。遇到第三个小贩，同样，问老太太："您买什么？"（探寻基本需求）老太太说："买李子。"小贩接着问："你买什么李子？"老太太说："买酸李子。"

但他很好奇，又接着问："别人都买又甜又大的李子，你为什么要买酸李子？"老太太说："我儿媳妇怀孕了，想吃酸的。"小贩马上说："老太太，你对儿媳妇真好！儿媳妇想吃酸的，就说明她想给您生个孙子，所以您要天天给她买酸李子吃，说不定真给您生个大胖小子！"老太太听了很高兴。

小贩又问："那您知不知道孕妇最需要什么样的营养？"老太太不懂科学，说："不知道。"小贩说："其实孕妇最需要维生素，因为她需要给胎儿供给维生素。所以光吃酸的还不够，还要多补充维生素。"

他接着问："那您知不知道什么水果含维生素最丰富？"老太太还是不知道。小贩说："水果之中，猕猴桃含维生素最丰富，所以你要经常给儿媳妇买猕猴桃吃才行！这样的话，就能确保您的儿媳妇生出一个漂亮、健康的宝宝。"老太太一听很高兴，马上买了一斤猕猴桃。当老太太要离开时，小贩说："我天天在这里摆摊，每天进的水果都是最新鲜的，下次来就到我这里来买，还能给你优惠。"从此以后，这个老太太每天在他这里买水果。

资料来源：老太太买李子的故事（销售故事）[EB/OL].（2018-03-13）[2022-02-17]. http://www.360doc.com/content/18/0313/23/53453405_736790661.shtml

问题：该案例中，三个小贩的差别体现在哪里？说明了什么道理？

【启示与思考】

在这个故事中，我们可以看到：第一个小贩急于推销自己的产品，根本没有探寻顾客的需求，自认为自己的产品多而全，结果什么也没有卖出去。第二个小贩有两个地方比第一个小贩聪明：一是他第一个问题问得比第一个小贩高明，是促成式提问；二是当他探寻出客户的基本需求后，并没有马上推荐商品，而是进一步纵深挖掘客户需求。当明确了客户的需求后，他推荐了对口的商品，很自然地取得了成功。第三个小贩是一个销售专家。他的销售过程非常专业，他首先探寻出客户的深层次需求，然后再激发客户解决需求的欲望，最后推荐合适的商品满足客户需求。他的销售过程主要分了六步：第一步，探寻客户的基本需求；第二步，通过纵深提问挖掘需求背后的原因；第三步，激发客户需求；第四步，引导客户解决问题；第五步，抛出解决方案；第六步，成交之后与客户建立客情关系。

（二）介绍产品信息

现代推销的重要目的之一是让顾客了解自己的产品，最终实现购买行为。所以推销人员就要根据不同顾客的需求，适宜地将产品的信息传递给对方，如企业生产情况、产品功能、商标、质量、价格、服务、销售量等。一般来讲，顾客面对不止一个推销人员，市场上肯定存在竞争关系，要重点传递顾客最关心、最重视的产品或服务信息，传递本企业产品的特征与优于其他同类产品的信息，才能提高成功的概率。当然，推销人员在传递信息时必须客观真实、实事求是，才能赢得顾客的最终信任。

（三）处理顾客异议

在推销过程中，顾客难免会提出一些问题。如何恰当处理这些问题是推销成功的关键，切忌欺骗顾客。只有客观真实地说明问题，巧妙把产品的核心优点与存在问题科学比较，突出差异优势，才能说服顾客，打消顾客心中的疑虑。如顾客认为产品的样式不好，此时推销人员明知道这个问题确实存在却搪塞或辩解，只能增加顾客对推销人员的反感，对公司产品的不信任。相反，如果推销人员换一个角度去回答可能效果会不同。例如，他可以这样回答："哦，的确如此，我们公司的产品样式单一，我也发现了这个问题，但由于这种产品的核心技术与其他同类公司不一样，所用的材料不同，这样做的优点在于……因此样式只能这样了。"这样的回答才能消除顾客心中的疑虑。因此，推销人员在诚实守信的基础上，掌握适当的语言技巧，才能消除顾客的异议。

（四）有效促使顾客采取购买行动

推销洽谈的最终目的是要说服顾客采取购买行动。有时由于顾客的选择机会很多，难免会犹豫不决，出现反复行为，甚至会产生复杂的心理冲突。但最终会做出购买或不购买的决策。在洽谈过程中，推销人员必须准确把握顾客购买决策的心理冲突，站在顾客的角度，有理有据地为他们分析利弊关系，通过优质的产品、良好的信誉、知名的品牌、完善的售后服务，最终促使其尽快做出购买决策。

案例 4-2

小黄是某品牌服装门店的实习生，一天店里来了一位女顾客，在小黄的认真介绍下，最终选了一条今年新款的裙子，当这位女顾客正准备去付款时，小黄想趁机多推销几件，就拉这位女顾客看旁边的特价区，结果这位顾客看到一件和她要买的那款产品毛料差不多，但款式稍老式的衣服时就问几折，小黄连忙说现在这件衣服打三折，很划算的。听罢这位顾客皱了下眉，竟然说："我买的这款太不划算了，才打七折，我还是等你们季末打折时再来买吧！"最终，这位顾客什么都没买就走了。在一边看的店长立马把小黄叫到一边，与小黄进行沟通。

问题：你猜店长会对小黄说什么呢？

【启示与思考】

使顾客做出购买决策行为的动因可能仅仅是非常微小的一件事情，或是一时的想法，推销人员必须周密考虑，否则一个很小的失误就很可能使顾客改变主意。

二、推销洽谈的内容

推销洽谈涉及面很广，内容丰富。不同商品的推销有其不同的洽谈内容，但基本内容是大致相同的，主要有以下几个方面。

（一）商品品质

商品品质是商品内在质量和外观形态的综合，是顾客购买商品的主要依据之一，也是影响价格的主要因素。所以，商品品质是推销洽谈的主要内容之一，推销人员必须力争全面地向顾客介绍商品的质量、功能和外观特点，让顾客对商品有一个全面的了解，也可以把商品获得的品质标准（如国际标准、国家标准、部颁标准，通过了 ISO 9001、ISO 9002、ISO 1400 国际认证等）介绍给顾客。

（二）商品数量

商品数量是指按照一定的度量衡来表示商品的质量、个数、长度、面积、容积等的量。成交商品数量的多少直接关系交易规模和交易价格。在推销洽谈中，买卖双方应协商采用一致的计量单位、计量方法，通常情况下，是将数量与价格挂钩的。成交数量大时，通常商品的价格都会有一定的优惠。

（三）商品价格

成交价格的高低直接影响交易双方的经济利益，所以价格是推销洽谈中最重要的内容，也是推销洽谈中极为敏感的问题。推销人员应认识到，价格低的商品不一定畅销，价格高的商品也不一定没有销路。因为任何顾客对商品价格都有他自己的理解，顾客对价格有时斤斤计较，有时又不十分敏感，主要取决于顾客需求的迫切程度、需求层次、支付能力和消费心理等。在价格洽谈中，推销人员要处理好三个问题：① 推销人员要掌握好价格水平；

② 先谈商品的实用性,后谈价格;③ 推销人员要向顾客证明自己的报价合理。

(四)销售服务

推销人员应从自己企业的实际出发,本着方便顾客的原则,为其提供优良的服务。所涉及的服务项目通常有按时交货、维修、运送、安装、养护、技术指导、提供零配件等。在洽谈过程中,推销人员和企业应尽量满足顾客的正当要求,以解除顾客的后顾之忧。

(五)保证条款

保证条款的主要内容是担保。在商品交易活动中,卖主对售出的商品要承担某种义务,以保证买方的利益,这种卖方的义务和责任称为担保。对于一项日期较长,数量、金额较大,风险较大的商品交易,权利方都要求义务方提供担保。为限制卖方售货后不执行担保行为,有必要洽谈保证条款。

为了预防意外情况和随机因素对合同执行的影响,应就合同的取消条件以及履约和违约等有关权利、义务进行洽谈,并对合同纠纷中引起的诉讼及处理办法进行协商,以免引起不必要的麻烦。

任务二 建立推销洽谈的原则与进程

任务引入

张伟通过前面推销理论的学习认识到:推销洽谈实际上是一个沟通和寻找利益交叉点的过程。其实每个推销人员都希望尽快实现自己的目标,但这并不意味着推销人员在洽谈的过程中可以任意调整洽谈的目标,更不能为了满足顾客需求,不顾公司原则,随意夸下海口,调高或调低目标。那么在推销洽谈中,张伟如何确保实现自己的目标?

任务1:张伟需要掌握推销洽谈的原则。

任务2:张伟需要掌握推销洽谈的进程。

任务分析

推销人员在实际推销活动中,总是要面对各种各样、形形色色的顾客。为了推销的成功,推销人员使用的推销方法、方式要因人而异,不能千篇一律。这就要求推销人员不仅要在推销洽谈中坚持一定的原则,而且要在推销洽谈前,认真准备有关推销洽谈的各种资料和知识,针对不同顾客,拟订具体的推销洽谈计划,制订解决顾客异议的方案。只有这样,推销人员才能将不同的推销洽谈的内容分清主次,突出重点,采用不同的方法和技巧,有的放矢地进行洽谈。

> 知识链接

一、推销洽谈的原则

推销洽谈的原则是指推销人员具体从事推销洽谈的准则。为了达到推销的目的，实现洽谈的目标，推销人员可采用灵活多样的方法和技巧说服顾客。但无论推销人员采取何种方法，在推销洽谈中都必须遵循以下原则。

（一）针对性原则

针对性原则是指推销洽谈应该服从推销目标和任务，做到有的放矢。

（1）针对顾客的动机特点开展洽谈。推销洽谈应该从顾客的动机出发，并加以引导。顾客需要什么，推销人员就推销什么。按照顾客的渠道分类：中间商的购买动机是市场上畅销对路、物美价廉；最终消费者的购买动机是多种多样的，如有求实、求廉、求新、求美、求异、嗜好等。因此，推销人员应该以顾客需求动机为基础，进行有效的洽谈。

（2）针对不同顾客的心理特征开展洽谈。不同顾客具有不同的个性心理特征。例如，有的内向，有的外向；有的随和，有的顽固；有的自卑，有的自傲；有的慎重，有的草率；有的冷淡，有的热情。推销人员只有针对不同个性心理的顾客采取不同的洽谈策略，才能取得实效。

（3）针对顾客的敏感程度开展洽谈。不同的顾客对产品的敏感程度不同，例如，有的顾客对价格特别敏感，有的顾客对产品的质量非常敏感。推销人员在开展洽谈的过程中，就必须根据顾客的特点设计合理的洽谈方案，增强产品的竞争能力，从而力争洽谈成功。

 案例 4-3

专门推销建筑材料的推销人员小李，一次听说一位建筑商需要一大批建筑材料，便前去谈生意，可很快被告知有人已捷足先登了。他还不死心，便三番五次请求与建筑商见面。那位建筑商经不住纠缠，终于答应与他见一次面，但时间只有 5 min。这位推销人员在会见前就决定使用"趣味相投"的谋略，尽管此时尚不知建筑商有哪些兴趣和爱好。当他一走进办公室，立即被挂在墙上的一幅巨大的油画所吸引。他想建筑商一定喜欢绘画艺术，便试探着与建筑商谈起了当地的一次画展。果然一拍即合，建筑商兴致勃勃地与他谈论起来，竟谈了 1 h 之久。临分手时，允诺他承办的下一个工程的所有建筑材料都由小李的公司供应，并将小李亲自送出门外。

资料来源：吴健安. 现代推销理论与技巧[M]. 北京：高等教育出版社，2005.

问题：你认为推销员小李的成功之处在哪里？

【启示与思考】

小李的成功之处在于对顾客个性心理（这里主要是指个人兴趣和爱好）的洞察。然后投其所好，为洽谈赢得了一个良好的开局。

（二）鼓动性原则

鼓动性原则是指推销人员在推销洽谈中用自己的信心、热心和诚心，以自己的丰富知识有效地感染顾客，说服和鼓动顾客采取购买行动。

作为一名推销人员，始终要抱定成功的信念，相信自己的产品和服务，热爱自己的事业、自己推销的产品和自己的顾客。同时在推销洽谈中要表现出专家的风范，用广博的知识去说服和鼓动顾客，更要善于用具有感染力和鼓动性的语言去生动形象地传递信息，打动顾客的心。

（三）倾听性原则

倾听性原则是指推销人员在推销洽谈过程中，不要只向顾客传递推销品信息，而是更要注意倾听顾客的意见与要求。

为了达到推销的目标，推销人员切忌滔滔不绝从企业自身的角度去介绍产品，要善于倾听，善于观察顾客的需求。其实，这也是一种推销的原则。许多成功的推销经验告诉我们，有时推销人员说得越多，反而越会使顾客产生反感情绪，相反，尽量让顾客去表达自己的意愿，少说多听，有时会取得意想不到的效果。

（四）参与性原则

参与性原则是指推销人员在推销洽谈过程中，积极地设法引导顾客参与推销洽谈，促进信息双向沟通。推销人员要与顾客打成一片，使顾客产生认同感和归属感，以提高推销效率。有时推销人员还要设法引导顾客积极参与洽谈过程。例如，引导顾客发言，请顾客提出和回答问题，认真听取顾客的意见，让顾客试用推销品等。这些活动都能使顾客参与推销活动，使顾客产生满意感，从而充分调动顾客的积极性和主动性，创造有利的洽谈气氛，提高推销洽谈的成功率。

（五）诚实性原则

诚实性原则是指推销人员在推销洽谈过程中切实对顾客负责，真心诚意与顾客进行推销洽谈。如实向顾客传递推销信息，这是现代推销人员的起码准则。推销人员应当做到以下几点。

（1）推销人员在出示有关证明文件时，不能伪造证明，欺骗顾客。
（2）推销人员推销的推销品必须与企业产品完全一致。
（3）推销人员在介绍产品时，要诚实守信，不能用假话欺骗顾客。
（4）推销人员要遵守有关的政策、法律、法规和惯例。

二、推销洽谈的程序

推销洽谈是一个循序渐进的过程。正式的推销洽谈必须选择一定的程序进行，要加强洽谈的计划性，使推销洽谈的各个阶段或环节能有机地结合起来，增强和提高谈判的整体效果。

（一）推销洽谈的准备阶段

推销洽谈是一项复杂的推销业务工作，它受众多可控与不可控因素的影响，特别是一些规模较大、涉及问题比较多或技术性较强的推销洽谈，局面会更加复杂多变。因此，推销洽谈双方要有效地应对这种局面，就必须进行充分的准备，才有可能有效地实现推销洽谈的预期目的。

1. 洽谈方案准备

推销洽谈方案是推销人员在充分了解产品、市场、顾客的基础上制订的科学、可行的推销谈判计划，是事先对洽谈过程的规划和安排。它对于谈判活动的顺利展开、进行具有重要的指导意义。推销洽谈方案一般应包括以下内容。

（1）推销洽谈的目标。推销洽谈的目标是谈判方对洽谈所要达到的结果的设定，是指导推销洽谈的核心，是制订推销洽谈方案时首先要明确的事项。制订目标看似一件简单的事情，每个人都有过制订目标的经历，但是如果上升到技术的层面，推销人员必须学习并掌握 SMART 原则。所谓 SMART 原则，即：

① 目标必须是具体的（specific）。
② 目标必须是可以衡量的（measurable）。
③ 目标必须是可以达到的（attainable）。
④ 目标必须和其他目标具有相关性（relevant）。
⑤ 目标必须具有明确的截止期限（time-based）。

推销洽谈目标可以是结果性目标，也可以是过程性目标。最好用数字或简短的语言描述目标，如"在报价有效期内，如无意外风险因素，拟以 12%的预期利润率成交。""通过此次拜访，让客户承诺一周内给一次产品演示的机会。"明显优于"赢得顾客的好感""取得尽量高的利润"的描述。后者其实是无法衡量的。

另外，谈判的目标并不是一成不变的，它可以根据交易过程中各种价值和风险因素做适当的调整和修改，为增加目标的指导作用，推销洽谈的目标一般有以下三个层次。

第一，最优目标。这是通过洽谈达到的最理想的目标，能最大限度地满足谈判方的利益和需求。如最优价格目标、最优销售量目标、长期合作目标等。这一类目标在实际推销洽谈中很少有实现的可能，一般作为谈判的起点，俗称发盘，随着谈判的进展极有可能逐渐后退。最优目标作为己方利益和对谈判要求的集中概括，为谈判者的行动指明了方向。

第二，可接受目标。这是比较实际的、有实现可能的谈判目标，在特定力量对比下最大限度地满足了自己的利益。因此，要正确地选择、制订洽谈目标，最好是使其保持一定的弹性，在实际推销洽谈中，只要环境允许，谈判方要力争实现这一目标，不要轻易放弃。

第三，最低目标。这是推销洽谈中必须保证达到的最基本的目标，是洽谈成功的最低界限。如最低或最高价格、分期付款的次数和期限、交货期限等。只有实现这一目标，谈判方才能获得一定的利益。最低目标是一个下限目标，是宁愿谈判破裂也不能放弃的要求，因此，也称其为底盘或底线。

谈判目标的确定过程，是一个不断优化的过程。对于多重目标，必须进行综合平衡，通过对比、筛选、剔除、合并等手段减少目标数量，确定各目标的主次和连带关系，使目标之间在内容上保持协调性、一致性，避免互相矛盾。谈判之前一定要把目标写下来，并根据优先等级做相应的排序。目标要分清轻重缓急，哪个是最重要目标，哪个是次要目标，把最重要目标、实际需要目标、可接受目标和最低目标一一排列。列出目标的优先顺序后，还要分清哪些可以让步，哪些不能让步，同时要简要地描述理由。实践表明，一个人的最高目标定得越高，最终结果就会越好。

当面临一个复杂的销售过程，可以将目标分为长远目标和短期拜访目标。例如，最终的目标要和客户签订合作协议，但业务是不断推进的过程，在这个过程中，每一次接触客户都需要有明确的目标。例如，打电话的目标是约见客户见面；初次拜访的目标是赢得客户的信任和好感，了解顾客需求；再次见面的目标转为通过技术深入交流了解更多客户信息，或赢得客户采购小组更多人的支持；等等。

在确定己方的需求后，接下来要明确对手的需求，包括价格、数量、质量、交货期、付款方式等。了解对手最关注的是什么，对手列出的目标与己方列出的目标必然有一定的差距，怎样才能达成共识呢？就需要双方进行沟通和交流。在沟通和交流之前，一定要确定、设定洽谈的目标。

（2）推销洽谈的主要策略。推销洽谈的主要策略是遵循洽谈原则，根据己方具体的谈判目标，在充分了解和分析对方的情况下，为了实现己方各级谈判目标而制订的措施和对策。谈判策略的正确选择和运用，可以使谈判方在洽谈中由被动变为主动，出奇制胜，实现谈判的目标。同时，通过制订洽谈策略，也能了解对方的一些情况，识别对方的谈判策略，成功地保护自己的利益。针对不同类型的谈判对手可以采用不同的谈判策略，如表4-1所示。

表4-1 对不同类型的谈判对手采用的谈判策略

对 手 类 型	谈 判 策 略	目　　的
强硬型	以柔克刚，软硬兼施，制造竞争局面	避其锋芒，改变力量对比，尽量保护自己，满足自己的利益
不合作型	感化，制造僵局，搅和	求同存异，利益共享
阴谋型	揭穿诡计，拖延时间，利用权威施压	使其招招落空，无计可施
合作型	润滑，缓冲，私下接触，适度开放	互利互惠

（3）推销洽谈的内容。推销洽谈的内容是谈判的主要议题，内容十分广泛。不同的推销洽谈，其具体内容也有所差异。推销洽谈的内容一般包括商品、价格、质量、服务、结算以及其他方面等。

（4）推销洽谈的地点和期限。由于洽谈的地点不同，洽谈双方在洽谈中所处的地位也不同，各自承担的责任与费用开支也有差异，故谈判地点也是谈判方案中需要确定的一项重要内容。一对一的洽谈，洽谈场所不需要太大，家具也不需要太多，以创造亲密、对等的气氛为主。多对多的洽谈，洽谈场所需要大一些的房间，要准备供双方洽谈小组进行洽谈的长桌，在安排座位时应该特别注意双方主谈人的位置应处于正中。此外，如有可能，可以安排一些沙发供给谈判人员洽谈间歇时休息。谈判期限是指谈判方从着手进行洽谈准备到谈判结束的时间。由于谈判所涉及的议题一般具有时效性，因此，在推销洽谈方案中确定谈判期限,对于掌握谈判进程、提高谈判效率、适时评估谈判的得失非常必要。

(5)谈判人员。推销洽谈方案应对谈判负责人及其小组成员做出明确的规定,同时应明确各成员在洽谈中的角色、职责权限,便于在谈判中明确分工、取长补短、团结协作。

2. 人员准备

推销洽谈的人员是洽谈方案的具体执行者,是企业利益的维护者。选择优秀的谈判人员并加以恰当配备,组成优化的谈判班子,是推销洽谈成功的重要组织保证。

(1)谈判人员的选择。推销洽谈从一定的角度来讲是人才的对抗,是谈判人员知识、能力、品质等综合素质的较量。优秀的谈判人员应具备的主要条件包括:具有良好的思想素质和优秀的品质;具有高度的原则性、责任感和纪律性,遵守法律和社会公德;具有廉洁奉公、不谋私利的高尚品格;具有宽广的社会知识面与较深的专业知识,知识面越宽,谈判中的应变能力越强,专业知识越深,越能适应谈判的需要;具有优良的心理素质。推销是一种短兵相接、为各自利益需求而战的激烈角逐,它不仅是谈判人员知识、技巧的较量,也是其意志、毅力和胆识的较量,能在错综复杂的谈判局面中做到从容不迫、思维缜密、灵活应对,这与谈判人员优良的心理素质密切相关。另外,谈判人员还应具有较好的能力素质,如善于观察、勤于记忆、富有推理判断及思辨能力,以及较好的语言、文字表达能力等。

(2)谈判人员的配备。要组成一支高效而强有力的谈判团队,关键是对经过精心挑选和培养的谈判人员进行优化组合,使谈判班子形成一个群体优化的整体。在组建谈判小组时,要做到谈判人员之间权责清晰、分工明确、知识结构和性格结构配合良好,还要考虑费用与成本的经济性以及整体配合的精干与高效等问题。此外,推销方如果已经知道对方洽谈人员的职务、年龄等情况,最好是派出与对方同等职务、年龄相近的洽谈人员。

3. 信息资料准备

在推销洽谈中,要在广泛收集有关谈判信息资料的基础上,通过对信息的加工处理,掌握大量的信息资料,为制订科学可行的谈判方案和谈判策略提供依据,为谈判成功打下基础。收集信息的途径与渠道多种多样,有关谈判的信息资料也十分广泛,关键是从实际出发,及时收集那些适用而又有针对性的信息资料,如洽谈对方的经济实力、利益需求、谈判实力等方面的信息,相关的市场信息、环境信息以及其他竞争者的信息等。掌握的信息越充分,谈判成功的概率也就越大。

(二)推销洽谈的开局阶段

推销洽谈的开局阶段是指谈判各方走到一起直到提出各自的基本要求、立场的过程。在这一阶段,谈判各方要处理好几个环节:建立恰当的谈判气氛、明确谈判的议题、初步表达自己的意向和态度。

西方学者把推销洽谈开局阶段的谈判事项描述为"4P":目标(purpose),是指谈判要解决的问题,要达到的目的;计划(plan),是指谈判的规则、讨论问题的顺序,是双方共同遵守的规则;进度(pace),是指谈判的时间安排,即谈判的时间表;个人(personalities),是指参加谈判的每一个成员,要介绍他们的姓名、职务以及在谈判中的角色、地位。

推销洽谈开局的气氛在很大程度上受到见面最初几分钟内所发生事情的影响，谈判各方相见的一瞬间是决定谈判气氛的关键阶段。它能决定谈判气氛是温和、友好还是紧张、强硬，是沉闷、冗长还是活跃、顺利，以及整个谈判的进程如何。因此，推销人员应对开局阶段高度重视。推销人员作为谈判的主体，在形成良好的洽谈气氛中需要充分发挥自己的主观能动性。为了实现交易，洽谈应建立在谋求一致、互惠互利的基础上，洽谈气氛应是和谐、坦诚、友好和富有创造性的。创造良好的洽谈气氛，推销人员一定要讲好开场白，应注重自己的形象给对方留下良好的第一印象，要运用合适的有声语言、丰富的目光和形体语言与对方进行充分的沟通和交流，达到相互了解、理解。

在建立了良好的谈判气氛后，双方的话题就要转移到谈判的有关事项上来，如谈判的主要议题、具体安排等。在正式谈判开始后的开场白中，双方要就有关的谈判事宜进行重申，以便达成共识，使谈判沿着预定的、明确的方向进行。

当谈判双方就有关的洽谈事项达成共识后，双方正式进入了谈判的议题。在这一阶段，谈判双方要进行开场陈述，各方将自己的立场、要求作全面的、粗略的叙述，同时听取对方的陈述。陈述的主要内容有己方对有关问题的理解、己方的利益、己方为了合作可以采取何种努力、己方的立场等。开场陈述一般采用书面、口头或书面与口头相结合的形式，进行全面的陈述，点到为止，不深谈。陈述也只是原则性、非具体的。陈述时要简明扼要，使对方能很快理解并提出问题，从而开展交流与沟通。

案例 4-4

推销人员来到某经理办公室洽谈某业务。一进门，推销人员就看到了经理办公室的左后方有个枪架，枪架上挂着枪，还摆着一尊刻着他名字的射击纪念杯，于是在见面寒暄后，推销人员与经理以飞碟射击为话题，热火朝天地谈论着，不一会儿，推销人员与经理之间的陌生感就消除了。

资料来源：龚士林. 推销技术[M]. 武汉：武汉大学出版社，2008.

问题：这个案例对我们接近顾客有什么启示？

【启示与思考】

推销人员应在洽谈开始时，针对不同类型的不同需求巧妙地运用开场的技巧，创造好的推销洽谈气氛，轻松、顺利地将话题导入正式洽谈。

（三）推销洽谈的报价阶段

推销洽谈的报价阶段是推销洽谈双方分别提出达成协议的具体交易条件，又称为发盘，是开局阶段开场陈述的具体化，它涉及谈判各方的基本利益。

谈判一方在向另一方报价时，首先应弄清楚报价时机与报价原则。就惯例而言，一般由卖方先报价。但最好是在对方对推销品的使用价值有所了解后才报价；对方询问价格时是报价的最佳时机；报价应遵循最高可行价原则，即出价既要尽可能的高，以最大限度地实现己方的利益，又要有被对方接受的可能性，对方无法接受的漫天要价是毫无意义的。在报价时应做到：表达清楚、明确；态度坚定、果断；对报价不加解释和说明。

（四）推销洽谈的磋商阶段

推销洽谈的磋商阶段又称为讨价还价阶段，是指谈判双方为了各自的利益、立场，寻求双方利益的共同点，并对各种具体交易条件进行切磋和商讨，以逐步减少彼此分歧的过程。在此阶段各方都极力阐述自己的立场、利益的合理性，施展各自的手段和策略，企图说服对方接受自己的主张、意见或做出一定程度的让步，是各方利益矛盾的交锋阶段，也是推销洽谈过程中相当关键的阶段。

在这一阶段，谈判双方的分歧在所难免，它是影响双方顺利达成交易的障碍。因此，双方要积极采取各种有效的策略和方法，谋求分歧的解决办法。积极的、充分的、恰到好处的妥协与让步是解决彼此分歧、达成协议的一种基本技巧和手段。从根本上来讲，妥协与让步就是以退让的方式来实现进取的目的。因此，在任何情况下的妥协、让步都应是积极的，应与己方特定的洽谈目标相联系，都应是调动对方趋向己方以实现己方利益的手段。在没有真正把握对方意图和想法时，不可轻易做出妥协、让步。让步应坚持的基本原则是：不做无利益的让步，不做同等幅度的让步，不过早地让步，每次让步的幅度不宜太大、太快。

让步的原则

由于每次让步都要牺牲自己的部分利益，而给对方带来某种好处，怎样才能以最小的让步换取谈判的成功是谈判者研究的重要内容。美国谈判专家嘉洛斯总结自己的经验，把让步的选择分为四个方面：让步时间的选择、让步对象的选择、让步方法的选择、让步来源的选择。

（1）让步的时间与谈判的顺利进行程度有关。只要能满足对方的要求，促使谈判的顺利进行，什么时间都可以。在这里，选择的关键是让对方马上就能接受，而没有犹豫不决的余地。因此，尽快让步和拖延让步时间都是可行的。但从总体来说，只要谈判的时间允许，适当拖延让步时间是有利的。

（2）让步的对象即让步的受益人。对方参与谈判的人员虽然是代表一个单位参加的，但内部利益上却存在差别。一般来说，让步的受益人有四种类型：① 对方公司。那些关于价格的让步多数是给对方公司的让步。② 对方公司的某个部门。如公司中的某个工厂、某个事业部等。当谈判的履约与不同的部门有关时，让步的对象就可能是不同的部门。③ 某个第三者。当谈判的成交与某个第三者有关时，该第三者就成为自己的让步对象。④ 谈判者本人，如让谈判者在今后工作中更容易开展工作，这是以谈判者本人作为让步的受益人。至于自己在让步中选择谁作为让步对象，主要取决于所选让步对象对谈判结果的作用，即要选择那些自己用较少的让步可以换取对方较多让步，或自己的较少让步就能促使谈判成功的受益人作为让步对象。

让步前准备

（3）让步的方法是指对方从哪里可以得到自己的让步。由于让步的内容可以使对方满足或者增加对方的满足程度，因而可以采用不同的方法让给对方。可以在谈判桌上做出让步，也可以在谈判桌下做出让步；让步的内容可以与本次谈判的议题有关，也可以与本次谈判的议题无关；让步可以由谈判者做出，也可以由与谈判无关的其他人做出。可见，让步可以是直接的，也可以是间接的。究竟是采用直接的让步，还是采用间接的让步，要在总体上有利才行。

（4）让步的来源是指自己在谈判中做出让步的费用由谁来承担。同让步的受益人一样，承担让步成本的也有四种类型，即谈判者所代表的公司、本公司中的某个部门、某个第三者和谈判者本人。让步费用的承担是与谈判利益的所得密切相关的，谁获得谈判的利益，谁就应该承担让步的费用。

（五）推销洽谈的成交阶段

推销洽谈的成交阶段是谈判的最后阶段。当谈判双方进行实质性的磋商后，经过彼此的妥协、让步，意见逐步统一，趋势逐步明朗，重大分歧基本消除，最终双方就有关的交易条件达成了共识，推销洽谈就进入了成交阶段。

在这一阶段，当洽谈双方都产生了成交的愿望，而又都不愿意直接说出来时，可用声明或行为向对方发出成交的信号。当买方明确表示愿意成交时，推销方应对最后成交的有关问题进行归纳和总结，以扫清办理签约手续时的障碍。最后归纳总结的内容通常应包括：涉及交易的所有条款是否谈妥，是否有遗留问题以及有关遗留问题的处理；最后的让步项目和让步幅度；最后的成交价格；双方的履约责任；等等。

在归纳总结双方的共识后，紧接着就要签订协议。协议的条款要具体、明确、规范、严密，价格、数量、质量要准确，支付方式、交货期限、售后服务以及履约责任要明确，标的名称要标准化、规范化。协议起草之后，谈判双方都要对协议的每一个项目进行认真审核，以免因一时的疏忽而影响协议的正常履行，甚至造成无法挽回的损失。当谈判协议审核通过之后，洽谈各方都要履行正式的签约手续。各方在洽谈中所获得的利益只有用明确的书面形式确定下来，才能受到法律法规的保护。签约成交是推销洽谈的最终成果。与顾客达成交易是值得庆贺的事情，但推销人员切忌得意忘形，以免引起对方的误解和怀疑。实际上，任何成功的推销洽谈，谈判各方都获得了某些利益或某种程度的满足。因此，签约后，推销人员要真诚地肯定、称赞对方的合作，恰当地祝贺对方交易成功。这样可以给对方留下良好的印象，为今后与对方进一步合作打下良好的基础。

任务三　制订推销洽谈的策略、方法与技巧

任务引入

张伟所在的机械公司开发了某款新产品，在某商场柜台摆放三个月无人问津，而后的一天该商品却被顾客抢购了158个。产品由滞转畅的原因何在？原来是推销人员采用了一些推销洽谈的技巧。他们不仅向顾客介绍产品的性能，而且还在现场进行示范表演。当在一位患有肩周炎的老人身上进行具体示范时，奇迹发生了，这位老人的胳膊不仅能抬起，而且伸直弯曲自如。围观的观众无不为之折服，纷纷解囊。通过这一事例，张伟认为取得推销成功，在推销洽谈中还要掌握以下两项。

任务1：张伟需要掌握推销的策略。

任务 2：张伟需要掌握推销的技巧和方法。

任务分析

推销洽谈是一门技术，更是一门艺术。在推销洽谈中，推销人员要针对不同的产品、不同的顾客，灵活地采用适宜的推销方法、策略与技巧，说服顾客，激发顾客的购买欲望，最终达成交易。

知识链接

推销洽谈是一种合作性和冲突性相结合的复杂过程，是洽谈各方综合能力和素质的大比拼，是各方利益的直接交锋，是竞争中的合作和合作中的竞争。为了达到推销产品的目标，既要坚持原则，又要保持一定的灵活性。这样，为实现洽谈目标，必须掌握一定的洽谈策略、方法和技巧。

一、推销洽谈的策略

俗话说，商场如战场。面对形形色色的对手，要在谈判桌上占据优势，除掌握一些常规的洽谈方法外，推销洽谈人员还应当掌握一些谈判策略。策略是谋事的计策和方略。推销洽谈策略是指推销人员在推销洽谈中为了达到推销目标所采取的计策和方略。推销洽谈的策略很多，在商务谈判中有详细的阐释，概括起来主要有以下几种可供参考。

常见推销洽谈的策略

（一）先发制人策略

先发制人策略是指在洽谈中由己方先提出有关交易条件和合同文本草案的策略，使对方很难另起炉灶，而只能在己方已提出的这一方案基础上提出自己的意见。先发制人要求知己知彼，熟悉行情，了解双方的力量对比。同时，提出的条件要适度，过高则容易吓跑对方，过低则失去一定的利润。这种策略在卖方来说，多用在大企业对小买主；在买方来说，多用在供过于求，许多卖主对一个或少数几个买主的情况。先发制人并不意味着就是一口说死，不可改变，提出方案的一方还要准备应变方案，即哪些条件是可以让步的，哪些条件是不能让步的，让步可以让到什么程度，等等。如果对方采取这种策略，己方不应为其所动，不能被对方牵着鼻子走，应该坚信，任何条件都是可以通过洽谈改变的，所以要按照己方原定的洽谈方针进行洽谈，不能被对方方案束缚住自己的手脚，而不敢提出自己的方案或条件。

（二）不开先例策略

不开先例策略，是指在洽谈中，如果推销方占有一定的优势，推销人员为了坚持和实现自己所提出的交易条件，以没有先例为由来拒绝让步促使对方就范，接受自己条件的一种强硬策略。在谈判中，当双方产生争执时，拒绝是一般推销人员不愿采用的。因此，人们都十分重视研究怎样回绝对方而又不伤面子、不伤感情，不开先例就是一个两全其美的好办法。

例如，"贵公司的这个报价，我方实在无法接受，因为我们这种型号的产品售价一直是××元，如果此例一开，我们无法向上级和以往的交易伙伴交代"。或者说："××公司是我们十几年的老客户，我们一向给他们的折扣是 15%，因此，对你们来讲也是一样。如果此例一开，对别的用户就没有信用可言了，也不公平，以后打交道就难办了。希望贵公司谅解"等，以回绝对方的要求。

（三）避免争论策略

在推销洽谈的过程中，谈判双方为了谋求各自的利益，在一些问题上不可避免地产生分歧。分歧出现以后，要保持冷静，积极寻求解决的方法，应尽可能地避免争论。因为争论不仅于事无补，而且只能使事情变得更糟。最好的方法是采取下列态度进行协商。

1．婉转地提出不同意见

在谈判中，当你不同意对方的意见时，切忌立即直接提出自己的否定意见，这样不但会使对方在心理上产生抵触情绪，而且促使他千方百计地来维护自己的观点。如果要表明己方的不同意见，最好的方法是在对方陈述完毕之后，先表示同意对方的意见，承认自己在某些方面的疏忽，然后提出对双方有分歧的意见进行重新讨论。如果你对对方提出的意见不太理解时，建议用"提问—倾听—欣赏—建议"的顺序提不同意见，通过提问了解对方想法的背景和出发点，之后仔细倾听并对对方的意见表示赞赏，再提出自己的建议。这样，双方就会心平气和地重新讨论，谈判也会收到双方都比较满意的结果。

案例 4-5

在一次推销谈判中，谈判双方在价格方面产生了分歧。

甲方提出："你方的产品价格太高，如果不降价，将无法购买。"

乙方："请问您的心理价位是多少？"

甲方："我最多出 3000 元。"

乙方："能不能告诉我为什么一定是 3000 元？"

甲方："公司给优秀员工可以报销 3000 元的购机费，已经打过预算的，如果超了谁付呀？"

乙方："不好意思！是我疏忽了，我应该提前了解的。不过您真有眼光，这部手机今年确实很受欢迎，性价比很高，价位也从来没有卖低过 3000 元，我看这样吧，我们这里还有一款手机也不错，性能也不错，您要不要看看？"

甲方："我还是觉得这款手机更合适，能不能再优惠些。"

乙方："看来先生真是喜欢这款手机，我觉得既然买就买最新款，买个自己喜欢的，用那么久呢，不如您自己加 500 元，另外 3000 元公司报销也可以，您说呢？"

甲方："这倒也是个办法！"

资料来源：根据学生实习案例编写。

问题：推销人员是如何解决顾客异议的？

【启示与思考】

乙方通过"提问—倾听—欣赏—建议"有效地解决了顾客的价格异议。

2. 分歧的产生致使谈判无法再进行下去，应转移话题或休会

如果在洽谈中，某个问题成了绊脚石，使洽谈无法再顺利地进行，这时，应马上提出休会。如果继续下去，双方为了捍卫自己的原则和利益，就会各持己见，使谈判陷入僵局。休会的策略是给那种固执型谈判者提供请示上级的机会，以期待对方态度的改变，同时，也为己方创造养精蓄锐的机会。

（四）黑白脸策略

黑白脸策略又称为软硬兼施策略，是指在推销洽谈过程中，利用对方既想与你合作，但又不愿与有恶感的对方人员打交道的心理，由两个人分别扮演"黑脸"和"白脸"的角色，诱导对手妥协的一种策略。这里的"黑脸"是强硬派，在洽谈中态度坚决，寸步不让，咄咄逼人，几乎没有商量的余地。这里的"白脸"是温和派，在谈判中态度温和，拿"黑脸"当武器来压对方，与"黑脸"积极配合，尽力撮合推销成功，以致达成于己方有利的协议。

使用这种策略，在洽谈初始阶段，先由扮演"黑脸"的人出场，他通常苛刻无比，态度强硬，让对手产生极大的反感。当洽谈进入僵持状态时，"白脸"人再出场，他表现出体谅对方的难处，以合情合理的态度照顾对方的某些要求，并放弃自己一方的某些苛刻条件和要求，做出一定的让步。实际上，他做出这些让步之后，所剩下的那些条件和要求，恰恰是原来设计好的必须全力争取达到的目标。

需要注意的是，黑白脸策略往往在对手缺乏经验、对手很需要与你达成协议的情境下使用。实施时，扮演"黑脸"的人，既要表现得态度强硬，又要保持良好的形象，处处讲理；扮演"白脸"的应是主谈人，他一方面要善于把握谈判的条件，另一方面也要把握好出场的火候。如果一个人实施黑白脸策略，一般在第一现场的人扮演"白脸"，而让背后的人扮演"黑脸"，但背后的人最好是对方找不到的人，即虚拟的"黑脸"，如告诉潜在客户："我理解您的难处，我也想帮您，但公司制度不允许通过您的条件。"或者"公司办公会讨论通过不了，我也实在没办法！"最好不要说具体哪个人不同意。

（五）留有余地策略

留有余地策略要求谈判人员对所要陈述的内容需留有余地，以备讨价还价之用。

在实际谈判中，不管谈判一方是否留有余地，另一方总是认为对方会"留一手"。即便报价分文不取，对方也会不相信，总要与之讨价还价一番。因此，为了使谈判顺利开展，报价时须留有余地，以备讨价还价之需。同样，对方提出的一些要求，即便能百分之百地满足对方，也不要立即一口承诺，要让对方觉得是经过讨价还价，是在谈判对手做了让步后才实现的。这样既可以满足对方的心理，又是作为己方要求对方在其他方面做出让步的筹码。

这一策略从表面上看好像与开诚布公相抵触，但也并非是绝对的。两者的目标是一致

的，都是为了达成协议，使谈判双方都满意，只是实现目的的途径不同而已。

（六）避实就虚策略

小知识
与你不能失去的客户如何谈判

该策略是指在谈判过程中，为达到某种目的或实现某种需要，有意识地将洽谈议题引导到一些无关紧要的问题上，以此转移对方的注意力，最终实现自己的目标。如在谈判中，对方最关心的是价格，而己方最关心的是交货时间。这时，谈判的焦点不宜直接放到价格和交货时间上，而是放到运输方式上。在讨价还价时，你方可以在运输方式上做出让步，而作为双方让步的交换条件，要求对方在交货时间上做出较大的让步。这样，对方感到满意，你方的目的也达到了。

（七）沉默策略

这种策略主要是给对方造成心理压力，使之失去冷静，不知所措，甚至乱了方寸，以致发言时可能言不由衷，泄露出己方想急于获得的信息。同时还会干扰对方的谈判计划，从而达到削弱对方力量的目的。

有效地发挥沉默策略的作用，应注意以下两个方面的问题。

1．事先准备

首先，要明确在什么时机运用该策略。比较恰当的时机是在报价阶段。此时，对手的态度咄咄逼人，双方的要求差距很大，适时运用沉默可缩小差距。其次，如何约束己方的行为反应。在沉默过程中，行为语言是唯一的反应信号，是对手十分关注的内容。所以，事先要准备好在沉默时应使用哪些行为语言。如果是多人参加小组谈判，还要统一谈判人员的行为语言。

2．耐心等待

只有耐心等待，才可能使对方失去冷静，形成心理压力。在等待的过程中可以做些记录。记录在这里可以起到双重作用：首先，它纯属做戏；其次，记录可以帮助你掌握对手所讲的内容，有助于己方分析对手所讲问题的目的，致使沉默超出本身的作用。

（八）最后期限策略

通过制订最后的谈判期限，借以向对方施加压力，以达到预定的目的，这种谈判技巧和手段被称为最后期限策略。

大多数的谈判，基本上都是到了谈判的最后期限或者临近最后日期时才达成协议的。在整个谈判过程中，谈判各方总是在不断地向对手讨价还价，只要谈判的最后期限还没有到来，谁都不肯先放弃，以期争得更多的利益。从谈判者的心理角度分析，之所以这样做的原因：一方面是为了尽到谈判者的责任，要善始善终；另一方面也是为了在有限的时间里尽可能地争取到一个更好的谈判结果。针对谈判者的这一心理，在谈判过程中，对于某些一时难以达成一致的问题，不必操之过急地强行解决，而要善于运用最后期限策略。在最后谈判期限不可避免地来临之时，谈判者迫于这种期限的无形压力，就会放弃自己的最后努力，甚至会迫不得已地改变自己原先的主张，以尽快求得问题的解决。

(九)剥笋策略

一个毛笋的外壳不可能一下子剥个精光,只能一片一片地剥去。在推销洽谈的过程中,谈判各方为了实现己方的最大利益,经常会发现对方不愿意也不可能全部答应己方的所有要求,只能一点一点磋商和争取,步步为营,最终达到预期的目的。这一谈判策略在谈判中被广泛地应用,在西方被人们称为"意大利香肠"策略。

总之,推销谈判的策略是多种多样的,推销人员要审时度势,有针对性地加以运用,以取得良好的谈判效果。

(十)先苦后甜策略

先苦后甜策略是指在洽谈中先用苛刻的条件使对方产生疑虑、压抑等心态,以大幅度降低对手的期望值,然后在实际谈判中逐步给予优惠或让步,使对方的心理得到满足而达成一致的策略。

该策略使用的基本原因在于:人们对外界的刺激总是先入为主,如果先入刺激为甜,再加一点儿苦,则觉得更苦;相反,若先入刺激为苦,再加一点儿甜,则觉得更甜。该策略就是用"苦"降低对方的期望值,用"甜"满足对方的心理需要,因而很容易实现谈判目标,使对方满意地签订合同,使己方从中获取较大利益。

注意:在实际应用中,先苦后甜策略的应用是有限度的,在决定采用时要注意"过犹不及"的格言,也就是说,所提出的条件不能过于苛刻,要掌握分寸。

二、推销洽谈的方法

推销洽谈是一项专业性和艺术性都很高的工作。在做好洽谈的各项专业准备工作的前提下,推销洽谈人员还必须针对不同的谈判对象和情境,恰当地掌握和运用洽谈的各种方法。推销洽谈的方法可以分为诱导法、提示法和演示法三种。

(一)诱导法

全方位挖掘顾客需求

所谓诱导法,是指推销人员在推销洽谈时,为了引起顾客的兴趣,激发顾客的购买欲望,从谈论顾客的需要与欲望出发,并巧妙地把顾客的需要与欲望同推销品紧密地结合起来,诱导顾客明确自己对推销品的需求,最终说服其购买的方法。这种方法在推销谈判中最能引起顾客的兴趣,有利于营造一种融洽的气氛,有利于最终说服顾客。

运用这种方法,推销人员必须注意以下三个方面。

(1)推销人员必须在推销洽谈的准备阶段了解顾客的需要与愿望。如果在推销洽谈前不清楚顾客的需要与愿望,推销人员则要在与顾客的接触中,如通过聊天、提问等方法,发现顾客的需要与愿望。

(2)明确指出顾客的需要与愿望。

(3)把顾客的需要与愿望同推销品紧密地联系起来。

（二）提示法

提示法是指推销人员通过言语和行动提示顾客产生购买动机，促使其做出购买决策，做出购买行为的推销洽谈方法。提示法可分为直接提示法、间接提示法、动意提示法、明星提示法、逻辑提示法、积极提示法、消极提示法和联想提示法等。

产品介绍中的八大错误：
- 事先准备不足，对商品一知半解。
- 商品介绍千篇一律，缺乏个性化。
- 商品介绍主观空洞，王婆卖瓜，自卖自夸。
- 介绍产品像机器人念稿。
- 商品介绍太专业，顾客听得云里雾里。
- 商品介绍语句太单调，难以调动顾客的想象力。
- 不了解竞争对手。
- 贬低、诋毁竞争对手。

1. 直接提示法

直接提示法是指推销人员开门见山，直接劝说顾客购买其所推销的产品。这是一种被广泛运用的推销洽谈提示方法。这种方法的特征是推销人员接近顾客后立即向顾客介绍产品，陈述产品的优点与特征，然后建议顾客购买。因而这种方法能节省时间，加快洽谈速度，符合现代人的生活节奏，所以很具优越性。

在运用直接提示法时应注意以下几点：① 提示要抓住重点；② 提示的内容要易于被顾客理解；③ 提示的内容应符合顾客的个性心理。

2. 间接提示法

间接提示法是指推销人员运用间接的方法劝说顾客购买产品，而不是直接向顾客进行提示。例如，可以虚构一个顾客，可以一般化的泛指。使用间接提示法的好处在于可以避免一些不太好直接提出的动机与原因，因而可以使顾客感到轻松、合理，从而容易接受推销人员的购买建议。

运用间接提示法的一般步骤如下。

首先，虚构或泛指一个购买者，不要直接针对面前的顾客进行提示，从而减轻顾客的心理压力，开展间接推销。

其次，使用委婉温和的语气与语言间接地讲述购买动机与购买需求，尤其是对于一些比较成熟、自认为聪明、自视清高的顾客。

最后，主要是在洽谈后期采取直接提示法，以更好地把握机会。

3. 动意提示法

动意提示法是推销人员建议顾客立即采取购买行动的洽谈方法。当一种观念、一种想法与动机在顾客头脑中产生并存在时，顾客往往会产生一种行为的冲动。这时，推销人员如果能够及时地提示顾客实施购买行动,效果往往不错。例如,当一个顾客觉得某个产品不错时,推销人员觉察到并及时提示顾客:"这种款式很好卖,这是剩下的最后一件了。"只要提示得及时、合理,效果一般不错。

在运用动意提示法时应注意以下几点。

(1)动意提示的内容应直接诉述顾客的主要购买动机。

(2)为了使顾客产生紧迫感,也即增强顾客的购买动机,语言必须简练明确。

(3)应区别不同的顾客,对于那些具有内向、自尊心强、个性强等特征的顾客,最好不用动意提示法。

4. 明星提示法

明星提示法是推销人员借助一些有名望的人来说服、动员顾客购买产品的方法。明星提示法迎合了人们求名的情感购买动机,另外,由于明星提示法充分利用了一些名人、名家、名厂等的声望,可以消除顾客的疑虑,使推销人员和推销产品在顾客的心目中产生明星效应,有力地影响了顾客的态度,因此,推销效果比较理想。

在应用明星提示法时应当注意以下几点。

(1)提示所指的明星(名人、名家等)都必须有较高的知名度,为顾客所了解;对于生产资料市场的推销,所提示的名厂,亦应该是该行业真正的市场领导者。

(2)所提示的明星必须是顾客公认的,而且是顾客所崇拜尊敬的。因为不同的名人有不同的崇拜者,不同的目标市场消费者群亦有不同的崇拜明星,推销人员在使用明星提示法时,应注意向不同的顾客提示不同的明星,不被顾客接受的明星反而使推销效果大打折扣,甚至事与愿违。

(3)所提示的明星与其所使用及消费的产品都应该是真实的。为此,应事先做好向明星的推销工作。

(4)所提示的明星与所推销的产品应有必然的内在联系,从而给推销洽谈气氛增加感染力与说服力。

5. 逻辑提示法

逻辑提示法是指推销人员利用逻辑推理劝说顾客购买的方法。它通过逻辑的力量促使顾客进行理智思考,从而明确购买的利益与好处,并最终做出理智的购买抉择。逻辑提示法符合购买者的理智购买动机。

在运用逻辑提示法时应注意以下几点。

(1)逻辑提示法的适用顾客必须具有较强的理智购买动机。市场营销学研究证明,顾客的购买动机因各种原因而大致分为三大类:理智型、情感型、惠顾型。只有那些文化层次较高、收入一般或财力较薄弱、倾向于条理化思维、意志力强的顾客才可能具有理智型动机,因而可以对他们运用逻辑推理提示法。而倾向情感型购买动机与惠顾型购买动机的顾客,则不适用这种方法。

(2)要针对顾客的生活与购买原则进行推理演示。在同属于理智型购买动机的顾客群内,不同身份、不同职业的人有不同的动机内容、不同的逻辑思维方式、不同的购买推理逻辑与准则。因此,推销人员应尽最大可能分析了解顾客的个性倾向、人生哲学;了解顾客思考问题的方法、模式与标准;了解顾客具体的购买动机与购买逻辑,从而说服顾客购买。

（3）做到以理服人。不符合科学伦理的强词夺理是不能服人的。逻辑推理之所以有力量，也就是因为它是科学的，符合与强调科学伦理的。

（4）掌握适当的推销说理方式，发挥逻辑的巨大作用。

（5）在洽谈过程中应做到情理并重。人总是有情、有义、有欲望的，因此，推销人员应该把科学的却显得有点干巴巴的逻辑推理与说服艺术结合起来，对顾客既晓之以理，又动之以情，促使顾客的购买行为合理化，从而使顾客较快地采取购买行为。

 小知识

销售陈述一般可以在以下两种场合进行：针对单个客户或者针对团体客户，如产品介绍会或研讨会。一个成功的针对团体客户的销售演讲需要注意以下几个方面。

（1）客户的问题和需求。
- 客户现状和问题。
- 问题带来的影响。
- 客户需求和采购标准分析。

（2）我们公司能解决的事。
- 我们的产品如何满足客户需求。
- 效率和成本分析。

（3）我们凭什么能解决？
- 成功案例和权威推荐。
- 产品质量服务和管理保证体系。
- 企业荣誉、公司规模、历史。

资料来源：陆和平. 大客户销售这样说这样做[M]. 北京：中国青年出版社，2019：120.

6. 积极提示法

积极提示法是推销人员用积极的语言或其他积极方式劝说顾客购买所推销产品的方法。所谓积极的语言与积极的方式，可以理解为肯定的正面的提示、热情的语言、赞美的语言等会产生正向效应的语言。例如，"欢迎参加我们社的旅游团，既安全又实惠，所看景点又多又好。""您看，这是摩托车手参加比赛的照片，小伙子们多神气！他们戴的是我们公司生产的头盔。"

在运用积极提示法时应注意以下几点。

（1）可以用提示的方式引起顾客注意，先与顾客一起讨论，再给予正面的、肯定的答复，从而克服正面语言过于平淡的缺陷。

（2）坚持正面提示，绝对不用反面的、消极的语言，只用肯定的判断语句。

（3）所用的语言与词句都应是实事求是的，是可以证实的。

7. 消极提示法

消极提示法是指推销人员不是用正面的、积极的提示说服顾客，而是用消极的、不愉快的，甚至是反面的语言及方法劝说顾客购买产品的方法。例如，"听说了没有，过了 60 岁，保险公司就不受理健康长寿医疗保险，到那时要看病可怎么办？"用的就是消极提示法。

消极提示法包括遗憾提示法、反面提示法等，它运用了心理学的褒将不如贬将、请将不如激将的道理，因为顾客往往对"不是""不对""没必要""太傻了"等词句的反应更为敏感。因此，运用从消极到不愉快，乃至反面语言的提示方法，可以有效地刺激顾客，从而更好地促使顾客立即采取购买行为。但消极提示法比较难以驾驭和把握，实施时应注意以下几点。

（1）明确适用对象。反面提示法只适用于自尊心强、自高自大、有缺陷但不愿让人揭短、反应敏感、爱唱反调的顾客，而对于反应迟钝的顾客不起作用。但是对于特别敏感的顾客又会引起争执与反感。因此，分析顾客类型，选准提示对象成为成功运用这个方法的关键。

（2）刺激要适度。语言的运用要特别小心，做到揭短而不冒犯顾客，刺激而不得罪顾客，打破顾客心理平衡但又不令顾客恼怒。

（3）提示要针对顾客的主要购买动机。推销人员应在反面提示后，立即提供一个令顾客满意的解决方案，使推销人员的坦率、善意与服务精神打动顾客，形成良好的洽谈氛围，将洽谈引向交易。

8．联想提示法

联想提示法是指推销人员通过向顾客提示或描述与推销有关的情境，使顾客产生某种联想，进而刺激顾客购买欲望的洽谈方法。

案例 4-6

一位推销灯光设备的推销人员对顾客说："这些光彩夺目的灯光设备，在白天您可能感觉不到它的好处，但是夜幕降临时，可以使所有的行人都看到贵店的橱窗。如果不安装这些灯光设备，即使人们从您的橱窗外面经过，也注意不到橱窗里的展品。反之，安装了这些灯光设备之后，会使贵店的外观比对面的商店显得更舒适、温馨。耀眼的灯光照射在橱窗内的展品上，行人都会清楚地看到。您想一想，要是这些灯光设备能为您吸引成千上万的顾客，那您能多做多少生意啊！"

资料来源：张晓青，高红梅．推销实务[M]．大连：大连理工大学出版社，2007．

问题： 案例中，推销人员是如何达到强化顾客购买欲望的？

【启示与思考】

这一方法中，推销人员向顾客勾画出梦幻般的情境，让顾客去想象，使产品更具有吸引人的魅力，从而达到强化顾客购买欲望的良好效果。

联想提示法要求推销人员善于运用语言的艺术去表达、描绘，避免刻板、教条的语言，也不能采用过分夸张、华丽的词藻。这样，提示的语言方能打动顾客，感染顾客，让顾客觉得贴切、可信。

（三）演示法

日本丰田汽车公司一个不可动摇的原则是："一个优秀的推销人员不只靠产品说话，而且要善于利用各种推销工具。"通常，顾客是听凭推销人员对产品的介绍来购买产品的，如果推销人员备有促进推销的小工具，则更能吸引顾客，激发他们的兴趣和好奇心，引发他们的购买欲。人们有"耳听为虚，眼见为实"的心理，演示法正是很好地抓住了人们的这种心理。

产品演示技巧

演示法又称为直观示范法，是推销人员通过实际操作推销产品或者辅助物品或服务，如让顾客通过视觉、味觉、嗅觉和触觉直接感受推销品信息，最终促使顾客购买推销品的洽谈方法。演示法主要有以下几种。

1. 产品演示法

产品演示法是指推销人员通过直接向顾客展示产品本身说服顾客购买的洽谈方法。推销人员通过对产品的现场展示、操作表演等方式，把产品的性能、特色、优点表现出来，使顾客对产品有直观的了解。从现代推销学原理上讲，推销品本身就是一个沉默的推销人员，是一个最准确、最可靠的产品信息来源，再生动的描述与说明，都不能比产品自身留给消费者的印象更深刻，可谓百闻不如一见。

产品演示法的作用有两个方面：一是形象地介绍产品，有助于弥补言语对某些产品，特别是技术复杂的产品不能完全讲解清楚的缺陷，产品演示法通过产品本身生动形象地刺激顾客的感觉器官，使顾客从视觉、嗅觉、味觉、听觉、触觉等感觉途径形象地接受产品，起口头语言介绍所起不到的作用；二是起证实作用，产品演示法可以制造一个真实可信的推销情境，直观了解胜于雄辩。运用产品演示法时应注意以下几点。

（1）做好演示前的准备。包括：场地选择和布置，道具准备；要对演示过程进行专门的设计，达到演示最佳水平；推销人员最好提前反复演练，让自己专业化。

（2）重视演示中的互动沟通。演示过程为顾客提供最佳的沟通时机，一方面引导顾客认识需求，如卖豆浆机的推销人员，在演示开始后可以问顾客："您是否觉得自己做豆浆是件很麻烦的事情？""您有没有担心外面的豆浆不安全？"另一方面，在演示的过程中及时把握潜在顾客的反馈信息。问顾客："您是不是觉得我刚才的操作很简便？"或"您是不是觉得我刚才榨的豆浆味道不错？"最后还要积极鼓励顾客参与演示，使顾客亲身体验产品的优点，从而产生认同感与占有欲望。

（3）尽量针对顾客的具体需求逐步演示产品的各个方面。

（4）产品演示应该与产品介绍相结合，也就是最好是边演示边讲解，并注意演示的气氛与情境效应。

（5）给示范动作增添喜剧性，从而增加顾客的印象，演示时要重点突出推销品的特殊功能与主要的差别优势，以取得良好的演示效果。

（6）注意演示时的肢体语言。如自信的眼神、真诚的微笑、引导顾客的不同的手势、吸引注意力的语气。

但是，产品演示法的运用也有一定的局限性，对于过重、过大、过长、过厚的产品以及服务性产品等,不适合采用实际产品现场演示法,但可以采用产品模型或样本演示的方式。但随着信息技术的发展,有些企业将自己的产品做成动画形式进行展示,也是不错的选择。但是,产品演示法的运用也有一定的局限性,对于过重、过大、过长、过厚的产品以及服务性产品等,不适合采用实际产品现场演示法,但可以采用产品模型或样本演示的方式。

2. 文字与图片演示法

文字与图片演示法是推销人员展示用以赞美与介绍产品的图片或文字等劝说顾客进行购买的方式。在不能或不便直接展示产品的情况下,推销人员通过向顾客展示推销品的文字、图片、图表、音像等资料,能更加生动、形象、真实可靠地向顾客介绍产品。在借助音像影视设备来展示产品时,会做到动静结合、图文并茂,收到良好的推销效果。

案例 4-7

小李是一家家庭装饰公司的推销人员,在接待顾客时,小李总是首先询问顾客对房间装饰的总体想法,了解各房间尺寸,然后通过计算机软件将装饰后的效果显示在计算机屏幕上让顾客看。由于顾客能够在房屋未完成装饰前就看到装饰后的效果,因此顾客很容易接受小李的建议,往往在与小李的洽谈中就签订了装饰协议。

资料来源:邱训荣. 推销技巧[M]. 南京:东南大学出版社,2004.

问题:该案例对我们推销不能或不便直接展示或用语言难以说明的产品时有何启发?

【启示与思考】

在不能或不便直接展示或用语言难以说明的产品的情况下,推销人员要根据洽谈的实际需要,广泛收集相关的文字、图片资料,展示给顾客,或如案例中通过计算机软件将装饰后的效果显示在计算机屏幕上让顾客看,这样能收到良好的推销效果。

三、推销洽谈的技巧

推销洽谈的技巧巧妙运用可以起到事半功倍的作用,能够顺利化解僵局,最终使双方达成一致。

(一)倾听技巧

倾听技巧就是在推销洽谈的过程中,推销人员不要一味地口若悬河、滔滔不绝,不给顾客表达自己思想的机会,而要善于倾听的一种策略。在推销谈判中,倾听能激发对方谈话的欲望;有助于了解顾客需求,发掘事实真相,探索顾客的真实想法;通过倾听能够赢得顾客的好感,促进客户关系;积极的倾听更容易判断顾客的意图,才能使说服工作有的放矢。苏格拉底说:"自然赋予我们人类一张嘴巴,两只耳朵,也就是让我们多听少说。"所以,在推销洽谈中,听往往比说更为重要,善听才能善言。

倾听的技巧

推销人员在倾听顾客谈话时要做到以下几点。

(1)听时要专注,保持良好的精神状态。避免急于表现、急于反驳或者先入为主等原因随意打断对方的谈话。

（2）听时要鉴别。要善于听出顾客言语中所蕴含的观念和用意，若顾客故意含糊其词，则可以要求对方解释清楚。在听时也要注意观察，确定说话人的眼睛、身体和脸传递出的信号是否与他的声音、语言一致。如果一致，要仔细弄清楚。

（3）使用开放性动作给予反馈。如果想获得说话者的好感，最好让对方知道自己在听，在认真地听，将倾听信息反馈给说话者，从而将尊重、鼓励说话者的信息传递出来。具体表现在：目光交流、真诚的微笑、不时地点下头给说话者以鼓励，给予对方理解其观点的信息。但要注意这样的动作不要过频，注意适可而止。

（4）适度追问、复述和沉默。追问的目的是鼓励说话者以寻求更多的信息。追问时注意在理解对方信息的基础上提问，注意追问时机，过早追问会打断对方的思路，而且不礼貌；过晚追问会被认为精神不集中或未被理解，也会产生误会。复述是指准确、间接地重新表达对方的意见，这样做不仅可以检验自己是否正确理解了说话者的意图，还可以鼓励对方对他的表达做更为详细的解释，且表现出自己在仔细倾听。复述，首先不要打断别人。要耐心听人说完再复述，否则容易引起别人反感。其次，要弄清对方的中心思想。复述是对倾听的内容加以组织而不是评价对错，当倾听者忍不住把别人的话归入"不正确"之类时，可以先要求对方澄清细节之后再下结论。如果对方提不出所有的实证，不要质问与反驳，那样会堵住所有的交流渠道，尤其公众场合更要注意这一点。最后，可以重复几个关键词，总结中心思想。这看似简单，却很难做到。总结不当，就可能误解别人的意思。因此，可以采用委婉的复述来达到目的，弄清对方到底在讨论什么，并让对方明白倾听者的友善，也给对方留有余地来缓和气氛。当倾听者沉默寡言，但保持良好的目光接触且不时点头或以微笑相回应时，说话者的感觉是倾听者对我支持或者信任。当倾听者长时间沉默不语，但目光较长时间固定且表情与说话者所要表达的情感相符合时，十有八九倾听者被打动了。沉默有诸多有益的作用，尤其对方说话刻薄，自己情绪不好时，沉默可以给双方思考时间，促进思考和反省，但也有消极的作用，需灵活把握。

案例 4-8

江南某县的一家食品杂货店已开了 30 多年，至今兴盛不衰。曾有人问老掌柜："现在到处都是大小超市、购物中心，你的店为何在激烈的竞争中还能如此兴隆呢？"

老人说："在我有生之年，这店一定能开下去，因为我有一种如今已经近乎绝迹的服务——陪顾客聊天，听顾客发牢骚。通过与顾客聊天，不但让他们发泄了不满情绪，认为你是最理解他们的人，而且可以从中了解他们的消费需求，及时调整我店里的货物品种与价格。如此一来，回头客就多了，特别是一些中老年人。"

资料来源：曾亚波，李严. 专听顾客牢骚话 也是促销好方法[J]. 现代营销，2001（8）.

问题：为什么听别人闲聊也能有助于销售呢？

【启示与思考】

现代社会上的人，面对的各种压力都是空前的，因此发发牢骚，表达一下不满，也是一种缓解、一种精神需求，这就需要有人倾听。明智的推销人员应多听，虽然听到的有时是难听的牢骚话，而收获的却是顾客的心。聆听和任何一种技能一样，都需要不断练习，并在日常生活和工作中不断运用，才能提高这一技能。不用怀疑，优秀的聆听技能是推销人员不可缺少的技能。

（二）提问技巧

销售中最好的沟通方式就是把你想说的话设计成问题，抛给顾客，然后顾客通过回答你的问题，自己说出他想要的东西，也就是让顾客自己说服自己，自己成交自己。像主持人一样"抛砖引玉"，我们拜访顾客前设计好的问题就是"砖"，拜访顾客时就可以结合当下的情境抛出问题，引导顾客说出他的需求的那块"玉"。即通过向潜在顾客提问，实现下列目标。

提问的技巧

❑ 加深对潜在顾客可能的需求、问题、麻烦和愿望的了解。

❑ 继续推动潜在顾客进入一种能更深入了解、看见和感受自己需求、问题、麻烦和愿望的状态。

❑ 让潜在顾客用自己的语言描述需求和问题，以便推销人员在随后发表的建议中转引。

具体如何操作呢？推销人员可以在拜访顾客之前，或在即将展开一场洽谈之前，先试试"设计问题"。问题可以包括以下几类。

1. 根据自己的优势和潜在顾客的需求设计的开放性问题

推销人员首先总结出个人、公司、产品的独特优势，但这些优势带来的好处不一定全是顾客需要的，"放之四海而皆准"的东西是没有价值的。例如，你认为大公司能给顾客带来影响力，而这个顾客在当地已经是老大了，他喜欢和小公司合作，享受那种受尊重、受重视的感觉，所以你的大公司有实力这个好处在他的面前没有价值了。关键是要从找到的顾客的痛点中，找出那些与我们的独特优势相匹配的痛点。在我们的优势与顾客的痛点之间搭一座桥梁，用开放性问题把它们连起来。之所以要使用开放性问题，是因为这样的提问方式不会让顾客产生厌烦的情绪，让顾客透露自己更多的想法，同时确认顾客是否存在这个需求，你才可以有的放矢。

2. 加强潜在顾客需求的假设性杠杆问题

如果顾客有与我们相关的需求，就要用"杠杆式"假设性问题，进一步放大加强需求的重要性和紧迫性。这样你所拥有的独特优势才有价值，否则没有价值。创建这类问题的方法很简单：列一个因未使用你的产品可能导致的损失或问题的清单，然后为每个损失或问题想一个问题，各个问题必须具体、形象，能让潜在顾客即刻感受到遭遇该损失或问题的痛苦。可以使用下列提问句式。

"……那时，您会怎么做？"

"……那时，您会如何处理？"

"……跟我讲讲是否您有这样的时刻……"

"……时，＿＿会受到什么影响？"

"您会因为……而感到尴尬吗？"

3. 蕴含价值的问题

类似地，可以通过讲述你曾帮助人解决的某个问题，向潜在顾客渗透产品或服务的一个好处，然后询问潜在顾客是否也有类似的经历。

"我的大部分顾客都曾遇到过无法按时收到货物的情况，您是否也有类似的经历呢？"

"很多人觉得既然信息已经存储在计算机内，还要每天都填写同样的表格很麻烦，您的员工对重新录入数据的看法是怎样的？"

这样的问题会让听者在脑海中描述出一幅故障画面，能让他们生动地看到和感觉到问题导致的不便。如果他们认可问题存在，那么就正好可以毛遂自荐帮助他们解决问题。引入第三方例子可以起到关键作用，效果要远远好于直接告诉潜在顾客你可以解决他们的问题。

4．信息深挖性问题

当提问时，你听到的第一个答案仅仅是"冰山理论"中冰山的尖角，隐匿于水平面以下的东西才是精华，是你真正能利用的资源，也是隐藏在第一个答案背后的真实理由。人们不买东西是因为他们告诉你的第一个答案，而他们购买东西是因为第一个答案背后的理由。推销人员只有获得背后的信息，才能帮助其揭开潜在顾客或顾客的真正需求，才是我们需要用来帮助他们购买产品或服务的信息。例如，推销人员问潜在顾客："您在评价方案时参照的标准是什么？"潜在顾客："我们非常看重服务方案中准时送达这一项。"推销人员可以先不说："哦，让我告诉您我们公司在准时送达这一项的表现。"而改为说："请您告诉我为什么您认为这是最重要的因素好吗？""您期望的东西是什么样的？""除了这一项，还有您认为很重要的吗？"也就是如果能这样继续深挖问题，连续多问几个问题，更深层次、更具体清晰、更全面挖掘和放大潜在顾客的烦恼感觉，就能收集到更好的信息，帮助自己精准定位潜在顾客的需求，成功激发对方更多的情感，从而提高卖出产品的成功概率。

小知识
SPIN 销售法

（三）回答技巧

在推销洽谈中，对于顾客的提问，推销人员首先要坚持诚实的原则，给予客观真实的回答，赢得顾客的好感和信任。但是，有时顾客为了自己的利益，提出一些难题或者是涉及企业秘密的问题，推销人员就应该使用一些技巧来回答。推销人员回答顾客提问时有以下技巧。

（1）推销洽谈之前应做好准备，预先估计对方可能提出的问题，回答要言简意赅、通俗易懂、有条有理。

（2）对不便回答的问题，应使用模糊语言或回避问话中的关键问题或转移话题等，也可采取反攻法，要求对方先回答自己的问题，或者找借口，找些客观理由表示无法或暂时无法回答对方的问题。

（3）倘若对方言辞激动、情绪激昂，为避免直接的冲突，推销人员要用幽默的语言委婉含蓄地表达，避免出现僵局，使洽谈破裂。

有些擅长应答的谈判高手，其技巧往往在于给对方提供的是一些等于没有回复的答复。以下便是一些实例：

"在答复您的问题之前，我想先听听贵方的观点。"

"很抱歉，对您所提及的问题，我并无第一手资料可作答复，但我所了解的粗略印象是……"

"我不太清楚您所说的含义是什么,请您把这个问题再说一遍。"

"我的价格是高了点儿,但是我们的产品在关键部位使用了优质进口零件,延长了产品的使用寿命。"

"贵公司的要求是可以理解的,但是我们公司对价格一向铁腕政策。因此,实在无可奈何。"

第一句的应答技巧在于,用对方再次叙述的时间来争取自己的思考时间;第二句一般属于模糊应答法,主要是为了避开实质问题;第三句是针对一些不值得回答的问题,让对方澄清他所提出的问题,或许当对方再说一次时,也就寻到了答案;第四句和第五句是用"是……但是……"的逆转式语句,让对方觉得是尊重他的意见,最后话锋一转,提出自己的看法,这叫"退一步而进两步。"

（四）僵局处理技巧

在推销洽谈中,经常会出现推销人员与顾客互不相让的僵持局面,使洽谈无法进行下去,甚至导致洽谈不欢而散,无法取得交易的成功。形成僵局的原因很多,只要我们掌握一些处理僵局的技巧,问题就会迎刃而解。

如何处理
价格僵局

（1）要尽量避免出现僵局。推销人员是卖家,在买方市场的环境中,卖家更应积极主动设法避免僵局的出现,有时需要暂时放下既定目标,在原则允许的前提下,小范围地妥协退让,这也是一种高姿态的表现,这样做可以避免僵局的出现。此外,一旦推销人员发现现场气氛不对或者对方略有不满时,应该尽量寻找轻松和谐的话语,对于实在不能让步的条件,可以先肯定顾客的部分意见,再在大量引用事实证据的基础上谦虚、客气地列出问题的客观性来反驳对方,使其知难而退。

（2）要设法绕过僵局。在洽谈中,若僵局已形成,一时无法解决,可采用下列方法绕过僵局：暂时放下此问题,避而不谈,待时机成熟之后再商定;在发生分歧,出现僵局时,推心置腹地交换意见,化解冲突;邀请有影响力的第三者作为公立方调解。

（3）打破僵局。在僵局形成之后,绕过僵局只是权宜之策,最终要想办法打破僵局。打破僵局的方法有：其一,扩展洽谈领域。单一的交易条件不能达成协议,把洽谈的领域扩展,如价格上出现僵局时,可将交货期、付款方式方面适当让步。其二,更换洽谈人员。在洽谈陷入僵局时,人们为了顾全自己的面子和尊严,谁也不愿先让步,这时,聪明的推销团队会暂时停止洽谈,更换另外的推销人员再次进行洽谈。其三,让步。在不过分损害己方利益时,可以考虑以高姿态首先做一些小的让步。

任务总结

按照推销的一般步骤,张伟在成功接近顾客之后,即进入推销洽谈阶段。他认为在整个推销程序和过程中,推销洽谈是一个关键性的阶段,是极其重要的环节。他对推销洽谈体会如下。

（1）推销洽谈是一个复杂的、具有丰富内容和循序渐进的活动过程。整个推销洽谈的过程包括准备阶段、开局阶段、报价阶段、磋商阶段、成交阶段。

学习情境四　推销洽谈

（2）要使推销洽谈顺利进行，必须进行充分的准备。推销洽谈前的准备工作主要包括掌握有关信息、确定洽谈目标、拟订洽谈方案等。

（3）俗话说："良好的开端等于成功的一半"，洽谈开局是否成功，将在很大程度上决定洽谈最终目标的达成。那么，如何才能拥有一个良好的开局呢？首先，应该对洽谈的原则有一个很好的把握，步步为营，不能让对方牵着鼻子走；其次，应根据对对方的了解和洽谈的需要，制订切实可行的洽谈步骤；最后，应该主动控制洽谈的进程，不能一开始就乱了方寸。

（4）推销洽谈是一项很复杂的工作，既需要推销洽谈人员有较深的专业知识，又需要其掌握一定的洽谈策略、方法和技巧。

业务技能自测

一、判断题

1. 推销洽谈的最优目标是通过洽谈要达到最理想的目标，一般达不到，所以设置时越高越好。（　　）
2. 老太太买李子的故事说明顾客第一时间说出想要的东西并一定是顾客的真正深层次需求。（　　）
3. 什么时候顾客想谈价格，我们就要开始价格磋商。（　　）
4. 黑白脸策略只能一个人扮演"黑脸"，另一个人扮演"白脸"。（　　）
5. 开场陈述只是原则性、非具体的。（　　）

二、选择题

1. 挑选和组建谈判团队时应注意以下哪几个方面？（　　）
   A．谈判人员之间权责清晰、分工明确、知识结构和性格结构配合良好
   B．最好是派出与对方同等职务、年龄相近的洽谈人员
   C．费用与成本的经济性
   D．整体配合的精干与高效
2. 关于推销洽谈目标说法正确的是（　　）。
   A．每次拜见潜在顾客时都应该有自己的洽谈目标
   B．洽谈目标只能是结果性目标，不能是过程性目标
   C．目标应尽量具体，可衡量、可实现程度等
   D．多重目标时要对目标重要性排序，分清轻重，不相互冲突
3. 开局阶段的任务包括（　　）。
   A．建立恰当的谈判气氛　　　　　　B．明确谈判的议题
   C．初步表达自己的意向和态度　　　D．报价
4. 报价时应该做到（　　）。
   A．报价应遵循最高可行价原则
   B．表达清楚、明确

· 137 ·

C. 态度坚定、果断
D. 对报价不加解释和说明

5. 为了更深挖掘潜在顾客的想法，准确把握潜在顾客的需求，在提问时尽量做到所获得的信息（　　）。
　A. 具体、清晰　　　　　　　　B. 深入
　C. 粗略、局部　　　　　　　　D. 全面

6. 积极倾听表现在（　　）。
　A. 听时要专注，保持良好的精神状态
　B. 听时要鉴别
　C. 使用开放性动作给予反馈
　D. 适度追问、复述和沉默

7. 在和潜在顾客沟通时，为激发顾客的需求，我们经常可以设计的问题有哪些？（　　）
　A. 根据自己的优势和潜在顾客的需求设计的开放性问题
　B. 加强潜在顾客需求的假设性杠杆问题
　C. 蕴含价值的问题
　D. 信息深挖性问题

思考与讨论

1. 如何制订推销洽谈方案？
2. 推销洽谈的方法有哪些？各有哪些特点？应该注意哪些问题？
3. 推销洽谈的技巧有哪些？请任选其中一种加以说明。

实训题

项目一　推销洽谈模拟

【实训目标】
1. 培养学生掌握推销洽谈的方法，并能灵活运用。
2. 培养学生掌握推销洽谈的策略，并能灵活运用。

【实训内容】
模拟演练推销洽谈。任选一单位，假如这个单位准备建一大型机房，你是一家计算机公司的推销人员，你将如何做？

【实训要求】
1. 要求学生充分了解推销洽谈要做什么样的准备工作。
2. 要求学生在推销洽谈中灵活运用推销洽谈的方法及技巧。
3. 要求教师对学生的情境模拟进行点评。

【组织与实施评价】
1. 学生分组，每组4~6人。
2. 设计简单的推销洽谈方案，运用的推销洽谈方法与技巧不能少于3种。
3. 小组两两结合进行模拟操作。

【考核要点】
1. 对象和询问的问题、灵活应变能力、语言表达能力等。
2. 从推销洽谈方案策划书的格式、方案创意、可行性、完整性等方面进行考核。
3. 对个人在实训过程中的表现进行考核。

项目二　朱荣光如何才能双赢

【实训目标】
1. 训练学生如何把握商务谈判的目标与原则。
2. 商务谈判各环节及全过程的具体运用。

【实训内容】
朱荣光是飞宇制帽公司的销售代表，他马上就要与宏大旅游公司的客户代表钱程会晤。最近宏大旅游公司准备在杭州西湖召开销售人员大会，需要订购一大批印有公司标志的太阳帽。谈判前，朱荣光的上司彭经理明确告诉他，需要运用双赢的策略获得客户的承诺。

在前几次会晤中，朱荣光与钱程已经讨论了以下有关事项。
❑ 宏大旅游公司需要600顶太阳帽，以供召开销售人员大会时使用。
❑ 2021年宏大旅游公司向辉煌制帽公司订购的太阳帽，其单价是15元。
❑ 宏大旅游公司希望购买橙红色的太阳帽，因橙红色是宏大旅游公司的标志色彩。

为了使谈判能够迅速有效地进行，朱荣光对客户的需求、产品特征以及客户的利益等做出了全面分析，如表4-2所示。

表4-2　客户需求及产品特征等信息分析

已知客户需求	产品特征	客户的利益
太阳帽将在销售大会上使用 宏大旅游公司需要能表现公司专业形象的太阳帽	加印宏大旅游公司标志并采用橙红色	使人一目了然，记住宏大旅游公司的标志与色彩
宏大旅游公司2021年订购的太阳帽，没有凸显的标志与色彩，用的面料不透气	采用新式面料	保证透气性，从而使戴帽者不头晕
客户每年需要召开两次销售人员大会，并且游客也需要各种太阳帽。但是宏大旅游公司希望降低太阳帽的运费以及单价	承诺长期经营太阳帽业务	降低太阳帽的运费，每顶帽子可以节省0.30元 保证持续性的服务。客户即时订购，公司即时发货

朱荣光与彭经理拟订了初步提案。
商品及服务条件：
❑ 600顶太阳帽。

- 选用色卡上的橙红色（为宏大旅游公司定制）。
- 10天内送抵客户需要地点。
- 票期30天。
- 每顶太阳帽20元。

【实训要求】
1. 朱荣光是否根据双赢销售谈判的要求进行了准备？
2. 如果朱荣光想获得谈判成功的话，他还需要做什么？
3. 朱荣光是否设定了谈判的目标与底线？
4. 朱荣光在谈判中需要注意的是什么？
5. 本案例给你的启发是什么？

【组织与实施评价】
1. 学生分小组制订谈判可行性方案。
2. 情境模拟与角色扮演：学生可以分成朱荣光（卖方）与钱程（买方）进行模拟谈判练习。

【考核要点】
1. 每个人的谈判可行性方案可作为一次作业，评定成绩。
2. 由教师与同学根据班级讨论中的表现评定成绩。

案例分析

案例一　保险行销皇后的销售演练

陈明利是新加坡乃至东南亚的保险行销皇后，在一次保险业行销论坛上，孟昭春与陈明利在没有任何准备的情况下，现场进行销售演练（假如我是比尔·盖茨，陈女士是保险销售员），场面精彩非凡，以下是当时的对话。

陈明利：比尔·盖茨先生，我知道您是全世界最有钱的人，您的钱几代人都花不完，您知道为什么您这么成功吗？

孟昭春：会赚钱。

陈明利：没错，您不但会赚钱，我听说您还是全世界最有爱心的人。可是您是不是也承认，生意有起有落，您也经历过一些风浪，经历过一些低潮，对吗？

孟昭春：对。

陈明利：那么当您经历低潮时，您有没有想过，您还是希望对这个世界的爱心能够继续下去？

孟昭春：对。

陈明利：不管您这个人在不在，是不是？

孟昭春：对。

陈明利：那么，比尔·盖茨先生，如果我能够给您提供一个计划，您不用自己掏钱，而且即使您不在世了，也会有很多穷人因为您而得到帮助。您愿意听听吗？

孟昭春：当然。

陈明利：您觉得慈善应该用多少金钱才够？

孟昭春：是我资产的一半。

陈明利：资产的一半，非常好。那么，比尔·盖茨先生，现在的情况就是，您只要投保一份您资产一半的保额的保险，而这个保险是以您的名义，不管您人在不在世，这份保单将会提供给全世界不幸的儿童。这些儿童永远、世世代代地怀念您，您觉得这个计划好不好？

孟昭春：好，谢谢！

资料来源：孟昭春. 成交高于一切[M]. 北京：机械工业出版社，2010.

分析思考：

1. 模拟演练中都包括哪些种类的提问？
2. 我们应从中得到哪些启示？

案例二　他为什么后悔

很多年前，一个企业老板非常自豪地将自己的公司扩展成一家巨大的新型工厂。搬迁过程中，他尝试为自己的旧仓库寻找买家，结果没有成功。他当时的报价是330万美元，但他唯一收到的报价是90万美元，没有办法，他只好很不情愿地接受了这个价格。可就在最后一刻，对方突然放弃，他只好又重新寻找买家。

几个星期之后，一位朋友告诉他，有家公司同意支付300万美元买他的仓库。后来他一边向这位新客户介绍自己的仓库，一边解释说他可以把所有的金属办公桌和隔断送给对方，但木质办公桌除外，因为他打算把木质办公桌搬到新的办公室。客户当场表示同意，但后来却坚持说他曾同意把所有的办公桌都赠送。

知道客户在办公桌问题上撒谎之后，老板勃然大怒。双方发生了强烈的争执，整个交易即将泡汤。幸运的是，这个老板的弟弟发现了问题，于是把哥哥拽到一边："你看，这是你的仓库，你可以按自己喜欢的方式处理。但我想提醒你一件事，就在上个星期，你接受了一份90万美元的报价。现在这位客户愿意支付300万美元，可你却为了几千美元的旧家具要拆散这笔交易。"一语惊醒梦中人，这个老板立刻冷静下来，优雅地做出让步，同意把木质办公桌让给客户。

资料来源：道森. 绝对成交[M]. 刘祥亚，译. 重庆：重庆出版社，2009：66-67.

分析思考：

在这个案例中，这位企业老板在谈判中犯了什么样的错误使他差点丢掉一个好的买卖。

学习情境五　处理顾客异议

知识目标

1. 理解顾客异议的概念、类型及成因。
2. 了解处理顾客异议的原则。
3. 掌握处理常见顾客异议的方法。

技能目标

1. 具有在推销过程中正确看待顾客异议的能力。
2. 具有能够准确判断顾客异议类型的能力。
3. 具有能够准确把握处理顾客异议的时机、巧妙运用各种处理方法和技巧的能力。

素质目标

1. 具有换位思考的能力，尊重顾客异议，有同理心。
2. 诚信负责、遵纪守法。
3. 具有较好的抗压能力。

导入案例

顾客："嗯，听起来不错，但我店里现在已经进了其他品牌的产品，没有多余的地方和资金进你家的货了。"

顾客："这种自动扫地机感觉挺好，但担心用起来容易出问题，而且噪音太大。"

顾客："太贵了，而且包括了一些我们并不需要的功能。"

顾客："我们和原来供应商已经合作几年了，暂时不考虑换。"

顾客："算了，连你（推销员）自己都不明白，我不买了。"

顾客："这款产品挺好，但我觉得没必要买这么贵的。"

上述案例是推销过程中常见的顾客异议，每一位推销人员都应该充分认识到：不同的顾客有不同的推销异议，只有充分地了解顾客的异议，才能运用相应的方法和技巧，成功地处理顾客的异议。

学习情境五　处理顾客异议

任务一　弄清顾客异议的类型与成因

任务引入

张伟在公司销售部当推销人员一段时间后,一天,他决定拜访公司的老顾客,因为他知道老顾客是公司的生命线,于是他首先去拜访一个重要的顾客。没想到他刚走进顾客公司的会议室,立即进来了几十个年轻人,他们争先恐后地抱怨起来,有的说他们公司的产品质量不好,有的说产品与说明书不符,有的说他们是骗人的公司,根本没有原先答应的售后服务,有的干脆要求退货,等等。听到这些抱怨,张伟应该怎么办呢?

任务1:张伟需要理解顾客异议的内涵。

任务2:张伟需要掌握顾客异议的类型与成因。

任务分析

在推销洽谈过程中,顾客往往会提出一些意见、问题甚至是相反的看法,并以这些作为拒绝购买的理由。推销人员应该明确,顾客提出异议是正常现象,它既是成交的障碍,也是成交的信号。推销劝说是推销人员向顾客传递推销信息的过程,而顾客异议则是顾客向推销人员反馈信息的过程,它几乎贯穿于整个推销活动中。因此,正确对待并妥善处理顾客所提出的有关异议,是现代推销人员必须具备的能力。推销人员只有正确分析顾客异议的类型和产生的原因,并针对不同类型的异议,把握处理时机,采取不同的策略,妥善加以处理,才能消除异议,促成交易。

知识链接

一、顾客异议的含义

在实际推销过程中,推销人员经常遇到"对不起,我很忙""很抱歉,我没有时间""这些商品真的像你说的那样好吗?""价格太贵了""质量能保证吗?"等被顾客用来作为拒绝购买推销品的回答,这就是顾客异议。顾客异议是指顾客针对推销人员及其在推销中的各种活动所做出的一种反应,是顾客对推销品、推销人员、推销方式和交易条件发出的怀疑、抱怨,提出的否定或反对意见。

推销人员应如何对待顾客异议呢?顾客异议通常表现在口头上,它客观地存在于推销过程之中。推销人员必须明白,顾客提出异议是推销过程中的必然现象。俗话说,"嫌货人才是买货人",任何一个顾客在购买产品时,不提任何意见,只说"好、很好",然后就买,这种情况是不多见的。不提反对意见的顾客往往是没有购买欲望的顾客。从实质上看,尽管顾客异议在一定程度上是推销的障碍,但顾客异议本身也是一种购买的前奏和信号。推销员乔·吉拉德曾说:"顾客的拒绝并不可怕,可怕的是顾客不对你和你的产品发表任何意见,只是把你一个人晾在一边。所以我一向欢迎潜在顾客对我的频频刁难。只要他们开口说话,我就会想办法找到成交的机会。"正确对待并妥善处理顾客所提出的有关异议,是现代推销人员必须具备的能力。推销人员只有正确分析顾客异议的类型和产生的原因,并针对不同类型的顾客异议采取不同的策略,妥善加以处理,才能消除顾客异议,促成交易。积极对待顾客异议的言论有"我十分理解您的意思,我也有同样的感觉""我很高兴您能提到那一点,××先生""这的确是一个很明智的意见,××先生,我明白您的疑问。"

案例 5-1

一天,王先生带着儿子逛庙会,在浏览摊位时,儿子吵着要买一辆35元的玩具小汽车,王先生当时就不怎么在意地买了一个。可是到了第二天,不知道儿子玩玩具时太粗野还是玩具车的齿轮没有接合好,车子一动也不动了。王先生非常无奈,只好笑着对一直耿耿于怀的儿子安慰说:"没办法,这是地摊货,过几天再买一个好的给你。"

过了两天,王先生在公司附近的一家玩具商店看到了同一款式的小汽车,就花了40元钱如约再买了一辆小汽车给儿子。儿子很高兴地玩了起来,可是到了第二天,车子又转不动了。王先生得知儿子的使用方法无误后,判断所买的玩具车是有瑕疵的,于是便利用下班的时间前往玩具商店理论。结果,营业员小肖漫不经心地说:"是你的小孩使用不当造成的,别找其他的理由。"并以"当场验货,货出店门概不负责"为由不予以调换。王先生很是生气,便与他当场争论起来。当时围观的人不少,这时柜组经理梅佳过来,问清缘由后,便给王先生换了一辆玩具汽车,并双手把小汽车交给王先生,并代表整个柜组向王先生表示道歉。事态得到了平息,围观的群众大都赞叹:看人家负责人,真有水平,给人一种讲道理、重信誉的印象。

资料来源:倪政兴,苏巧娜. 如何成为推销高手[M]. 成都:西南财经大学出版社,2003.

问题:推销人员应该以什么样的态度对待顾客的异议?

【启示与思考】

推销人员在处理顾客异议时,一定要认真对待顾客异议,采取积极主动的态度了解顾客的异议根源,通常情况下,顾客都不会无缘无故地提出异议。

二、顾客异议的类型

顾客异议往往出于保护自己,其本质不具有攻击性,但它的后果可能会影响推销的成功,有时还可能形成舆论,造成对推销活动不利的影响。要消除顾客异议的负面影响,首先要识别和区分顾客异议的类型,然后针对不同类型的顾客异议采取相应的办法予以处理。

(一)按照顾客异议指向的客体进行划分

按照顾客异议指向客体的不同,可将顾客异议分为以下几种类型,这是最主要的划分方法。

学习情境五 处理顾客异议

1. 需求异议

需求异议是指顾客提出自己不需要推销人员所推销的产品。它往往是在推销人员向顾客介绍产品之后，顾客首先提出的一种异议。顾客提出这种类型的异议，或许是顾客确实已有或不需要推销的产品，或许是借口，或许是对推销品给自己带来的利益缺乏认识。推销人员应该对顾客的需求异议进行具体分析，弄清顾客提出异议的真实原因。

对需求异议处理的关键是要使顾客相信"推销人员推销的产品正是我所需要的，我能从购买产品中受益"。先让他动心，再向他推销你的产品。

2. 价格异议

价格异议是指顾客认为推销品的价格过高或价格与价值不符而提出的反对意见，是顾客受自身购买习惯、购买经验、认识水平以及外界因素影响，而产生的一种自认为推销品价格过高的异议。价格异议最主要的原因是想少出钱，当然也可能存在别的原因。

3. 产品异议

产品异议是指顾客对产品的使用价值、品牌、性能、作用、质量和用途等提出不同的看法，是属于推销品方面的一种常见异议。这类异议带有一定的主观色彩，主要是受顾客的认识水平、购买习惯以及其他各种社会成见影响所造成的。推销人员应在充分了解产品的基础上，采用适当的方法进行比较说明来消除顾客的这类异议。

4. 财力异议

财力异议是指顾客声明他支付不起购买产品所需款项的言辞，也称为支付能力异议。这类异议有真实的和虚假的两种。一般来说，顾客不愿意让他人知道其财力有限。而出现虚假财力异议的真正原因则可能是顾客早已决定购买其他产品，或者是顾客不愿意动用存款，也可能是因为推销人员说明不够而使顾客没有意识到产品的价值。推销人员对此应采取相应措施化解异议。如果顾客确实无力购买推销品，推销人员最好的解决办法是暂时停止向他推销。

5. 权力异议

权力异议是指推销人员在拜访顾客或推销洽谈过程中，顾客或主谈者表示无权对购买行为做出决策。这种情况在实际推销洽谈过程中经常遇到。就权力异议的性质来看，真实的权力异议是直接成交的主要障碍，说明推销人员在顾客资格审查时出现了差错，应予以及时纠正，重新接近有关销售对象。而对于虚假的权力异议，应看作顾客拒绝推销品的一种借口，要采取合适的转化技术予以化解。

6. 购买时间异议

购买时间异议是指顾客自认为购买推销产品的最好时机还未成熟而提出的异议。

 小知识

不同阶段提出的购买时间异议，反映了顾客不同的异议原因。

推销活动开始时提出的购买时间异议：则应视为是一种搪塞的表现，是拒绝接近的一种手段。

在推销活动进行过程中提出的购买时间异议：大多表明顾客的其他异议已经很少或不

存在了，只是在购买的时间上仍在犹豫，属于有效异议。

在推销活动即将结束时提出的购买时间异议：说明顾客只有一点点顾虑，稍加鼓励即可成交。

7. 货源异议

货源异议是指顾客针对推销品来源于哪家企业和/或哪个推销人员而产生的不同看法。

（二）按照顾客异议的性质进行划分

按照顾客异议的性质不同，顾客异议可分为以下两种类型。

1. 真实异议

真实异议是指推销活动的真实意见和不同的看法，因此又称为有效异议。对于顾客的真实异议，推销人员要认真对待，正确理解，详细分析，并区分不同异议的原因，从根本上消除异议，有效地促进顾客的购买行为。

2. 虚假异议

虚假异议是指顾客用来拒绝购买而故意编造出来的各种反对意见和看法，是顾客对推销活动的一种虚假反应。虚假异议的产生多是顾客拒绝推销意识的表示，并不是顾客的真实想法，如可能是顾客为了争取更多的交易利益而假借的理由。一般情况下，对虚假异议，推销人员可以采用不理睬或一带而过的方法进行处理，因为即使推销人员处理了所有的虚假异议，也不会对顾客的购买行为产生促进作用，故虚假异议又称为无效异议。

 小知识

在实际推销活动中，虚假异议占顾客异议的比例比较大。日本有关推销专家曾对378名推销对象做了如下调查："当你受到推销人员访问时，你是如何拒绝的？"结果发现：有明确拒绝理由的只有71名，占18.8%；没有明确理由，随便找个理由拒绝的有64名，占16.9%；因为忙碌而拒绝的有26名，占6.9%；不记得是什么理由，好像是凭直觉而拒绝的有178名，占47.1%；其他类型的有39名，占10.3%。

这一结果说明，有近七成的推销对象并没有什么明确的理由，只是随便找个理由来反对推销人员的打扰，把推销人员打发走。

另外，异议还有一些其他分类方法：根据顾客异议是否能被转化，可将顾客异议分为可转化异议和不可转化异议；根据顾客异议表达方式的不同，可将顾客异议分为口头异议、行为异议和表情异议；等等。

 小知识

有时，顾客使用小异议只是要使进展速度放慢下来，他们并不是不想买，只是想在成交前考虑一下。

有些反对意见不需要回答，只要意识到就行。

有时"不"的潜台词是"可以"。

总之,顾客的异议是多方面的。然而,顾客表面上提出的各种异议是否真实,是否反映顾客的真实看法,是否会对推销产生真正的阻碍,还需要推销人员认真加以研究。因此,从众多的顾客异议中分辨出真假就成了当务之急。推销人员经常面临的十种顾客异议如表 5-1 所示。

表 5-1 推销人员经常面临的十种顾客异议

顾 客 异 议	顾 客 异 议
(1) 婉言谢绝 "我不需要这样的新产品。" "没有理由现在就买新产品的。"	(6) 竭力诋毁 "听人说这种产品经常出现故障。" "你们公司的售后服务不及时。"
(2) 别无选择 "我尽力了,但是我不得不听家人的意见。" "你的价格太高了,我不得不购买他人的产品了。"	(7) 是的,但是 "你的建议很好,但这超越了我的权限。" "我们已经做了预算,但是现在面临重组。"
(3) 贬低弱化 "我不认为这种产品对我们有多大的价值。" "花这些钱可能不值得。"	(8) 无能为力 "等我能说服我老板,我马上就会购买。" "我无权处理这件事情。"
(4) 寻找托词 "我暂时不打算购买。" "我无权决策。"	(9) 发泄抱怨 "我无权做出决策。" "我老板不喜欢这种样式,我也没有办法。"
(5) 百般辩解 "我很想买,但是我没钱。" "公司不景气,我们没有预算。"	(10) 捏造事实 "我们的物流系统很好,我们是在缩减供应商数量。" "我们公司转产了,不再需要你的产品了。"

一般而言,真实的顾客异议通常较容易应付,而虚假的顾客异议则往往令推销人员头痛。推销人员要培养评估顾客异议的能力。没有一个现成的精确的模式来区分真假顾客异议,有时最好问问下面这个问题。顾客说:"我希望有红色的。"推销人员问:"如果我有红色的,您会买吗?"如果顾客回答"是",就证明顾客真的顾虑颜色;如果顾客回答"不",那么顾客只是以这种关于颜色的异议作为借口。

当时的情境也会提供一些线索来证实潜在顾客是否真的是出于某种顾虑。在对陌生顾客的销售拜访中,如果潜在顾客说:"对不起,我没有钱。"那么推销人员可以认为这个潜在顾客根本不想听完销售介绍。而如果在进行完了整个销售介绍和已经通过观察和探寻收集完顾客的相关信息之后,顾客仍然提出相同的理由,那么,顾客的反对也许就是真的由于这种原因造成的。推销人员必须通过观察、提问和所掌握的顾客为什么要买的知识和经验来确定提出的异议是否确实就是原因所在。

三、顾客异议的成因

在推销过程中,顾客异议是必然存在的。但是现代推销学对此主张的是一种积极的思维方式,即不指望冲突更少,而是努力化解冲突。

在推销过程中,顾客异议产生的原因是多种多样的。归纳起来,主要有以下四个方面。

顾客异议的根源

（一）顾客方面的原因

随着现代科技的发展，产品更新速度越来越快，新产品层出不穷，产品的科技含量大大提高，而顾客可能对该种产品从未接触和使用过，导致顾客提出异议。推销人员不要指望顾客在对产品根本不了解的情况下就会购买该种产品。因此，推销人员要熟练、巧妙地运用各种有效的推销方法，让顾客了解产品，为吸引其购买创造条件。

1．顾客的自我保护

人有本能的自我保护意识，在没有弄清楚事情之前，会对陌生人心存恐惧，自然会心存警戒，摆出排斥的态度，进行自我保护。

当推销人员向顾客推销时，对于顾客来说推销人员就是一位不速之客，推销品也是陌生之物。即使顾客明白推销品的功能、作用，且是自己所需要的物品，但他也会表示出一种本能的拒绝，或者提出这样那样的问题乃至反对意见。绝大多数的顾客所提出的异议都是在进行自我保护，也就是自我利益的保护。因此，推销人员要注意唤起顾客的兴趣，提醒顾客购买推销品所能带来的利益，才能消除顾客的不安，排除障碍，进而达成交易。

2．顾客的情绪欠佳

人的情绪有时会对行为有影响。当推销人员向顾客推销时，若顾客此时由于各种原因而不开心时，就很可能提出各种异议，甚至恶意反对，借题大发牢骚，肆意埋怨。这时，推销人员需要理智和冷静，正视这类异议，做到以柔克刚，缓和气氛；否则，就可能陷入尴尬境地。

3．顾客的购买力不足

顾客的购买力是指在一定的时期内，顾客具有购买商品的货币支付能力。它是顾客满足需求、实现购买的物质基础。如果顾客缺乏购买力，就会拒绝购买，或者希望得到一定的优惠。如顾客说："对不起，这太贵了，我买不起。"有时顾客确实是购买力不足，但有时顾客也会以此作为借口来拒绝推销人员。因此，推销人员要认真分析顾客拒绝的真实意图，以便做出适宜的处理。

4．顾客的决策权有限

在实际的推销洽谈过程中，推销人员会遇到顾客说"对不起，这个我说了不算""等我丈夫回来再说吧""我们还需要再商量一下"等托词，这可能说明顾客确实决策权力不足，或顾客有权但不想承担责任，或者是找借口。推销人员要仔细分析，针对不同的情况区别对待。

5．顾客已有较稳定的采购渠道

在推销过程中，推销人员常常会听到："我们一直使用××品牌的商品，质量不错""我们已经有固定的进货渠道""我们与××厂是老关系了"等顾客异议，这是因为大多数顾客在长期的生产经营活动中，逐渐地形成了比较固定的购销关系，并且这种合作关系通常较融洽。一般而言，顾客不会轻易断绝这种合作关系。因此，这种异议是很难消除的，除非推销人员及其产品能够给顾客带来更多、更好的利益。

在推销活动中，推销人员应当认真分析、辨别，一方面要善于发现和了解客户的真正需求；另一方面要善于启发、引导、影响与培育顾客的需求。当发现顾客确实不需要时，

学习情境五　处理顾客异议

不要强行推销，而应该立即停止推销。

6．顾客的偏见或成见

它是指顾客根据个人的生活经历、以往的经验和习惯，或根据道听途说，在推销人员上门推销前形成的对推销人员、推销品、生产经营企业固有的片面看法。通常，这是一些不符合逻辑、带有强烈感情色彩的反对意见，很不容易对付，对推销人员十分不利。例如，"保险都是骗人的。""说得好听，一旦商品出了问题，你们公司根本不会解决。""你们的信誉不好。"对于这类顾客，推销人员单凭讲道理是解决不了问题的。在不影响推销的前提下，推销人员应尽可能避免讨论偏见与成见问题，并针对顾客的认识观做好转化与耐心的解释工作，从认识的角度进行科学分析，改变顾客错误的观念，使顾客树立对推销活动的进步的、正确的认识与态度，以达到有效处理顾客异议的目的。

在推销洽谈过程中，来自顾客方面的异议是多方面的，也是复杂的。推销人员要想处理好这一环节，就应始终站在顾客的立场上，处处为顾客着想，方能达成交易。

（二）推销品方面的原因

推销品是推销活动的客体，只有当顾客产生了某种需求，并确知推销品能够满足自己的这种需求，同时推销品的其他方面（式样、包装、颜色等）也符合自己的心意，顾客才乐于接受、购买推销品。例如，越来越多的中国人喜欢购买国潮产品，除了产品本身的颜色、质量等多方面能实实在在满足他们的物质方面的需求，更多的是购买和使用这类产品能让消费者充分展示对自己国家实力以及文化的自信和自豪，会得到一种精神的满足。因此，顾客购买商品，一定是其内涵和外延都能满足顾客需求的整体商品。

推销品自身的问题致使顾客对推销品产生异议的原因也有很多，大致可归纳为以下几个方面。

1．推销品的质量

推销品的质量包括推销品的性能（适用性、有效性、可靠性、方便性等）、规格、颜色、型号、外观包装等。如果顾客对推销品的上述某一方面存在疑虑、不满，便会产生异议。当然，有些异议确实是推销品本身有质量问题，有的却是顾客对推销品的质量存在认识上的误区或成见，有的是顾客想获得价格或其他方面优惠的借口。所以，推销人员要耐心听取顾客的异议，去伪存真，发掘其真实的原因，对症下药，设法消除异议。

2．推销品的价格

一项调查显示，有75.1%的推销人员在推销过程中遇到有价格异议的顾客。顾客产生价格异议的原因主要有：顾客主观上认为推销品价格太高，物非所值；顾客希望通过价格异议达到其他目的；顾客无购买能力；等等。要解决价格异议，推销人员必须加强学习，掌握丰富的商品知识、市场知识和一定的推销技巧，提高自身的业务素质。

3．推销品的品牌及包装

商品的品牌在一定程度上可以代表商品的质量和特色。在市场中，同类同质的商品就因为品牌不同，售价、销售量、美誉度都不同。一般来说，顾客为了保险起见，也就是顾客为了获得的心理安全度高些，通常在购买商品时都会挑选名牌产品。

商品的包装是商品的重要组成部分，具有保护和美化商品、利于消费者识别、促进产品销售的功能,是商品竞争的重要手段之一。一般顾客都喜欢购买包装精巧、大方、美观、环保的商品。

可见,无论是品牌还是包装,它们都是商品的有机组成部分。如果顾客对它们有什么不满,也可能引起顾客异议,推销人员要能灵活处理,企业也应该重视商品的品牌创建和商品包装。

4. 推销品的销售服务

商品的销售服务包括商品的售前、售中和售后服务。在日益激烈的市场竞争中,顾客对销售服务的要求越来越高。销售服务的好坏直接影响顾客的购买行为。

在实际推销过程中,顾客对推销品的服务异议主要有:推销人员未能向顾客提供足够的产品信息和企业信息;没能提供顾客满意的服务;对商品的售后服务不能提供一个明确的信息或不能得到顾客的认同;等等。

对企业来讲,商品的销售服务是现在乃至将来市场竞争中的最有效的手段,推销人员为减少顾客的异议,应尽其所能地为顾客提供一流的、全方位的服务,以赢得顾客,扩大销售。

(三)推销人员方面的原因

顾客的异议可能是由于推销人员素质低、能力差造成的。例如,推销人员的推销礼仪不当;推销人员不注重自己的仪表;推销人员对推销品的知识一知半解,缺乏信心;推销人员对推销技巧不熟练;等等。因此,推销人员能力、素质的高低,直接关系推销洽谈的成功与否,推销人员一定要重视自身修养,提高业务能力及水平。

(四)生产企业方面的原因

在推销洽谈中,顾客的异议有时还会来源于产品的生产企业。例如,生产企业经营管理水平低、产品质量不好、不守信用、企业知名度不高等。这些都会影响顾客的购买行为,顾客对企业没有好的印象,自然对企业所生产的商品就不会有好的评价,也就不会去购买。

不同顾客拒绝推销人员的理由不同。应从拒绝理由出发,认真分析其真实心态。只有掌握了顾客的真实心态,推销人员才能对症下药。

任务二 处理顾客异议的原则和方法

任务引入

张伟在销售过程中经常会碰到顾客各种各样的质疑和刁难,他认识到销售过程遇到异议是很正常和不能避免的,销售本身就是排除异议的过程,只要妥善解决客户的异议,才能有效地促成交易。反之,如果处理得不恰当,就会失去成功的机会。要想获取销售的成功,张伟需要完成以下两个任务。

任务1:张伟需要掌握处理顾客异议的原则。

任务 2：张伟需要掌握处理顾客异议的方法。

任务分析

顾客异议产生的原因很多，发生的时间、地点和外部环境也各不相同，但顾客异议的形成却有许多共同的特点，推销人员只有掌握处理顾客异议的基本原则和方法，才能使推销工作更加富有成效，并使顾客产生良好的印象。

知识链接

顾客异议无论何时产生，都是潜在顾客拒绝推销品的理由。推销人员必须妥善地处理顾客异议，才有望取得推销的成功。为了高效而顺利地完成这一任务，推销人员在处理顾客异议时必须遵循一些基本原则，灵活地运用一些基本方法。

一、处理顾客异议的原则

推销人员在处理顾客异议时，为使顾客异议能够最大限度地消除或者转化，应树立以顾客为中心的营销观念，并遵循以下原则。

（一）尊重顾客异议原则

顾客异议处理策略

尊重顾客是推销人员具有良好修养的体现。只有尊重顾客才能做好异议转化工作。顾客之所以购买推销品，并非完全出于理智，在许多情况下还出于感情。无论顾客异议有无道理、有无事实依据，推销人员都要以温和的语言和欢迎的态度做出合乎理性的解释。这不仅会使顾客感到推销人员对推销品具有自信心和具有谦虚的品德，而且会使顾客感到推销人员对他们的需求与问题具有浓厚的兴趣。所以对持有异议的顾客，推销人员一定要尊重、理解、体谅，找出异议的真正原因；要学会洞察顾客心理，分析并把握公开的真实异议，只有准确了解顾客异议，才能有针对性地处理各种异议，从而提高推销的成功率。推销洽谈的过程是人际交流的过程，保持与顾客融洽的关系是现代推销永恒的原则。

一个优秀的推销人员通常会认为顾客异议是推销活动中的必然现象。顾客异议既是推销的障碍，又是成交的前奏与信号。推销人员只有认识到顾客异议的价值所在，才会对潜在顾客的异议表现出积极欢迎的态度，而不是遇到爱提异议的顾客就感觉反感，或者感觉顾客不是真正的顾客而懒得搭理。

（二）耐心倾听原则

要理解顾客，首先应学会聆听顾客的诉说。即使一些话题你不感兴趣，只要对方谈兴很浓，出于对顾客的尊重，推销人员应该保持耐心，不能表现出厌烦的神色。

有关统计指出，我们的说话速度是每分钟 120～180 个字，而大脑思维的速度却是它的 4～5 倍。所以对方还没说完，我们就已经知道了他要说的意思。这时即使推销人员已经不耐烦，但必须记住自己仍处于工作状态，应保持足够的耐心和热情。推销人员必须牢记：越是善于耐心倾听他人意见的人，推销成功的可能性就越大，因为聆听是褒奖对方谈话的一种方式。

案例 5-2

美国著名推销员乔·吉拉德从他的顾客那里学到了耐心倾听这一道理。乔花了近半个小时才让顾客下定决心买车，而后，乔所需要做的只不过是让顾客走进他的办公室，签下一纸合约。

当他们向乔的办公室走去时，顾客开始向乔提起他的儿子，因为他儿子就要考进一所著名的医科大学。他十分自豪地说："乔，我儿子要当医生。"

"那太棒了。"乔说。当他们继续往前走时，乔却看着其他的推销人员。

"乔，我的孩子很聪明吧，"顾客继续说，"在他还是婴儿时，我就发现他相当聪明。"

"成绩非常不错吧？"乔说，仍然望着别处。

"在他们班是最棒的。"顾客又说。

"那他高中毕业后打算做什么？"乔问道。

"我告诉过你的，乔，他要到大学学医。"

"那太好了。"乔说。

突然地，顾客看着他，意识到乔未注意听他所讲的话。"嗯，乔"，他突然说了一句"我该走了"，就这样他走了。

下班后，乔回到家后回想一整天的工作，分析他所做成的交易和他所失去的交易，开始考虑白天顾客离去的原因。

第二天上午，乔给那位顾客的办公室打电话说："我是乔·吉拉德，我希望您能来一趟，我想我有一辆好车可以卖给您。"

"哦，世界上最伟大的推销员先生"，他说，"我想让你知道的是，我已经从别人那里买了车。"

"是吗？"乔说。

"是的。我从那个欣赏我儿子、赞赏我的人那里买的。当我提起我对儿子吉米有多骄傲时，他是那么认真地听。"

随后他沉默了一会儿，又说："乔，你并没有听我说话，对你来说我儿子吉米成不成为医生并不重要。好，现在让我告诉你这个笨蛋，当别人跟你讲他的好恶时，你得听着，而且必须全神贯注。"

顿时，乔明白了他当时所做的事情。他此时才意识到自己犯了多么大的错误。

"先生，如果这就是您没从我这儿买车的原因，那确实是个不错的理由。"乔说，"如果换我，我也不会从那些不认真听我说话的人那儿买东西。那么，十分对不起。然而，现在我希望您能知道我是怎样想的。"

"你怎么想？"他说道。

"我认为您很伟大。我觉得您送儿子上大学是十分明智的。我敢打赌您儿子一定会成为世上最出色的医生。我很抱歉让您觉得我无用,但是您能给我一个赎罪的机会吗?"

"什么机会,乔?"

"有一天,如果您能再来,我一定会向您证明我是一个忠实的听众,我会很乐意那么做。当然,经过昨天的事,您不再来也是无可厚非的。"

3年后,那位顾客又来了,他不仅自己买了一辆车,而且还介绍他的许多同事来买车。后来,乔还卖了一辆车给他的儿子——吉米医生。

是这位顾客给了乔一个极好的教训,从此,乔从未在顾客讲话时分心。毕竟,上帝赐给我们两个耳朵、一个嘴巴,就是为了让我们多听少说。

从那以后,每个进入店内的顾客,乔都要问他们是做什么的、家里人怎么样等。然后乔再认真地聆听他们讲的每一句话。大家都喜欢这样,因为那给他们带来一种受重视的感觉,而且让他们感觉到你是十分关心他们的。

资料来源:魏星宇. 世界上最伟大的推销员实战手册[M]. 北京:中国纺织出版社,2003.

问题: 从这个故事中你受到什么启发?

【启示与思考】

上帝赐给我们两个耳朵、一个嘴巴就是为了让我们多听少说,一名成功的推销人员必须重视顾客的感受,维护顾客说话的权利,学会耐心倾听。

(三)永不争辩原则

推销过程是人与人之间相互交流、沟通的过程。作为推销人员,保持与顾客良好和谐的关系,是推销工作能否顺利展开的重要条件。在实际工作中常用的方法是倾听顾客异议,无论真假异议,当顾客提出异议时,推销人员都是微笑、认真倾听,不随意打断顾客的异议,表现出重视的感觉,而不是和顾客争论、抵触。任何和一位顾客争论、抵触、表现好斗性都是消极而愚蠢的行为。对顾客的异议表现出理解,体现同理心,可反映在对待异议的言论,例如:

- ❑ 我十分理解您的意思,我也有同样的感觉。
- ❑ 王先生,我很高兴您能提到那一点。
- ❑ 这的确是一个很明智的意见,李先生,我明白您的疑问。
- ❑ 如果我要买这件产品,我也会希望对这个同样的问题有一个答案。
- ❑ 说说这件事情。

(四)及时反应原则

对于顾客异议,如果推销人员能够及时答复的,而且能够给消费者一个圆满的答复的,应及时化解顾客疑虑;如果推销人员不知道如何回答或者顾客情绪激动的,可策略性地转移顾客的注意力,如对顾客表示同情,进一步了解异议的细节,并告诉顾客会尽快向公司反映情况。对于不能直接回答的问题,推销人员应及时向公司反映并将有关结果尽快回复顾客。推销员应做好顾客异议的相关准备,先发制人,在顾客提出异议之前及时解答,消除顾客的疑虑。

（五）提前预测原则

提前预测顾客异议，做好事前准备。这样就可以大大提高推销人员处理异议时的信心。尤其对于新人来讲，更为重要。具体操作步骤如下。

（1）把同事们每天遇到的顾客异议写下来。

（2）进行分类统计，依照每一顾客异议出现的次数多少排列出顺序，出现频率最高的顾客异议排在前面。

（3）以集体讨论方式编制适当的应答语，或者叫作话术。

（4）大家都要记熟。

（5）由老推销人员扮演顾客，大家轮流练习标准应答语。

（6）对练习过程中发现的不足，通过讨论进行修改和提高。

（7）对修改过的应答语进行再练习，并最后定稿备用。最好是印成小册子发给大家，以供随时翻阅，达到运用自如、脱口而出的程度。

（六）提供价值和利益原则

推销人员应坚持顾客利益至上原则，首先要保证顾客能买到放心的产品，向顾客提供质量好、符合其利益和需要的产品。要做到顾客利益至上，就要了解顾客的需求和意愿，了解顾客想得到什么，然后我们才能有针对性地维护顾客的利益。可以通过开展顾客满意度测评活动，客观地了解顾客的需求，找准自己的不足，进而改进推销工作，更好地维护顾客的利益。

案例 5-3

在一次冰箱展销会上，一位打算购买冰箱的顾客指着不远处一台冰箱对身旁的推销人员说："那种 AE 牌冰箱和你们的冰箱产品同一类型、同一规格、同一星级，可是 AE 牌冰箱制冷速度要比你们的冰箱快，噪声也要小一些，并且冷冻室比你们的大 12 L。看来你们的冰箱不如 AE 牌的冰箱呀！"推销人员回答："是的，您说得不错。我们的冰箱噪声是大点，但仍然在国家标准允许的范围以内，不会影响您家人的生活与健康。我们的冰箱制冷速度慢，可耗电量却比 AE 牌冰箱少得多。我们冰箱的冷冻室小，但冷藏室很大，能储藏更多的食物。您一家三口人，每天能有多少东西需要冰冻呢？再说，我们的冰箱在价格上要比 AE 牌冰箱便宜 300 元，保修期也要长 6 年，我们还可以上门维修。"顾客听后，脸上露出欣然的表情。

资料来源：倪政兴. 如何成为推销高手[M]. 成都：西南财经大学出版社，2003.

问题：该案例中，这位推销人员是怎样化解顾客的异议的？

【启示与思考】

该案例中，这位推销人员用省电、冷藏室大、价格便宜、保修期长、维修方便五种长处弥补了自己冰箱制冷慢、噪声大、冷冻室小的短处，因而提高了自己冰箱的整体优势，推销策略的调整化解了顾客的疑问，从而使顾客觉得还是买该推销人员推销的冰箱好。这就是调整与让步的具体运用。

学习情境五 处理顾客异议

 小知识

如何判断你是客户的准供应商还是备用人选

一般来说，项目介入得越早成为备用人选的可能性越小；反之，在客户采购后期、签约的前期才介入，作为备用人选的可能性就越大，所谓陪标讲的就是这个意思。

除此以外，是否成为备用人选还可以根据以下几条判断。

（1）当你要求引见领导或者与其他部门沟通的时候，他以各种理由拒绝，理由很简单：他根本没打算选你，为什么要带你去见领导或给你引见。

（2）客户没有和你沟通或者沟通不充分，没有一起界定需求、交换细节、讨论方案，只要求我们在规定时间完成方案报价或某项工作，方案交流也基本上不提什么意见，到你公司参观也是走过场。

（3）客户似乎很专业，疑问也不多，很有信心的样子："这个我们了解，我们会考虑，你们只要根据方案报价就可以了，回去等通知吧。"当然可能客户确实很懂，但凡是做过几年销售的人员都会从客户的语音、语调和肢体语言上看出端倪。

（4）客户采购标准明显对你不利，或者在项目后期突然提出新的需求，不巧的是这个功能恰巧你做不到，这就给他最后不选择你提供了一个理由——不是我不帮你，从而减轻他自己的负疚感。

（5）比较重要的项目，对方高层会最后出面，项目后期如果双方高层没有见面，那就大事不妙了。

资料来源：陆和平. 大客户销售这样说这样做[M]. 北京：中国青年出版社，2019：150.

二、处理顾客异议的方法

处理顾客异议是一项高度智慧性的工作，它依赖于推销人员丰富的工作经验和知识底蕴，还依赖于推销人员雄辩的口才和机智的应变能力。这就是为什么推销职业最能锻炼人的原因。基于此，一些资深营销专家感慨地说，所有优秀的推销人员都有一个共同的优点，那就是成为杰出人士的成就欲望。如何在推销工作中采取适当的方法，妥善地处理顾客异议，需要推销人员认真总结经验，不断学习和思考人际关系的处理技巧。

顾客异议处理方法（上）

（一）忽视法

忽视法，又叫作沉默法、一带而过法或不理睬法，是指在推销过程中对于一些顾客提出的反对意见，目的并不在于想要得到结论，也不在于想要进行讨论，甚至与目前进行的销售没有直接的联系，就完全没有必要与之较真，一笑了之，同意他的观点就是了。

天下之大，无奇不有。武汉地区有一句俗话："人上一百，形形色色"，是指在现实生活中人与人不一样。有些顾客好出风头，总想在有机会的时候表现出自己的想法高人一筹，提出一些别出心裁却又毫无意义的异议，或是为了抬杠而抬杠，为了反对而反对。如果推销人员较真，不仅浪费时间，而且很有可能横生枝节，惹出是非。最好的办法就是满足他的表现欲，恭维他的想法有见地："高，实在是高！"对于抬杠的话题，不妨说一声："您真幽默"，然后采用忽视法，迅速地岔开话题。

忽视法还有一种处理技巧，那就是装聋作哑，不予理睬。不管顾客异议出于什么目的，只要是与销售工作无关的、无效的、虚假的异议，"晾"它一下，既可以避免与顾客争论纠缠，又可以让这类"不怀好意"的顾客感到没面子，不好意思再提无聊的异议。20世纪80年代初，有一部反映优秀推销人员的电影，中间的一个细节非常典型地刻画了这样的顾客：在出售毛毯的柜台前，一位顾客问营业员："有猴毛的毛毯吗？"试想，你遇到这样的顾客异议，不装聋作哑，又有什么办法？要说明的是，推销人员在运用忽视法或不理睬法时要注意运用的范围。例如，只能用于确实与销售无关的、无效的甚至是无聊的虚假异议，而且是在认真听取顾客异议之后，确认属于运用忽视法的异议范畴，并观察顾客提问之后的表情、情绪反应，从外在表现中推测其内心的异议根源，以便做出必要的回应。此外，推销人员要善于控制自己的情绪，胸怀要宽广，头脑要冷静，态度要从容，不要与顾客斤斤计较，也不要与顾客争辩是非曲直，体现出推销人员良好的职业素养，保持融洽的推销氛围。

（二）补偿法

补偿法又可以叫作抵消法、平衡法或者利弊分析法，是指利用顾客异议以外的、能够对顾客异议予以其他利益补偿的方法来处理顾客异议。

在实际推销工作中，没有十全十美的产品，也没完全无知的顾客。当顾客提出有事实依据的有效异议时，推销人员应当予以承认并欣然接受，但要通过客观的说理和诚实的解释，让顾客感觉到产品虽然有些不足，却有不少优点，而且优点远多于不足，还是值得购买的。例如，顾客抱怨车身短了点儿，那么推销人员就要告诉顾客：车身短，可以让顾客方便停车，在一般的车位上可以停两部车，节约不少停车费用；在拥挤的城市里，可以方便调头；等等。

从某种意义上讲，给顾客的这种补偿，应让顾客产生两种感觉：一是性价比是合理的，即产品的质量与销售价格是完全相符的；二是产品的优点对顾客而言是重要的，产品没有的优点（不足）对他是不重要的。这是推销中的辩证法，既体现了推销人员诚实的态度，又反映了推销人员站在顾客的立场上，替顾客着想的服务精神。更重要的是，顾客更清楚地看到了购买利益，在理智与情感上都获得了比较大的满足。

运用补偿法的条件是，最好用于单一有效异议，且属于理智型顾客。同时，推销人员能够而且必须及时提出产品与推销的有关优点和利益，能够有效地补偿顾客，使顾客感觉到接受推销所获得的利益远远大于可能受到的损失。

（三）借力法

顾名思义，借力法是指借助于顾客异议，将推销障碍转化为推销动力的异议处理方法，因而又可称为转化法、利用法或太极拳法（意即武术中的借力打力）。有许多顾客异议本身就有两面性，只不过顾客更多强调消极的一面而已，推销人员就是要机智地利用顾客异议中积极的一面去克服其消极的一面，运用得好，就可以促成交易的实现。

在现实生活中，我们经常能碰到类似转化法的说词。例如：

在保险业里，顾客说："我收入少，没钱买保险。"保险业务员却说："就是因为您收入少，才需要购买保险，以便从中获得更多的保障。"

在服装业里，有顾客说："我这种身材穿什么都不好看。"推销人员说："正是因为自己感觉身材不是很好，才更需要加以设计，来修饰不满意的地方。"

卖儿童图书时，顾客说："我的小孩连学校的课本都没兴趣，怎么可能会看这种课外读物呢？" 推销人员说："我们这套图书就是为激发小朋友的学习兴趣而特别编写的。"

一个经销店的老板说："你们这个企业把太多的钱花在广告上，为什么不把钱省下来，作为我们进货的折扣，让我们多一点儿利润？"推销人员可以说："就是因为我们投了大量的广告费用，顾客才被吸引来购买我们的产品。这不但能够节省您的销售时间，同时也能够顺便销售其他商品，您的总利润还是最大的吧？"

恰当运用借力法处理顾客异议，有时会产生意想不到的效果。推销人员既没有回避顾客异议，又充分调动了顾客异议中的积极性，将顾客异议中的消极因素转化为积极因素。在这里，借力法转变了顾客的观念，也转变了顾客对推销介绍的态度，并且抑制了顾客再次提出新的异议，将推销工作顺利地推向成交阶段。

（四）"认同—赞美—转移—反问"法

顾客异议处理方法（下）

处理顾客异议的原则之一为尊重顾客异议。那么，如何让顾客感觉到推销人员尊重他的异议呢？"认同—赞美—转移—反问"法，也叫作太极法，它遵从"先处理人的心情，再处理事情"的基本原则。即在处理顾客异议时，先赢得顾客的好感、信任，再引导顾客解决心中的异议。该方法分四个步骤，前两个步骤"认同和赞美"是对心情的处理，后两个步骤"转移和反问"是针对问题或事情的处理。当顾客提出异议时，先从某个角度认同顾客，让顾客感觉他被理解，感觉你明白他的意思，顺便推销人员再从某一个角度借机给予恰当的赞美，就会使顾客变得舒心和愉悦，顾客自然愿意和你打交道，不会出现对立的情绪，后面的事情自然就会好办一些。心情处理使异议处理有了好的开端，但如果顾客异议是真实异议，而推销人员又没有办法提出有力证据直接打消顾客的担心，推销人员要做的不是让顾客纠结下去，而是转移顾客关注的焦点或者看问题的角度。将目光转移到更有价值的地方，让顾客重新调整评价的标准。如赵传歌中所唱的"我很丑，但我很温柔"。当完成转移利益陈述后，推销人员最后可以通过反问的方式获取客户的反馈，反问相对于陈述，最大的好处，一是掌握谈话的主动权；二是吸引顾客的参与，挖掘顾客更多的想法。如果顾客亲口说你所说的是有道理的、是对的。异议自然就顺利处理了。例如，顾客说："你们卖得太贵了。"你可以回答："先生，这款产品确实价格比其他同类高，不过您真有眼光，这是今年的最新款，采用了最新加工技术，比其他同类产品都耐用，如果能买到一件好产品，价格稍贵点也值，您说呢？"

（五）询问法

许多顾客异议是推销人员很难判断原因的。原因不明朗，冒失回答可能会引来更多的问题。推销人员要把"为什么"作为自己工作中的利器,对工作中遇到的一切问题都要多问几个为什么,对待顾客异议也同样如此,这就是询问法的理论依据。

询问法是指推销人员通过对顾客异议提出问题的办法,来处理顾客异议的一种技巧和策略,也可以叫作追问法、问题法或者提问法。这种方法可以帮助推销人员把握顾客异议中的真正问题,从而能够展开有针对性的推销活动。"询问"一词内涵丰富,有谦虚请教之意,运用得当,能够融洽与顾客之间的人际关系,营造良好的推销氛围。更重要的是,询问顾客异议,可以为推销人员赢得更多的思考时间,争取重新整合营销方案的机会,变被动听取顾客异议申诉为主动提出问题,还能进一步探询顾客内心的真实想法,更完整地掌握顾客信息。因此,在推销活动中,这种方法被普遍运用。

对顾客而言,推销人员提出问题后,他必须自己提出问题的理由,把问题的真实原因展现给推销人员,这正是推销人员所期望的。同时,他还会对自己提出的问题进行反省,检视问题是否妥当。例如,顾客提出产品(如服装)系列不完全,推销人员就可以询问:"这是目前最畅销的几个品种,难道您希望增加库存(积压)吗?"或者问:"您还希望增加哪几个品种?……还有其他要求吗?"

有时,只要推销人员对顾客异议提出反问,就可以直接化解顾客异议。例如,顾客嫌产品价格高,不妨反问一句:"您喜欢便宜货吗?"注意,反问顾客时,一定要态度和蔼、语气真诚,像对待老朋友一样,千万不能语气轻蔑、神态鄙夷。还要注意,询问要有针对性,要询问真实有效的异议,询问那些如果不询问就不能解决顾客异议,并且对成交有影响的问题;询问要适度,只问影响成交的问题,与成交无关的问题一概不问;顾客不愿意回答的问题,也不要追问,不必横生枝节,穷追不舍。询问要体现对顾客的尊重,以保持和谐的推销环境。

(六)反驳法

我们强调在推销过程中不要直接反驳顾客异议,是因为不适当的反驳不仅不能解决顾客异议,反而会引起更多的新的问题,一旦推销人员陷入争辩的泥淖,就有可能干扰正常的推销介绍,破坏与顾客间良好的推销气氛,丢掉可能获得的订单,后悔都来不及。但是,有些情况下直接反驳顾客的错误观点,反而能够增强推销的说服力。例如,顾客对企业的声誉、诚信、服务、资质以及合法性等有所怀疑,顾客引用道听途说、未经证实的错误资料,望文生义地理解产品概念和服务观念等,就需要推销人员采取直接反驳的方法。

常见顾客
异议处理

反驳法就是推销人员根据明显的事实依据,对顾客提出的异议进行直接否定的处理技巧。推销中恰当运用反驳法,以无可辩驳的事实、翔实权威的资料来佐证自己的观点,可以给顾客一个简洁明了、毋庸置疑的答案,不但能让顾客心服口服,更加信任推销人员,接受推销方案,而且能够拉近双方的距离,融洽推销气氛,有效地节约推销时间,提高推销效果。例如,一位顾客对服装销售人员提出购买异议:"我担心这件衣服会缩水!"推销人员非常了解自己的产品,知道这位顾客的购买异议并没有可靠的根据,于是有根有据地加以反驳:"这件衣服绝对不会缩水。如果缩水,您可以拿来退货。"在这个案例里,推销人员有效地使用直接否定法否定了顾客所提出的有关异议。

但是，推销人员如果不能运用正确的方法，就极其容易伤害顾客的自尊，使新的顾客异议不断出现，即使这样，要以和蔼的语气，控制住自己的情绪，注意只讨论问题，不要涉及人身攻击，即我们常说的"对事不对人"。要让顾客感觉到推销人员的专业、严谨、权威、敬业和崇高的人格魅力。

案例 5-4

顾客："你们家的衣服太花了。"

导购错误的回答：
- "不会呀！"
- "这是我们今年最新流行的设计。"
- "这就是我们家的风格。"

导购正确的回答：
- "嗯。有些顾客刚接触到我们的产品会觉得比较独特，我们的产品是源自欧洲古典巴洛克风格，设计时融入了现代时尚元素，能够体现女性的柔美气质，我建议您可以挑选一件试穿感受一下。"
- "是的。和您以前接触到的其他品牌服装相比，确实有比较独特的方面。和您目前的着装风格相比，也比较特别，但我们的衣服能够体现女性的柔美气质，我建议您可以尝试一下新的着装风格，可以在不同的场合展现不同的气质。如这款……"

问题：请问正确的回答和错误的回答有什么差别。

【启示与思考】

在处理顾客异议时注意灵活地采用反驳法，争取以不可辩驳的事实、翔实权威的资料来佐证自己的观点，给顾客一个简单明了、毋庸置疑的答案，不但能让顾客心服口服，而且能让顾客更加信任推销人员。

（七）分拆法

分拆法只适合于涉及产品价格、交货时间、付款方式、订货数量和信贷条件等具体量化的顾客异议。所谓分拆，即把顾客认为整体偏高的相关数量异议分拆为零散的个量或者将零散的个量予以整合的办法，来处理顾客异议。例如，顾客认为价值5000元的平板电视太贵了，推销人员可以告诉顾客：这种电视使用寿命是10年，等于一年只花费了500元，相当于一年看20场电影的价格。或者顾客抱怨一年交纳1000元的保险费用多了，你可以说：一天不到3元钱，也就是半包烟的代价（对男性而言），或者说，只不过是一袋瓜子的价钱（对女性而言）。整合则相反，是将顾客认为麻烦的零散个量合并为一个整体。例如，顾客不满意30天交货期限，你可以说，只不过短短的一个月而已。

分拆法主要用于对顾客心理感觉上的影响，将顾客在某一个问题上的纠缠通过数量上的分解，分散其主要的注意力，达到化整为零、积少成多的目的，消除相应的顾客异议。一般来说，分拆法适合于那些斤斤计较、死要面子又表现"精明"的顾客；整合法则适用于比较好说话、性格随和、比较好沟通的"马虎"的顾客。在推销现场究竟采取什么方法比较好，完全取决于推销人员对顾客类型的准确分析和判断，不好一概而论。

这里介绍了七种处理顾客异议的技巧和方法，推销人员只要都能掌握，一般是可以自如地处理各种顾客异议的。在实践中，如何处理顾客异议，并不是哪一种方法可以单独奏效的，多数情况下，需要推销人员根据推销现场的实际情况，随机应变，相机处理，有时需要多种方法合并使用，才能产生好的效果。

任务总结

张伟在推销的过程中，认识到顾客异议存在于整个推销洽谈的过程中，它既是推销的障碍，也是成交的前奏与信号。通过分析和处理顾客异议得出如下结论。

（1）顾客异议是指顾客针对推销人员及其在推销中的各种活动所做出的一种反应，是顾客对推销品、推销人员、推销方式和交易条件发出的怀疑、抱怨，提出的否定或反对意见。

（2）顾客异议产生的原因包括顾客方面的、推销品方面的、推销人员方面的和生产企业方面的。

（3）处理顾客异议的原则有尊重顾客异议原则、耐心倾听原则、永不争辩原则、及时反应原则、提前预测原则、提供价值和利益原则等。

（4）处理顾客异议的方法有忽视法、补偿法、借力法、"认同—赞美—转移—反问"法、询问法、反驳法和分拆法等。

业务技能自测

一、判断题

1．顾客异议会阻碍成交，所以应该与顾客争辩。（   ）

2．一般情况下，对虚假顾客异议，推销人员可以采用不理睬或一带而过的方法进行处理。（   ）

3．当处理顾客异议时应优先处理异议，而不是顾客心情。（   ）

4．当推销人员和顾客的审美观完全不同时，可以用直接反驳法。（   ）

二、选择题

1．"正因为您工资不高，万一发生意外，您就缺乏应变能力，所以才要花钱给自己买份保险"，这属于顾客异议处理法中的哪种？（   ）

  A．借力法　　　　　　　　B．补偿法
  C．询问法　　　　　　　　D．反驳法

2．下列哪个说法更好？（   ）

  A．您说得对，但是……　　B．是的，不过……
  C．是的，除非……　　　　D．是呀，如果……

3．不管是何种情况，顾客都会对服务提出的某些普遍性的异议，应该何时处理？（　　）

    A．顾客提出后　　　　　　　B．顾客提出前

    C．顾客提出前后都一样　　　D．不予处理

4．"李小姐，看来您是一位非常细心的人，对于您提出的意见我一定会予以充分重视。不过，您是否注意到，在另一方面……您说呢？"请问这是使用什么法处理顾客异议？（　　）

    A．借力法　　　　　　　　　B．补偿法

    C．反驳法　　　　　　　　　D．"认同—赞美—转移—反问"法

5．"小姐，这套产品卖720元，可以用一年，一天才花两元钱，很实惠了！"请问这是使用什么法处理顾客异议？（　　）

    A．借力法　　　　　　　　　B．补偿法

    C．反驳法　　　　　　　　　D．分拆法

思考与讨论

1．什么是顾客异议？其产生的原因有哪些？

2．推销人员如何在推销洽谈中使用处理顾客异议的方法？请举例说明。

3．自我测试：以下是顾客对于购买产品的一些普遍异议，列出你对每种异议的回答。

（1）对汽车：我需要和我的妻子商量。

（2）对打字机：我们不需要一个文字处理打字机。

（3）对人寿保险：我感觉自己很健康。

（4）对清洁器：这个产品的价格比你们竞争对手的要高。

（5）对除草机：这个东西看起来没有必要买。

（6）对微波炉：我看不出你们的微波炉有加热快的优势。

（7）对广播广告：我看不出你比报纸广告有任何优势。

（8）对药品：我们已经有这种药品的过多存货。

（9）对化妆品：你们商品的价格太高了。

（10）对房产：这里离市区太远，干什么都不是很方便。

实训题

项目　处理顾客异议模拟训练

【实训目标】

1．体会处理顾客异议时应持有的正确态度。

2．掌握处理顾客异议的基本方法。

【实训内容】

处理顾客异议。

【实训要求】
1. 要求学生预测销售情境下常见的顾客异议。
2. 要求学生应用所学顾客异议处理方法编制顾客异议处理话术。
3. 要求教师对学生的情境模拟进行点评。

【组织与实施评价】
1. 教师可向学生给出有关顾客异议的基本案例资料,并对其采取的处理技巧进行分析,便于学生实践训练时参考。
2. 根据日常逛街经验,小组讨论预测某个行业在门店销售中常见的顾客异议,讨论、分析化解顾客异议的方法,并编制对应话术。
3. 采用实地调研法,各小组到本地商场实地观察,记录营业员的态度、举止及处理顾客异议的方法。回来后各小组对所观察的营业员处理顾客异议的方法进行评判,强化正确的处理方法,对需要改进的地方反复进行练习。

【考核办法】
1. 写出话术文案,各小组评出优秀文案并在班内表演。
2. 评选出班内文案范例。
3. 教师根据学生的方案及课堂表演评分。
4. 小组之间互评。

案例分析

案例一 于小可的成功销售

于小可,从事广告销售业务已经 5 年了。在网络蓬勃发展的 21 世纪,传统媒体的广告业务越来越难做,所以他跳槽到了新媒体,从事互联网广告推广的工作。

到新公司才 3 个月,小可就连续签约了 16 个客户,这让销售部的经理异常兴奋:销售部一年的业绩指标几乎在一个季度就完成了,到底还是自己有眼光,聘用了这个来自传统媒体广告业务的人。随后,销售部经理又陷入了焦虑:这样一个超级高手,取得了业绩,如果他骄傲自满,就会渐渐不把自己这个经理当回事,将来怎么办?如果他稍微感觉不满,就以这里的业绩为踏板跳到其他网络公司怎么办?提高收入也不是永远可靠的办法。

郁闷了十几天,经理终于想出了一个办法。经理找到于小可,表示要提拔他为销售部的副经理,前提是要他把其他的销售顾问培养出来。当了副经理收入就会提高两个档次,于小可答应了。于是,经理派了两个销售顾问,跟于小可一起拜访客户,如下就是在一次拜访过程中,两个销售顾问做的拜访记录。

于:"萧总,您好,我们之前电话联系过有关网络团购业务的开展计划。今天来就不多耽误您的时间,这里是方案书,共 26 页,分为三大环节,分别是您的餐厅的业务现状症结分析、我们网络推广方案的步骤和做法,还有就是类似业务我们曾经实现过的推广效果案例。"

萧:"太好了,喔,26 页呢!"(边说边快速翻阅着,此时,大家都没有说话,萧总翻阅着方案书，有时在几页上停下仔细阅读，读着就拿起笔开始圈点，并在空白的纸上写了一些字。）坐在桌子另一边的于小可关注着萧总的表情，他看不到萧总写的是什么，只能通过萧总表情的变化来决定自己将要说的话题。

大约五六分钟后，萧总将方案书放到桌上，沉思了片刻。

萧："这个方案写得不错，不过有一些问题。委托你们在网络上推广我们的餐厅，如何保证推广的效果呢？"

于："萧总，您这个问题非常坦率。每一家委托我们做网络推广的企业都是在乎投入产出比的，投入产出比要从三个方面展开：第一，投入产出必须确保的前提条件；第二，产出效果的衡量方式；第三，产出效果是否有持久性，这是投入能否转换为品牌价值的关键环节。以上三条，都在方案书的最后一部分附录中有详细解释。不过，我觉得您应该是最关注产出效果的衡量方式，对吗？"（这次拜访结束回到公司后，销售部经理针对这段话跟于小可和两个销售顾问有一个深入的讨论：你怎么知道萧总关注的是第二个呢？）

萧总边听边点头，没有插话，却在方案书上继续写着一些文字，期间还做了一些特殊的标记以示强调。于小可接着说："衡量方式有两大类：一类是宣传投放后到店的人数；另一类就是到店人数的平均消费额，简称客单价。在网络传播中，团购模式初期的多数网站往往会将重点集中在到店人数上，目前还有98%的类似团购网站把要点集中在投放后5天内的到店人数。"

"而我们的方案，更加强调的是客单价。我们现在已经可以做到团购到店的客单价达到每个人平均消费188元的水平，所以在我方案书的第三部分，您可以看到我们的成功案例多数都是中高档的餐厅，而没有低端餐厅，人均消费低于120元的客户不是我们的传播对象。"

萧总此时插话："其实到店人数多也不错啊。"

于："没错，这就是早期发展阶段的投入产出要求。实际结果就是餐厅不赚钱，客单价太低。而且这类客户还特别挑剔，维权意识超强，在餐厅惹事投诉的往往也是这些人。如果您的餐厅在处理这类客户上非常擅长，我们可以调整方案，将投入产出的衡量集中在响应人数上。"

萧："两者不能兼顾吗？"

于："萧总在商业问题上的考量非常有前瞻性。两者兼顾是可以达到的，不过前后次序非常关键。如果先追求到店人数，那么将来客单价就没有机会提高了，冲低价来的人也会被更低的价格吸引走，没有品牌忠诚度。如果前期第一阶段以客户的客单价为主要目标，赢得他们的满意度，他们会成为回头客，并在他们周边通过口碑的形式传播，到店人数也就会渐渐增加。在这个阶段，您要求的两者兼得就实现了。这其实是衡量投入产出效果模式的第三个方面，投入可以变成品牌的建立过程。"

后面萧总陆续问到了一些合作模式、付款方式以及价格结算的问题，于小可一一回答了所有问题。萧总在大约1个小时的会谈后，对自己餐厅的网络传播方案以及将要投入的费用和预期的结果有了更加明确的想法。在与餐厅内部几个投资人协商后，跟于小可签订了为期6个月的网络推广委托协议。

分析思考：

在对话中到底是哪些要点能够逐渐引导客户对自己、产品、公司建立信任，对自己提供的解决方案越来越有信心，对自己的建议书更加期待从而避免顾客异议？

资料来源：孙路弘. 大客户销售：能力测试与成长[M]. 杭州：浙江人民出版社，2012：211.

案例二　小刘买音响

小刘最近想买一个音响，因此自己上网查看了很多相关资料。这天，他来到了一家商场，径直走到销售音响的柜台前，查看摆放出来的音响。很快，他就看到一个心仪的音响。

这时，销售人员走了过来。小刘对她说道："你们的这款音响是电脑用的吧？"销售人员说道："先生您好，这一款是两用的，电脑、手机都可以使用。"小刘看了看后面的标签，说道："你们这款音响上面标出来的功率是120W，功放是150W，这样一点都不匹配。"

销售人员笑着说："先生，是这样的。一般来说，标出来的功率都是最大功率，并不是精确的。而一般使用状态下，实际输出的功率与标出来的功率差很多，实际输出的功率大概是20W～30W。"

小刘听了以后，拿起自己刚才看好的一款，问道："这款的价格能不能便宜一点？好像有点儿太贵了。"销售员说："不瞒您说，我自己也购买了这一款音响，也是这个价格呢。不过说实话，您拿的这款很不错，而且价格也很合适，不像我左边这一款，虽说音效不错，但是价格不是太合适。"

小刘说："说是这么说，要是你能给我便宜一点，我就买这款了。"

"先生，我们这是全国统一价格，无论您到哪里看，都是这个价格。我们是不会欺骗您的，不会用价格来蒙骗您。而且我们的产品全国保修，本市就有两个专门的维修点，免除了您的后顾之忧。"

小刘一听，不再说什么了。销售人员这时说道："先生，既然没有问题了，我就帮您包起来了。"小刘说："好的！"尽管他认为价格有些高，但是最终还是选择了购买产品。

资料来源：吾言. 能看到客户"难处"的销售才是好销售[EB/OL].（2017-12-15）[2022-02-01]. https://mp.weixin.qq.com/s/vJa9IsOuOOQS9CmyeYftgQ.

分析思考：

1. 结合顾客异议处理的原则对销售人员的推销行为进行评价？
2. 这个案例给了你什么启发？

学习情境六　推销成交与售后服务

知识目标

1. 熟悉促成交易活动的主要任务。
2. 理解推销成交的含义和基本策略。
3. 了解成交后追踪的内容。
4. 掌握推销成交的方法与技巧。

技能目标

1. 能够正确判断并捕捉成交信号。
2. 具备灵活运用推销成交的方法的能力。

素质目标

1. 遵纪守法，不用不正当手段促进成交。
2. 具有良好的服务态度。
3. 诚信负责。

导入案例

张华的方法

张华是门店家居销售导购。一次，一对夫妻来到他的门店，经过张林对顾客需求的了解和产品的推介，夫妻两人都对其中一款沙发露出满意的神情。沙发总价8800元，他们感觉价格超出了预算，而且认为房子年底才搬进去有必要多去几家看看，货比三家。张林看出顾客的犹豫，便开门见山地说："王先生，不管怎么样，您的家居还是需要买的，难得找到自己喜欢的，现在刚好又是'双11'活动期间，价格算全年最优惠的了。您早点买了放到房子里面，就可以多放置一段时间透透气，这样也更健康，您说呢？"王先生听后，沉默了一会儿，问价格是否可以再优惠。这时张华感觉已经差不多了，就笑着对王先生说："王先生，我等下向店长请示下，如果您今天下单，看能否给您争取多两个靠枕，这款靠枕可是我们公司定制版的，面料你摸摸，而且和这款沙发上颜色很搭配，您看是不是？"夫妻两人把靠枕拿在手里看来看去，因为王先生确实考虑买这款沙发，看看张华也很有诚意，就同意了。张华又说："您跟我说下您新居的地址。我顺便问下售后什么时候能安排送货。"王先生告诉了他的地址,最终夫妻两人签订了购买协议。

引例说明,在推销成交阶段,推销人员要充分注意顾客的言行,及时捕捉成交信号,灵活运用成交策略与技巧,最终促成交易,达到推销的目标。

在推销过程中,促成交易是一个特殊的阶段,它是整个推销工作的最终目标,其他阶段只是达到推销目标的手段。如果推销没有成交,那么推销人员所做的一切努力都将白费。虽然成交的环境条件各不相同,成交的原因也各有特点,但是达成交易还是有一些共性的特征的,推销人员掌握和熟悉这些特征后,对提高促销成效将有很大的帮助。

任务一　把握成交信号

任务引入

张伟成功地解决了顾客的所有异议,他的推销活动进入了推销成交阶段。张伟知道推销成交是推销过程中的一个特殊阶段,它是整个推销工作的最终目标,其他阶段只是达到推销目标的手段。没有成交,推销人员所做的一切努力都将白费,但张伟既害怕督促顾客下单会给顾客太大压力,同时又害怕迟迟不提让顾客购买的要求,错过时机,因此他必须仔细观察顾客的言行,捕捉各种成交信号,千方百计促成交易。

任务1:张伟需要克服成交的心理障碍。

任务2:张伟需要成功捕捉成交信号。

任务分析

所谓成交信号,是指顾客在语言、表情、行为等方面所泄露出来的打算购买推销品的一切暗示或提示。在实际推销工作中,顾客为了保证实现自己所提出的交易条件,取得交易谈判的主动权,一般不会首先提出成交,更不愿主动、明确地提出成交。但是顾客的购买意向总会通过各种方式表现出来,对于推销人员而言,必须避免不良的心理倾向,准确地识别成交信号并成功地捕捉成交信号。

知识链接

成交就是推销人员帮助顾客做出使买卖双方都能接受的交易条件的活动过程。推销人员可以直接请求顾客购买来推动和帮助顾客做出购买决定。实际上,任何一个成功的推销人员都清楚,在推销成交活动中,根本就不存在神奇无比的推销技巧,也没有感染力十分强烈的语言技巧。成交是洽谈所取得的最终成果,是洽谈的延续。

一、克服心理障碍

主动不代表冒险,被动不代表安全。很多推销人员业绩之所以不好,不在于产品介绍不好，也不在于顾客异议解决不好，而是具有不利于成交的心理障碍，不克服这些心理障碍，就无法从产品介绍环节成功过渡到成交环节。所以，在学习成交信号、成交技巧之前，我们先了解下推销人员的哪些不良心理障碍会阻碍成交。

（1）害怕提出购买的请求。为什么推销员不敢提出购买的请求呢？一方面原因是推销人员还没有做好充分的心理准备，怕顾客不答应，让双方尴尬，有成交恐惧症。其实没有什么害怕，如果顾客今天说"不"，你就可以问她："为什么？"如果顾客能讲清楚，说明白，给个理由，例如，她说："我觉得不好看！"又回到好不好看的问题了，我们解决就是了。再说也不能100%成交的，让自己心情放松。另一个原因是有些推销人员对于推销职业有自卑感。一个人，只有真正认识到自己工作的社会意义，对自己、对产品、对公司有自信，认为在帮助顾客，才会激发出巨大的勇气和力量。所以推销人员应当认真学习现代推销学的基本理论和技术，加强职业修养，培养职业自豪感和自信心，从而使自己在成交阶段信心倍增，而不是患得患失，害怕提出成交。

（2）认为顾客会主动提出成交。推销过程中，有些推销人员没有与顾客达成交易，就是因为他们认为没有必要主动提出成交，他们认为顾客在面谈结束时会自动购买产品。但事实证明，绝大多数顾客会因为各种担忧而采取消极态度，推迟、修正或者避免购买行为。这些担忧包括信任担忧、货币损失担忧、机会损失担忧、后果担忧、其他担忧。所以，推销人员只有运用适当的方法在最恰当时机主动鼓动顾客，引导顾客，才有更多成交的机会。

（3）对成交期望太高。一旦推销人员对成交期望太高，给顾客太大的压力，就会破坏良好的成交气氛，引起顾客反感，并阻碍成交。因此，在销售工作中，推销人员务必做到：不要对成交抱有过高的期望。

二、识别成交信号

资深推销人员都知道，提出成交是个很敏感的话题，如果提出成交过早，顾客没有购买欲望，很容易给顾客形成压力，导致脱离你的推销；如果提出成交过晚，可能错过顾客购买意念最强烈的一刻，导致推销的失败。不要以为成交像计算机程序，各个步骤走到了就一定会发生预定的结果；成交更像荡着秋千够高处的苹果，你首先必须将秋千荡到一定的高度，最终能否够着苹果，还需要看你出手的时机和角度是否精准。对于每一个推销人员来说，都需要等待一个恰当的时机来成交。这个时机的核心就是一切都合适，也就是说，潜在顾客的意识已经被调到了最佳状态。而这最佳的时机就要根据顾客的成交信号来判断。顾客的语言、行为和表情等信息表明了顾客的想法，对于销售人员来说，要随时准备好成交，要在销售气氛冷却之前获得购买的信号。当顾客发出成交信号时，请立即停止产品介绍，索要订单。顾客表现出来的成交信号主要有表情信号、语言信号和行为信号等。

（一）表情信号

这是从顾客的面部表情和体态中所表现出来的一种成交信号，如在洽谈中面带微笑、下意识地点头表示同意你的意见、对产品不足表现出包容和理解的神情、对推销的商品表示兴趣和关注等。例如，一位保险推销人员在给顾客讲述一个充满感情的、很有说服力的第三者因为购买保险而从灾难中得到补偿的故事时，竟让对方忍不住双目含泪。这个信号非常清晰地告诉推销人员，顾客是非常有同情心并且关注自己的家庭成员的。这个信号为推销人员销售保险产品提供了宝贵的线索和方向。把握成交时机，要求推销人员具备一定的直觉判断与职业敏感。一般而言，下列几种情况可视为促成交易的较好时机。

（1）当顾客开始认真地观察产品，表示对产品非常有兴趣，或一边听你介绍产品，一边若有所思地把玩产品时，很可能他内心正在盘算怎样和你成交。

（2）顾客的表情从戒备、抵触变为放松，眼睛转动由慢变快，眼睛发光，腮部放松，这表示客户已经从内心接受了你和产品。

（3）在推销人员讲话时，顾客频频点头。

（4）顾客的脸部表情从无所谓、不关注变得严肃或者沉思、沉默，说明他有所动心，开始权衡。

（5）顾客的态度由冷漠、怀疑变成自然、大方、亲切，也说明对你和产品的接受。

（6）顾客的态度友好，认真观看有关的视听资料。

（7）当顾客的身体靠在椅子上，眼睛左右环顾后突然直视着你时，说明他正在下决心。

（二）语言信号

顾客通过询问使用方法、价格、保养方法、使用注意事项、售后服务、交货期、交货手续、支付方式、新旧产品比较、竞争对手的产品及交货条件、市场评价、说出"喜欢"和"的确能解决我这个困扰"等表露出来的成交信号。以下几种情况都属于成交的语言信号。

（1）顾客对商品给予真诚的肯定或称赞，或者对商品爱不释手。

（2）征求别人的意见或者看法，说明他想买，正在求证。

（3）询问交易方式、交货时间和付款条件。

（4）详细了解商品的具体情况，包括商品的特点、使用方法、价格等。

（5）对产品质量或工艺提出质疑，说明他关心买了以后的使用，并为价格谈判做铺垫。

（6）了解售后服务事项，如安装、维修、退换等。

（7）询价或和你讨价还价，这是一个最显著的信号，谈好价格后基本就可以成交。

（8）对产品的细节提出很具体的意见和要求。

（9）顾客提出"假如我要购买"的试探问题。

语言信号的种类很多，推销人员必须具体情况具体分析，准确捕捉语言信号，顺利促成交易。

（三）行为信号

由于人的行为习惯，经常会有意无意地从动作行为上透漏一些对成交比较有价值的信息，当有以下信号发生时，推销人员要立即抓住良机，勇敢、果断地去试探、引导顾客签单。

（1）坐姿发生改变，原来是坐在椅子上身体后仰看着你，现在直起身来，甚至身体前倾，说明原来对你的抗拒和戒备，变成了接受和迎合。

（2）动作变化，原来静止地听业务员介绍变成动态，或者由动态变为静态，说明他的心境已经改变了。

（3）查看、询问合同条款，反复阅读文件和说明书，从单一角度观察商品到从多角度观察商品。

（4）要求推销人员展示样品，并亲手触摸、试用产品。

（5）顾客不再提问，突然沉默或沉思，眼神和表情变得严肃，或笑容满面表示好感。

（6）主动请出有决定权的负责人，或主动给你介绍其他部门的负责人。

（7）给推销人员倒水、递烟，变得热情起来，说明他开始重视你。

（8）打电话询问家人，或者打电话询问他心目中的专家。

（9）转变洽谈环境，主动要求进入洽谈室，或在推销人员要求进入洽谈室时，非常痛快地答应，或推销人员在订单上书写内容做成交付款等动作时，顾客没有明显的拒绝和异议。

（10）提出变更推销程序，例如顾客跟你说："明天，公司有个技术会议，你也参加一下。"

例如，一位女士在面对皮衣推销人员时，虽然是大热天，她仍穿着皮衣在试衣镜前足足折腾了一刻钟。她走来走去的样子好像是在做时装表演；而当她脱下皮衣时，两手忍不住又去摸皮毛，甚至眼里涌动着泪光。从该例我们可以看出，这位女士的行为属于强烈的成交信号。

正因为通过顾客的行为我们可以发现许多顾客发出的成交信号，因此作为一位推销人员应尽力使顾客成为一位参与者，而不是一位旁观者。在这种情况下，通过细心观察，推销人员很容易发现成交信号。例如，当顾客在商品前流连忘返，或者来回看过几次时，就说明顾客对该产品有很大的兴趣，只要及时解决顾客的疑问，成交也就顺理成章了。

以上介绍的是推销成交环节常见的顾客成交信号，但不同行业仍有其各自的特点，需要推销人员认真地学习把握。没有成交，谈何销售？所以，推销人员要随时准备好成交，要在销售气氛冷却之前及时准确地识别成交信号。

案例 6-1

小王是某配件生产公司的销售员，他非常勤奋，沟通能力也相当不错，前不久，公司研发出了一种新型的配件，较之过去的配件有很多性能上的优势，价格也不算高。小王立刻联系了他的几个老顾客，这些老顾客都对这种配件产生了浓厚的兴趣。

此时，有一家企业正好需要购进一批这种配件，采购部主任对小王的销售表现得十分热情，向小王反复咨询有关情况。小王详细、耐心地向他解答，对方频频点头。双方聊了两个多小时，十分愉快，但是小王并没有向对方索要订单。他想，对方还没有对自己的产品了解透彻，应该多接触几次再下单。

几天之后，他再次和对方联系，同时向对方介绍了一些上次所遗漏的优点。对方很是高兴，就价格问题和他仔细商谈了一番，并表示一定会购进。之后，对方多次与小王联络，显得非常有诚意。

为了进一步巩固客户的好感,小王一次又一次地与对方接触,并逐步和对方的主要负责人建立起良好的关系。他想:"这笔单子已经是十拿九稳的了。"

然而,一个星期之后,对方的热情却慢慢地降低了。再后来,对方还发现了产品中的几个小问题,这样拖了近一个月,这笔到手的单子就这样黄了。

资料来源:孟昭春. 成交高于一切[M]. 北京:机械工业出版社,2010.

问题:小王为什么会失去订单?

【启示与思考】

小王的失败显然不是因为缺乏毅力或沟通不当,也不是因为产品缺乏竞争力,而是因为他没有把握好成交的时机,过于追求完美,过于谨慎,最终错失良机。

在实施成交的过程中,如果推销人员懂得分辨客户的购买信号,就会信心倍增,并及时促成成交。当然,也许推销人员会碰上一本正经、不动声色的人。但多数顾客会通过细小的事情而泄露他的秘密。当信号显现时,推销人员就要长驱直入促成交易,必须做个行动主义者。要知道,虽然顾客对产品表现出了巨大的兴趣,并且价格可以接受,推销人员还是必须主动提出成交意向。作为顾客,总难免犹豫不决,这就需要一个推动力。

三、捕捉成交信号

当顾客产生了一定的购买意向之后,往往会向推销人员询问产品的一些具体信息。例如,询问产品某些功能及使用方法、折扣,或者询问其他老顾客的反应,询问公司在客户服务方面的一些具体细则,等等。这需要推销人员认真观察和细心体验,及时捕捉成交信号,做出积极反应,抓住成交时机。

捕捉成交信号

很多推销人员之所以最终无法与顾客达成交易,并非不够努力,而是因为没能正确识别成交信号并及时捕捉成交信号。对自己及推销的产品缺乏信心,总希望能给顾客留下更完美的印象,结果反而失去了成交的大好时机。

成功捕捉成交信号的五个注意事项如下。

(1)随时做好准备,不要在顾客已经显示成交意向时,对顾客发出的信号无动于衷。

(2)多观察、多询问、多思考,不放弃任何成交机会。

(3)留意顾客表情、语言、行为方面的成交信号。

(4)准确识别顾客发出的成交信号,无论是识别错误还是忽视这些信号,对推销人员来说都是机会的错失,对顾客来说也是一种时间和精力上的浪费。

(5)在把握顾客发出的成交信号时,坚持"宁可信其有,不可信其无"的基本原则。

 小测验

如果你是中高级住宅的推销人员,根据你自己的经验和看法,下面哪些不是推销洽谈中的购买信号?

（1）顾客索取并阅读有关部门推销文件。
（2）顾客提出有关价格异议。
（3）顾客问推销人员有完没完。
（4）顾客抱怨住宅的外观设计缺乏品位。
（5）顾客要求推销人员留下联系电话。
（6）顾客详细询问价格和付款条件。

小知识
可以提出成交的八个信号

任务二 掌握成交的策略和方法

任务引入

张伟在最后达成交易的过程中，发现了顾客有购买意向并传递了有关购买信号。那么，在成交的最后阶段，张伟应该如何利用顾客的购买信号，采用什么样的成交策略与方法，才能顺利拿下订单，达成最终目标。

任务1：张伟需要了解促进成交的策略。
任务2：张伟需要掌握促进成交的方法。

任务分析

在推销过程中，推销人员要认真研究成交的策略，在坚持相关的成交原则的同时，要根据交易实际情况灵活运用成交的方法与技巧。只有这样才能成功地促成交易，完成销售任务。

知识链接

成交策略是促成交易活动的基本战术，适用于各种商品或服务的买卖活动。成交的实现取决于推销人员是否真正掌握并灵活运用成交策略和成交战术。成交方法是指推销人员用来促成顾客做出购买决定，最终促使顾客采取购买行动的方法和技巧，它是成交活动的规律与经验的总结。

一、常用的成交策略

（一）预防第三者"搅局"策略

当推销人员与顾客接近成交的关键时刻，如果有第三者突然冒出来，往往会给推销工作增加难度。如果这位不速之客不熟悉或者不欣赏推销人员所推销的商品，顾客又向他征求意见，十有八九会使生意失败。事实上，在顾客购买某些产品时，准顾客购买的"天平"本来就非常敏感，稍微有点"风吹草动"就可能使准顾客改变主意。因为人们天然就有拒绝接受新事物的思想，排他性是一种惯性思维定势。鉴于此，推销人员应尽量在没有别人干扰的情况下与准顾客成交，防止可能的第三者的"横加干涉"。为了防止顾客受到其他人的影响，推销人员可以对准顾客说："咱们找个清静的地方谈吧！"以防患于未然。

（二）保留成交余地策略

保留一定的成交余地，有两个方面的内涵：一是在某次推销面谈中，推销人员应该及时提出推销重点，但不能和盘托出，因为顾客从对推销人员的推销产生兴趣到做出购买决定，总是需要经过一定过程的。到成交阶段，推销人员如能再提示某个推销要点和优惠条件，就能促使顾客下最后的购买决心。为了最后促成交易，推销人员应该讲究策略，注意提示的时机和效果，留有一定的成交余地。二是即使某次推销未能达成交易，推销人员也要为顾客留下一定的购买余地，希望日后还有成交的机会，因为顾客的需求总是在不断地变化，顾客今天不接受你的推销，并不意味着永远不接受你的推销。一次不成功的推销之后，推销人员如果留下一张名片和产品目录，并对顾客说："如果有一天您需要什么的话，请随时与我联系，我很愿意为您服务。在价格和服务上，还可以考虑给您更优惠的条件。"那么，就会经常发现这些回心转意的顾客。

（三）保持积极心态策略

成交是推销过程中的一个重要的"门槛"，成交的障碍主要来自于两个方面：一是顾客的异议；二是推销人员的心理障碍。推销人员由于自身知识、经验、性格、爱好以及所面对的顾客特点的不同，在推销过程中难免会产生或多或少的退缩、等候、观望、紧张等不利于成交的消极心理。这就是所谓的推销心理障碍。推销人员心理上的一些障碍会直接影响最终的成交。

另外，推销人员应以积极、坦然的态度对待成交的失败。实际上，即使是最优秀的推销人员，也不可能使每一次推销洽谈都导致最后的成交。在推销活动中，真正达成交易的只是少数，要坦然接受推销活动可能产生的不同结果。

案例 6-2

美国百货大王梅西于1882年出生于波士顿。年轻时出过海，后来开了一家小杂货铺，卖些针线。然而，铺子很快就倒闭了。一年后他另外开了一家小杂货铺，没想到仍以失败而告终。

当淘金热席卷美国时，梅西在加利福尼亚开了个小饭馆，本以为供应淘金客膳食是稳赚不赔的买卖，没想到多数淘金者一无所获，什么也买不起。这样一来，小饭馆也倒闭了。

回到马萨诸塞州之后，梅西满怀信心地干起了布匹服装生意。可是这一回他不只是倒闭，简直是彻底破产，赔了个精光。

不死心的梅西又跑到新英格兰做布匹服装生意。这一回他终于找对了时机，买卖做得很好。

梅西在头一年开张时账面上的收入才 11.08 美元，而现在位于曼哈顿中心地区的梅西公司已经成为世界上最大的百货商店之一了。

资料来源：付晓明. 超级销售细节训练[M]. 北京：北京科学技术出版社，2004.

问题：百货大王梅西成功的秘诀何在？

【启示与思考】

所谓"失败乃成功之母"。成功正是在失败中发酵孕育的，它隐藏在你对挫败的否定并坚持不懈之中。做推销一定会遇到许多的拒绝，奢望一夕成功绝无可能。失败了多少次并不重要，重要的是你即将要采取哪些行动去帮助自己成功。一次的失败并不重要，重要的是永远不放弃成功的念头，只要坚持，永不放弃，就一定可以成功。从某种意义上来说，没有失败的推销，只有推销人员的失败。

（四）因势利导策略

诱导顾客主动成交就是要设法使顾客主动采取购买行动。这是成交的一项基本策略。推销人员要采取适当的方法与技巧来诱导顾客主动成交，并使顾客觉得购买行为完全是个人的决定，而非被别人强迫，这样，在成交时，顾客的心情就会十分轻松和愉快。

（五）成交助推策略

准顾客准备签订交易合同时，但由于对推销品仍有疑虑，犹豫不决，推销人员应该适时亮出"王牌"，"重拳"出击，掌握主动权，彻底摧毁顾客的心理防线，使之签订"城下之盟"。但"王牌"的使用是要讲究策略的，应该在推销的关键时刻亮出来，这要求推销人员要有保留地介绍成交条件，不要一口气把全部有价值的宣传亮点都用完，"弹尽粮绝"之时也就是"坐以待毙"之日。如推销人员可以说："我忘记告诉你了，为了表明我们与贵公司合作的诚意，第一笔生意的运费由我们承担。"

（六）最后成交机会策略

在推销洽谈似乎是要以失败告终时，推销人员仍不应放弃，因为此时顾客紧张的压力已经得到充分的释放，防备松懈。这时，推销人员要善于察言观色，准确捕捉顾客的心理活动，抓住时机，充分利用这一最后的机会促成双方最终达成交易。例如，有位推销人员就特别擅长利用这一最后的时机达成交易。每当他要告别顾客时，便慢慢地收拾东西，有意无意地露出一些顾客未曾见过的产品样品，企图引起顾客的注意和兴趣，从而达成交易。在实际推销工作中，许多推销人员往往忽视这一最后的成交机会，而使一些本该达成的交易失之交臂。

二、促进成交的方法

掌握成交的
方法（上）

在实际推销实践中，经过国外推销学家和优秀的推销人员对成交过程进行的大量研究，发现成交活动的一些基本规律，并总结出以下成交方法。

（一）请求成交法

请求成交法（asking for the order）也叫作直接成交法（direct approach），即推销人员用

明确的语言向准顾客直接提出购买的建议。这是一种最基本、最常用的成交方法。当买卖已经"瓜熟蒂落"时，推销人员自然就应该明确提出成交请求，如"既然没什么问题，我们现在就把合同签了吧。""这次机会很难得，您现在订货，我们保证本月交货，可以方便您下个月的开工。""这个合同非常简单，您看完后没有异议，就可以签字了。""您这次想要多少货？"等。

1. 使用请求成交法的时机

针对某些理智型的顾客，直接请求成交法也许是最有效的方法。请求成交法一般适合于以下情形。

（1）老顾客。对于老顾客，因为买卖双方已建立了较好的人际关系，运用此法，顾客一般不会拒绝。例如，"老张，最近我们生产出几种新口味的冰激凌，您再进些货，很好销的！"

（2）顾客已发出购买信号。顾客对推销品产生购买欲望，但还未拿定主意或不愿主动提出成交时，推销人员宜采用请求成交法。例如，一位顾客对推销人员推荐的空调很感兴趣，反复地询问空调的安全性能、质量和价格等问题，但又迟迟不做出购买决定。这时推销人员可以用请求成交法。推销人员可以这样对顾客说："这种空调是新产品，非常实用，现在厂家正在搞促销活动，享受八折的优惠价格，如果这时买下，您还会享受终身的免费维修，这些一定会让您感到满意的。"

（3）在解除顾客存在的重大障碍后。当推销人员尽力解决了顾客的问题和要求后，是顾客感到较为满意的时刻，推销人员可趁机采用请求成交法，促成交易。例如，"您已经知道这种电热水器并没有您提到的问题，而且它的安全性能更好，您不妨就买这一型号的电热水器，我替您挑一台，好吗？"

2. 使用请求成交法的优点

（1）快速地促成交易。

（2）充分地利用了各种成交机会。

（3）可以节省销售的时间，提高工作效率。

（4）可以体现一个推销人员灵活、机动、主动进取的销售精神。

3. 请求成交法的局限性

请求成交法也存在着缺陷。若推销人员不能把握恰当的成交机会，盲目要求成交很容易给顾客造成一种压力，从而产生一种抵制情绪，破坏本来很友好的成交气氛。此外，若推销人员急于成交，就会使顾客以为推销人员有求于自己，导致推销人员被动。俗话说："谁先开口谁矮一头"，在讨价还价时，谁先提出成交，往往就会处在被动的地位。所以，推销人员如果过分着急直接提出成交，顾客会利用这个优势压价或开出更多的要求，从而使推销人员丧失成交的主动权，使顾客获得心理上的优势。还有可能使顾客对先前达成的条件产生怀疑，从而增加成交的困难，降低成交的效率。

（二）假定成交法

假定成交法是指在尚未确定成交，对方仍持有疑问时，推销人员就假定顾客已接受销售建议而直接要求其购买的成交法。如推销人员可做如下陈述："我稍后就打电话为您落实一下是否有存货。"或"您打算让我们的工程师什么时候来安装？""明天下午来交货可以吗？""您打算进多少这种规格的货品呢？"如果准顾客对此不表示任何异议，则可认为顾客已经默许成交。

假定成交法是一种推动力。例如，你已将一部汽车开出去给顾客看过了，而感到完成这笔交易的时机已经成熟，这时你就可以进一步地解决这个问题，推动顾客能真正地签下订单。你可以这样对他说："杨先生，现在您只要花几分钟的时间就可以将换取牌照与过户的手续办妥，再有半小时，您就可以把这部新车开走了。如果您现在要去办公事，那么就把这一切交给我们，我们一定可以在最短时期内把它办好。"经你这样一说，如果顾客根本没有决定要买，他自然会向你说明；但如果他觉得换取牌照与过户手续相当麻烦而仍有所犹豫的话，那么你的这番话可以使他放心了，说明手续不是问题。

假定成交法特别适用于对老顾客的推销。例如，一个化妆品推销人员对一个正在比较各种口红颜色的顾客说："您手上的这支口红很适合您的年龄和肤色。来，我替您装好。"

假定成交法的优点是节省推销时间，效率高，能迅速地将谈判带到成交阶段，当你和顾客谈得差不多时，可以果断运用这种方法进入成交。它可以将推销提示转化为购买提示，适当减轻顾客的成交压力，避免让顾客在"买与不买"之间徘徊，直接让他做"买多少""何时买"这种相对容易的决策，从而促成交易。

假定成交法要求推销人员要正确地把握时机，盲目假定顾客已有了成交意向而直接明示成交，很容易给顾客造成过高的心理压力，导致可能成功的交易走向失败。这种方法若使用不当，还会使顾客产生种种疑虑，使推销人员陷于被动，增加成交的困难。

（三）选择成交法

选择成交法是指推销人员向顾客提供两种或两种以上可供选择的购买方案来促成交易的成交方法。即推销人员为顾客设计出一个有效的成交范围，使得顾客跨过了"买与不买"选择的痛苦，只在购买多少、何时购买等成交方式上进行选择。例如，"您想要小包装的还是大包装的？""给您送70个还是90个这种产品？""是今天给您送货，还是明天给您送货？"

选择成交法是假定成交法的应用和发展，仍然以假定成交理论作为理论依据，即推销人员在假定成交的基础上向顾客提出成交决策的比较方案，先假定成交，后选择成交。顾客不能在买与不买之间选择，而只是在推销品不同的数量、规格、颜色、包装、样式、交货日期等方面做出选择，使顾客无论做出何种选择，导致的结局都是成交。

选择成交法最大的好处是减少了顾客成交的压力，避免了顾客在作选择决策上的痛苦，让顾客顺利成交。这种成交方法还有一个好处，推销人员提出成交方案，使得推销人员在交易中占支配地位。

但选择成交法也有它的缺点。首先，如果推销人员提出的成交方案使得顾客无法接受时，顾客可能会失去成交的信心，甚至导致推销失败。在实际推销中，并不是像"摊煎饼"那样简单，尤其是对于单位购买这样涉及方方面面的复杂购买，推销人员贸然提出选择方案，很可能是不切实际的，也很可能被顾客否决。其次，如果推销人员提出的选择成交方案是各有优点、截然不同的方案，往往会让顾客对每个方案都割舍不下而陷入犹豫之中，甚至导致不购买。例如买衣服，营业员一会儿说紫色衣服优雅大方、尽显高雅脱俗的气质，一会儿又说红色的这件衣服时尚动感、青春靓丽,但是顾客只有买一件衣服的钱,左右为难之下,她很可能会放弃购买。

运用选择成交法应注意以下问题。

(1)选择成交法不适合大宗购买或比较复杂的购买。例如卖房子,你不能用"您是买一个三居室还是买一个二居室?"来促进顾客成交,因为"三居室""二居室"相差太大了,顾客购买这两者所考虑的因素是截然不同的,也不可能是到最后才决定的。对于复杂的购买,影响顾客购买决策的因素有很多,推销人员很难准确把握,例如,在单位购买中,就存在老板、使用者、购买者甚至公司财务等多方面的制约因素,推销人员很难拿出准确的备选方案。

(2)运用选择成交法时,备选方案要少。一般不超过两个,而且每个都是符合顾客实际情况的。备选方案少,免得顾客挑花眼。另外,备选方案要有实质性的差异,避免顾客没法选择。

(3)选择成交法要求推销人员帮助顾客进行选择。特别是对于那些比较犹豫的顾客,推销人员要帮助其分析各个备选方案的好坏,尽量引导顾客选择一个符合其实际的称心如意的方案。

(四)总结利益成交法

总结利益成交法是指推销人员将顾客关注的产品的主要特色、优点和利益,在成交中以一种积极的方式来成功地加以概括总结,以得到顾客的认同并最终获取订单的成交方法。

例如,吸尘器推销人员运用总结利益成交法,他可能说:"我们前面已经讨论过,这种配备高速电机的吸尘器(特征)比一般吸尘器转速快两倍(优点),可以使清扫时间减少15~30 min(利益),是这样吧?(试探成交,如果得到积极回应)您是想要卫士牌还是想要天使牌?"

总结利益成交法也许是争取订单最流行的方法。施乐公司培训中心的销售教员说,他们传授的大多数成交方法都是由总结利益成交法的三个基本步骤组成,具体如下。

(1)推销洽谈中其确定顾客关注的核心利益。

(2)总结这些利益。

(3)做出购买提议。

总结利益成交法能够使顾客全面了解商品的优点,便于激发顾客的购买兴趣,最大限度地吸引顾客的注意力,使顾客在明确自己既得利益的基础上迅速做出决策。总结利益成交法适用面很广,特别是适合于相对复杂的购买决策,如复杂产品的购买或向中间商推销。

但是采用此法,推销人员必须把握住顾客确实的内在需求,有针对性地汇总阐述产品的优点,不要"眉毛胡子一把抓",更不能将顾客提出异议的方面作为优点加以阐述,以免遭到顾客的再次反对,使总结利益的劝说达不到效果。

案例 6-3

在一次推销洽谈中,顾客(一位商店女经理张女士)向推销人员暗示了她对产品的毛利率、交货时间及付款条件感兴趣。以下是他们之间的对话。

推销人员：张女士，您说过对我们较高的毛利率、快捷的交货时间及付款方式特别偏爱，对吧？（总结利益并试探成交）

张女士：我想是的。

推销人员：随着我们公司营销计划的实施，光顾你们商店的顾客就会增加，该商品的销售必将推动全商店的销售额超过平常的营业额，我建议您购买（陈述产品和数量）。下两个月内足够大的市场需求量，必将给您提供预期的利润，下周初我们就可交货（等待顾客的回应）。

资料来源：邱少波. 现代推销技能[M]. 北京：立信会计出版社，2005.

问题：推销人员用到了什么成交法获取订单？

【启示与思考】

推销人员将张女士关注的利益，在成交中加以概括总结，从而得到顾客的认同并最终获取订单。

（五）从众成交法

掌握成交的方法（下）

从众成交法是指推销人员利用人们的从众心理来促成准顾客购买推销品的成交方法。如一位服装店的推销人员在销售服装时说："您看这件衣服，式样新颖美观，是今年最流行的款式，颜色也合适，您穿上一定很漂亮，我们昨天刚进了四套，今天就剩下两套了。"一般来说，顾客听到这种话，都会对该商品产生好印象，即缺货就意味着是好货，紧俏品就是好商品，肯定值得购买。类似的例子还有："王先生，这款汽车外观豪华气派，流线型的造型时尚而简洁，内部结构合理舒适，空间的感觉也非常棒。而且车的动力强劲。来我们这里买车的很多商务人士首选就是这辆车，它可以说是商务人士的代步车，它非常符合您的身份。""李女士，这款香水的味道非常独特，淡淡的、幽幽的香气，非常高雅迷人，它几乎是白领丽人专用化妆品，您选择它没错的。""王太太，这份名单上面的名字都是您左邻右舍居家的太太，她们都购买了我的产品，享受我的上门服务。如果您能买我的产品，我将竭诚为您服务。"

从众成交法的优点是：采用从众成交法，可以用一部分顾客去吸引另一部分顾客，从而有利于推销人员提高销售的效率。在日常生活中，人们或多或少都有一定的从众心理，顾客在购买商品时，不仅要依据自身的需求、爱好、价值观选购商品，而且也要考虑全社会的行为规范和审美观念，甚至在某些时候不得不屈从于社会的压力而放弃自身的爱好，以符合大多数人的消费行为。别人的购买是一种潜移默化的说服，利用人们从众的心理，让顾客知道有很多人都在购买，这样就会在客户心中形成一种因为没有购买的不平衡压力，从而促使他做出购买决定。如果从众成交法做得好，可以导致一大批客户大规模成交，例如在打折促销滞销品时，就经常使用这种方法。由于产品已取得了一些顾客的认同，使推销人员的说词更加有说服力，有利于顾客消除怀疑，增强购买信心。

但是，也有些顾客喜欢标新立异，与众不同。若推销人员对这些顾客错误地使用了从众成交法，反而会引起顾客的逆反心理，从而拒绝购买。此外，如果推销人员所列举的"众"不恰当，非但无法说服顾客，反而会制造新的成交障碍，从而失去成交的机会。同时,如果推销人员把时间和精力都用在述说人群购买情况,而忽视了对产品的介绍,也可能导致推销失败。

采用从众成交法应注意以下问题。

(1)在购买人群中要找好有影响力的顾客,通过说服他来带动大家的购买。这个有影响力的人分两种:一种是顾客熟悉的人,由于顾客熟悉,这样的人所以相信他;另一种是对顾客有影响力的名人,由于其社会知名度,通常具有很大的带动效果。

(2)在举例时,尽量运用例证以增加说服力。有个家庭用品的推销人员,每当他说服家庭主妇购买时,他都请这些主妇们在一张纸上签字,时间长了,他再去说服其他主妇时,他只要拿这张纸给主妇们看就很有说服力。

(3)要选择好从众所"从"的对象,例如,对于年轻人,你所说的"众"就应该是年轻人,而不是中年人;对于"职业女性"所说的"众"就应该是"职业女性",而不应该是家庭妇女。

(4)从众成交法的"从众"应该是实际已经发生的,如果杜撰捏造,企业与推销人员都将无法承受其后果。

(六)小点成交法

小点成交法又称为局部成交法,是推销人员利用局部成交来促成整体成交的方法。小点是指次要的、较小的成交问题。

小点成交法主要利用的是"减压"原理,以若干细小问题的决定来避开是否购买的决定,培养良好的洽谈氛围,导向最后的成交。购买者对重大的购买决策往往心理压力较大,较为慎重,担心有风险而造成重大损失,导致难以决断,特别是成交金额较大的交易。为了减轻顾客对待成交的心理压力,帮助顾客尽快下定决心,推销人员可以采取化整为零的方法,将整体性的全部决定变为分散性的逐个决定,先征得对方部分同意。让顾客逐个拿定注意,最后再综合整体,以促成购买决策的达成。

小点成交法具有许多优点。它可以创造良好的成交气氛,减轻顾客的心理压力;为推销人员提供与顾客周旋的余地,避开对顾客很难接受的问题,从而避免了顾客的直接拒绝,即使一个小点不能成交,可以换其他的小点,直至达成交易;它还有利于推销人员合理利用各种成交信号,有效地促成交易。

小点成交法也存在一些缺点,具体如下。

(1)如果总是围绕小问题转而无法涉及主要问题,不仅浪费时间,而且降低成交效率。

(2)容易引起顾客的误会。例如,顾客提出一个很重要的要求,你避而不答去谈小问题,他会以为你接受了他的要求。

(3)用小问题去谈,也可能分散顾客的注意力,结果主要问题反而得不到解决。

运用小点成交法时应注意以下问题。

(1)小点成交法比较适合大宗的、复杂的、涉及人员比较多、无法就所有问题达成协议的交易,也适合顾客本来对整个交易抵触比较大的情况。另外,当顾客购买某些产品主要的决策因素只是其中某些小点时,也比较适合。

（2）推销技巧中的小点设置很关键，有助于整个问题的解决，这样才能一步步把顾客引入下一个回合。

（3）如果顾客提出的问题或者异议是很关键的，也是无法跨越的，那就不要回避，毕竟再高明的推销技巧都要屈服于顾客的实际情况，不能避重就轻欺骗顾客。

（七）最后机会成交法

所谓最后机会成交法，是指推销人员直接向顾客提示最后成交机会，而促使顾客立即购买的一种成交方法。这一成交方法要求推销人员运用购买机会原理，向顾客提示"机不可失，时不再来"的机会，给顾客施加一定的成交压力，使顾客感到应该珍惜时机，尽快采取购买行为。如汽车推销人员说："这种车型的汽车非常好卖，这一辆卖出去以后，我们也很难进到同样的车子，或由于原材料需要进口，这批货卖完后，可能要很长时间才有货。"

最后机会成交法的关键在于把握住有利的时机，若使用得当，往往具有很强的说服力，产生立竿见影的效果，并能节省销售时间，提高销售效率。这种方法对于大部分的推销行为都有作用，既可单独使用，也可和其他成交方法一起使用。

最后机会成交法的缺点有以下几个方面。

（1）对于没有强烈购买欲望的顾客，可能因为成交压力而终止购买行为。

（2）对于一些因为切实的原因无法现在购买的顾客，机会的丧失会导致他的挫折感，甚至不再购买该产品。

（3）如果经常地提示最后机会，容易让顾客无视这个机会，甚至认为推销人员在说谎。

采用最后机会成交法最忌讳的是欺骗顾客。例如有些卖水果的小贩往往采用这种伎俩，对顾客说："就剩下这点儿了，5元钱卖给您。"等顾客买完离开后，又拿出一些来欺骗下一个顾客。这种做法一旦被发现，会令其丧失信誉，失去顾客。

（八）优惠成交法

优惠成交法是推销人员通过提供优惠的交易条件来促成交易的方法，如通过提供价格、赠品、服务等优惠的方法，促使客户下决心成交。商业推广中经常使用的"买二送一""买大家电送小家电"等便属此法。它利用了顾客在购买商品时，希望获得更大利益的心理，实行让利销售，促成交易。例如，"张总，在本月5日前，我们厂家提供三折优惠，您今天下订单，还可以享受这么大的优惠。""李先生，如果您今天能够成交，我可以向销售经理请示，再给您赠送一套汽车贴膜。""刘女士，这是最低价格了，如果您能今天成交，我可以帮您请求一个小赠品。"

正确地使用优惠成交法，利用顾客的求利心理，可以吸引并招徕顾客，有利于创造良好的成交气氛。而且利用批量成交优惠条件，可以促成大批量交易，提高成交的效率。该方法尤其适用于销售某些滞销品，以减轻库存压力，加快存货周转速度。但是，优惠成交法也有局限性。首先，这种方法可能导致企业利润降低，也会导致推销人员的收入减少；其次，也可能对产品的品牌形象产生不利影响，人们通常认为"便宜没好货"，尤其是频繁或大幅度的降价，对产品品牌形象损失尤其大；再次，这种方法还容易导致客户的贪得无厌心理，引发他更多的讨价还价或要求更大优惠的欲望；最后，容易引发推销人员对优惠成交法的依赖，变成了不优惠不会成交。

（九）体验成交法

体验成交法是指推销人员为了让顾客加深对产品的了解，增强顾客对产品的信心而采取的试用或者模拟体验的一种成交方法。当推销人员和顾客商讨完有关产品、服务保障和交易条件后，为了促成交易，就需要在可能的条件下用形象化的手段直观地展示推销品。如用计算机给顾客演示产品的多媒体效果图和有关公司的发展理念、服务网络、文化等方面的情况，以进一步增强用户信心。体验成交法能给顾客留下非常深刻的直观印象。目前，在很多高价值、高技术含量的产品领域，体验成交法非常流行，如汽车销售中的顾客试驾、软件销售中的顾客试用体验等。

体验成交法的优点有以下几个方面。

（1）它可以让顾客通过亲身体验，更加充分体验产品的性能、利益，用产品优良的性能来进行自我推销。

（2）顾客将产品拿回去试用，当他用得很满意时，会将产品看成自己的，如果再让他交回来，他就会很依依不舍而决定购买。买过汽车的朋友都有这种感觉，一般的4S店都有试乘、试驾服务，当你试驾一趟下来，心里的种种异议都跑得无影无踪了，下车时就一个念头——买车！

（3）这种成交方法会让许多顾客因为推销人员的大度和信任，对产品和推销人员产生好感，从而不好意思不买。如销售食品时提供"先尝后买"，也是这个道理，品尝之后，很多顾客往往不好意思不买。

（4）将产品给顾客试用，可以延长推销人员和顾客的交往时间，推销人员可以利用这一时间加强推销力度，和顾客交朋友，或拓展更广的顾客关系。

（5）先用后买，可以让顾客更清楚地了解产品，购买以后的退货率也会大大降低。

体验成交法的缺点有以下几个方面。

（1）通过产品试用后才购买，推迟了成交的时间，降低了推销效率。

（2）要为顾客准备试用品，增加了销售成本和中间的损耗。

（3）有一些顾客可能在当时被推销人员将购买欲望调动起来，但试用产品时，购买欲望降低了，或者对产品不满意而取消了购买。

（4）体验成交法对部分产品并不适用。

运用体验成交法时应注意以下问题。

（1）要选择好适合试用的产品，例如，车可以试乘、试驾，但房子就无法试住，房子可以做出样板间让客户增加体验感。

（2）要做好充分准备，所谓的试用，就是让顾客体验，如果他体验不好，就适得其反。这里所说的准备，不仅是对产品的准备，还有对一些复杂产品让客户掌握使用方法的准备，试想，顾客从你这里拿了游戏机回家试用，他不知道按键怎么操作，折腾一个晚上，还没有玩上游戏，他的反应会怎样？

（3）要有相关的条款，对产品试用的条件，以及试用产品损坏等进行约束。

（4）要对顾客试用情况进行了解，及时解决顾客在产品试用中出现的问题，让客户获得更好的体验。

（5）体验成交法是一种非常好的方法，如果产品在同类产品中有差异优势，建议要尽量让顾客进行试用，以增强推销力度。

（十）保证成交法

保证成交法是推销人员通过向顾客提供某种保证来促成交易的成交方法。保证成交法是推销人员针对顾客的主要购买动机，向顾客提供一定的成交保证，消除顾客的成交心理障碍，降低顾客的购物风险，从而增强顾客的成交信心，促使尽快成交。保证成交法是一种大点成交法，直接提供成交保证，直至促成交易。例如，"我们汽车保证您能够无故障行驶 20 万公里，并且还可以为您提供长达 8 年的售后服务保证，如果一旦遇到什么问题，我们公司的服务人员会随时上门为您提供服务。"

又如，"您放心，我这儿绝对是全市最低价，如果您发现别家的货比我的货便宜，我可以立即给您退货。"

保证成交法通过提供保证使顾客没有了后顾之忧，增强了购买信心，从而可以放心购买产品。另外，该方法在说服顾客、处理顾客异议方面也有不同寻常的效果。保证成交法的保证内容一般包括商品质量、价格、交货时间、售后服务等。这种保证直击顾客的成交心理障碍，极大地改善成交气氛，有利于促成交易。使用保证成交法时，一定要做到言而有信，不能为一时的利益而信口承诺，结果又无法实行，必将丧失销售信用，不利于与顾客发展长久的关系。

 小测验

指出下面的例子使用的是什么成交方法。

（1）推销人员推销某种化妆品，在成交时发现顾客露出犹豫不决、难以决断的神情，就对顾客说："小姐，这种牌子的化妆品是××明星常用的，她的评价不错，使用效果很好，价钱也合理，我建议您试试看。"

（2）一位推销人员对顾客说："对于买我们的产品您可以放心，我们的产品在售后三年内免费保养与维修，您只要拨打这个电话，我们就会上门维修的。如果没有其他问题，就请您在这里签字吧。"

（3）"这种裤子每条卖 60 元，如果您买 3 条的话，我再送您 1 条。"

（4）"王处长，这种东西质量很好，也很适合您，您想买哪种样式的？"

（5）"刘厂长，既然您对这批货很满意，那我们马上准备送货。"

（6）一位推销人员到顾客的单位推销化工产品，他认为所推销的产品价格合理、质量很好，断定顾客非买不可。所以，在见到顾客寒暄了几句之后，就把话题转到化工产品上来，立即就问："王先生，我是先给您送 50 t，还是 100 t 全部都送来？"

任务三　做好售后管理

任务引入

张伟在推销准备、推销接近、推销洽谈、解决顾客异议以及促成交易各个阶段都做得尽善尽美。那么，在交易达成后，张伟的推销活动是否全部结束了呢？回答是否定的。从现代推销学的角度看，成交并非意味着推销活动的终结，而仅仅只是"关系推销"进程的开始。

任务 1：张伟需要做好成交后的追踪。

任务 2：张伟必须协助做好售后服务。

任务分析

在签订完买卖合同之后，张伟应及时地向顾客告别，根据合同的规定和要求，做好货物发放、装运、安装与操作指导等后续服务工作，保持与顾客的联系，了解顾客对购买产品的满意状况，解决顾客在使用产品中所遇到的各种问题，真正让顾客满意，并发展和巩固双方之间的友谊，为树立良好的口碑和下一次更大规模的交易打下坚实的基础。

知识链接

成交后追踪是指推销人员在成交签约后继续与顾客交往，并完成与成交相关的一系列工作，以更好地实现推销目标的行为过程。推销的目标是在满足顾客需求的基础上实现自身的利益。顾客利益与推销人员利益是相辅相成的两个方面，在成交签约后并没有得到真正的实现。顾客需要有完善的售后服务，推销人员需要回收货款以及发展与顾客的关系，于是成交后追踪就成为一项十分重要的工作。

一、成交后的追踪

（一）成交后追踪的意义

成交后追踪是现代推销理论的一个新概念。其中一些具体的工作内容，在传统的推销工作中已有体现。但把它概括为成交阶段的一个重要环节，则体现了它对于现代推销活动的重要性，进一步体现了以客户为中心的营销理念。成交后追踪的意义主要表现在以下几个方面。

成交后的追踪

1. 体现了以满足顾客需求为中心的现代推销观念

成交后追踪使顾客在购买商品后还能继续得到推销人员在使用、保养、维修等方面的服务，以及购买后如果在质量、价格等方面出现问题能得到妥善的解决。这两个方面使顾客需求得到真正意义上的实现，使顾客在交易中获得真实的利益。所以，成交后追踪是在现代推销观念指导下的一种行为。

2．使企业的经营目标和推销人员的利益最终得以实现

企业的经营目标是获取利润，推销人员要获取报酬，如何获取？只有收回货款后才能得以实现。而在现代推销活动中，回收货款往往是在成交后的追踪阶段中完成的。

3．有利于提高企业竞争力

随着科学技术的进步，同类产品在其品质和性能上的差异越来越小。企业间竞争的重点开始转移到为消费者提供各种形式的售后服务。售后服务是否完善，已成为消费者选择商品时要考虑的一个重要方面。而各种形式的售后服务，也是在成交后的追踪过程中完成的。

4．有利于获取重要的市场信息

通过成交后的追踪，推销人员可以获取顾客对产品数量、质量、花色品种、价格等方面要求的信息。因此，成交后的追踪过程实际上就是获取顾客信息反馈的过程，便于企业开发新的产品。

5．有利于和顾客建立起良好的合作关系

成交后的追踪工作可以加强推销人员和顾客之间的联系，通过为顾客提供服务了解顾客的习惯、爱好和职业，从而有利于和顾客建立比较紧密的个人情感联络，有利于顾客重复购买或者推荐其朋友购买推销品。

（二）成交后追踪的内容

由于顾客需要的多样性，成交后追踪所包含的内容是非常丰富的，这里主要介绍以下几点。

（1）督促追踪企业相关部门做好送货、安装、调试、培训等所承诺的与商品销售相关的各项售后服务工作。在售前，推销人员已经和顾客对这些服务进行了约定和承诺，如果这些工作做不到位，顾客一定会不满和投诉，严重的还会撤销后期合作协议。如果这样的话，推销人员的前期努力就白做了。即使顾客不反悔，企业的服务如果让他不高兴，对推销人员的信任度也降低了，不利于良好口碑的形成，自然也会影响未来顾客深挖。在很多企业有专门的售后服务部分，或者业务运营部分，但推销人员需要做好内部营销，确保售后按质服务，良好的售后会大大提高品牌在顾客心目中的信任度。

案例 6-4

某汽车企业交货时的注意事项：① 确认交付的车辆正确无误。② 应在约定时间交货，否则应通知顾客并道歉。③ 交货前，应确认车辆已准备妥当。④ 确认车辆已正常交货，你如果能亲自交货，将使顾客切实感觉到你对交易是负责的。⑤ 与顾客一起总结产品的特性。⑥ 确认顾客已完全理解了保修制度。⑦ 向顾客介绍特约维修店的维修能力。⑧ 提醒顾客，阅读顾客手则对其十分有益。⑨ 与顾客一起读完基本安全教育须知，说明只有安全驾驶才能保证拥有本品牌轿车带来的快乐。⑩ 几天后，打电话询问轿车的行驶性能。

问题：结合案例谈谈服务的重要性。

【启示与思考】

21世纪的企业竞争，"产品"已不是唯一制胜法宝，唯有运用"服务"策略，才能赢得更大的竞争优势。销售汽车的成功不仅仅在于其产品质量的精良，更重要的是它所提供的全方位的售后服务。可以预料，随着汽车市场竞争的加剧，它将带给顾客更多的利益和需求的满足。

（2）与顾客保持联络，建立和保持良好关系。顾客关系是企业发展的保障，老顾客开发成本远远低于新顾客开发成本，所以，推销人员应该和老顾客保持持久的互动关系，及时把握其需求的动态，寻找新的合作机会。

与顾客联系的方法多种多样，主要有以下几种。

① 通过信函、电话、走访、面谈、电子邮件等形式。通过这些方式既可以加深感情，又可以询问顾客对企业产品的使用情况、用后的感觉、是否满意、是否符合自己预期的要求、有什么意见和建议，并及时将收集到的信息反馈给企业的设计和生产部门，以便改进产品和服务。

② 通过售后服务、上门维修的方式。

③ 在本企业的一些重大喜庆日子或企业举行各种优惠活动时，邀请顾客参加、寄送资料或优惠券等。如新产品的开发成功、新厂房的落成典礼、新生产流水线的投产、产品获奖、企业成立周年庆典、举办价格优惠或赠送纪念品活动等，都是很好的机会。

④ 在国家规定的节日或者传统的节日到来之前，向顾客致以节日的问候。问候可以是电话、邮件，也可以是联谊活动或者赠送小礼品。

⑤ 在属于顾客个人的节日，如生日、结婚纪念日等有特殊意义的时刻，向他们致以节日的问候，将会给顾客留下十分深刻的印象，并迅速拉近与顾客的距离，但是要做到这些，需要推销人员做个有心人。

上述这些实用的方法有利于推销人员与顾客相互记住对方，更重要的一点是，无论做什么事都要富有人情味。发送一张贺卡、一份剪报或一篇文章的复印件并不需要周密思考，也不需要花很多的时间和精力，关键是给顾客留下深刻印象，其秘密就是亲自动笔写的几句话。

（3）了解顾客的满意程度。顾客满意度是指顾客对购买活动及其购买物品的感受，即推销过程及推销品满足顾客期望的程度。如果实际感受与购买预期相吻合，顾客就会满意；如果实际感受与购买预期有较大的反差，则顾客就不会满意。如果顾客满意，就会倾向于继续购买推销人员所推销的其他物品并保持高度的品牌忠诚。

顾客满意程度对于推销人员本人或者其所代表的公司都是非常重要的，为了及时收集顾客对购买过程的感受，许多公司设立了专门的售后服务部门对顾客使用情况进行追踪和管理。作为推销人员本身，也应该高度重视与顾客的售后联系，随时准备好解决顾客使用产品过程中所遇到的问题，争取顾客进行重复购买或者介绍朋友进行购买。

（4）回收货款。销售的目的就是在顾客获得所需的产品的同时，企业也能够快速回笼货款。收不回货款的推销是失败的推销，会使经营者蒙受损失，所以在售出货物后及时收回货款，就成为推销人员的一项重要工作任务。

在现代推销活动中，赊销、预付或者为中间商铺货作为一种商业信用，在销售中扮演着非常重要的角色，是企业占领市场、扩大销售额的重要手段。如何才能及时、全额地收回货款，是降低企业经营风险的关键因素。要做好货款的回收工作，需要从下列几个方面加以注意。

① 在商品销售前进行顾客的资信调查。顾客的资信主要包括顾客的支付能力和信用记录两个方面。在推销前，从多方面了解顾客的资信状况，是推销人员选择顾客的重要内容，同时也是能够及时全额地回收货款的安全保障。否则，即使销售了产品，但是由于顾客资信不良而造成烂账，反倒不如没有成交。

② 在收款过程中保持合适的收款态度。如果因为采取不恰当的态度而影响收回货款，那是得不偿失的。因此，推销人员应针对不同的顾客、不同的情况，采取相应的收款态度。一般情况下，收款态度过于软弱，就无法收回货款；收款态度过于强硬，容易引起冲突，不利于企业形象，而且会影响双方今后的合作。所以，推销人员在收款时要态度认真、有理有节。这样，既有利于货款的回收，又有利于维持双方已经建立起来的良好关系。

③ 正确掌握和运用收款技巧。推销人员掌握一定的收款技巧，有利于货款的回收。例如：

- ❑ 成交签约时要有明确的付款日期，不要给对方留有余地。
- ❑ 按约定的时间上门收款，推销人员自己拖延上门收款的时间，会给对方再次拖欠以借口。
- ❑ 如果不能及时收款，就以公司有规定为由暂停有关的产品安装程序，从而引起顾客的重视而早日付款。
- ❑ 注意收款的时机，了解顾客的资金状况，在顾客账面上有款时上门收款。
- ❑ 争取顾客的理解和同情，让顾客知道马上收回这笔货款对推销人员的重要性。
- ❑ 收款时要携带事先开好的发票，以免错失收款机会，因为顾客通常都凭发票付款。
- ❑ 如果确实无法按约收款，则必须将下次收款的日期和金额在客户面前清楚地做书面记录，让顾客明确认识到这件事情的严肃性和重要性。

这里介绍的只是一些常用的收款技术。在实际工作中，还需要推销人员针对不同的顾客，灵活机动，临场发挥。无论采用何种技术，目的是明确的，即及时、全额地收回货款。

二、售后服务

售后服务是指企业及其推销人员在商品到达顾客手里后，为保证顾客正常使用而继续提供的各项服务工作。售后服务的目的是为顾客提供方便，保证顾客的满意度，促进企业的推销工作。随着人们收入水平的提高，顾客不仅要求买到中意的商品，而且更要求买到商品后能够方便地使用。

（一）开展售后服务的原因

1. 售后服务是产品价格的一部分

顾客所支付的产品价格本身就包含了服务的费用，他们有权享用，也应当得到完善的服务享受。当然，服务的范围、程度要看推销品的技术复杂程度、销售额大小、长期合作的可能性而定。

2. 售后服务是顾客对产品正常使用的必备条件

确保产品能够正常使用是推销人员分内的事，不管所售产品是什么，只要顾客有售后服务的要求，需要运输与安装、调试、示范及培训，需要了解有关的特殊知识和操作技巧，推销人员就有义务做好善后工作。

3. 售后服务是与顾客建立信任关系的基础

不管顾客是一次性购买还是多次惠顾，良好的售后服务都能够不同程度地提高顾客的满意度，增强顾客对推销人员及其所代表的公司的信任。

4. 售后服务是稳定企业及其推销人员业务的有力保障

要扩大销售额，有两条基本途径：一是找到新顾客；二是出售更多的产品给老顾客。良好的售后服务对这两种增加销售额的途径都有很大帮助。

案例 6-5

温彻斯特公司是一家专门定做服饰的公司，麦克是该公司的金牌销售员。有一次，麦克在接到比尔的订单后，遇到了缺料的问题。首先是温彻斯特公司已经把仓库的灰色布料用完，仓储部门虽然紧急订购灰色布料，但麦克还是无法如期交出比尔的灰色西装，需延后 3 个星期才能交货。另外，也欠缺蓝色布料，大概需 6 个月后才有蓝色布料供应。麦克准备把无法如期交货的坏消息通知比尔。

麦克："比尔，很抱歉。您定做的灰色西装恐怕要延后 3 个礼拜交货，因为公司的灰色布料消耗得很快，库存的布料被用光了，公司正紧急订购灰色的布料。"

比尔："没有关系，麦克，谢谢你打来电话。"

麦克："蓝色布料也被用光了，您订的蓝色西装恐怕也要延迟交货了。比尔，真对不起，您定做的两套西装都因为布料短缺而不能按时交货。这种情况在以前是没有发生过的。"

比尔："没有关系，你只要到时候把做好的蓝色西装和灰色西装交给我就可以了。"

麦克："比尔，我还有一些坏消息和一些好消息，您想先听坏消息还是好消息？"

比尔："什么样的坏消息？"

麦克："坏消息是蓝色布料的短缺恐怕长达 6 个月，而好消息是，有一种替代品能替代目前正短缺的蓝色布料。这种替代品无论在材料、颜色、质量方面都和短缺的蓝色布料一样，只是在布料的编织上有一点点的不同。不过，这种不同是很难看出来的。以替代品做成的西装是每套 525 元。"

比尔："那不是比原来的价格贵 50 元吗？你还说是好消息？"

麦克："我已经跟公司谈过了。公司方面愿意以原来的价格 475 元卖给您。如果您认为可以，我想这几天把样品布料带给您看，由您做最后的决定。"

比尔："那太好了，谢谢你，麦克。"

麦克把不能如期交货的问题做了圆满的解决。在解决问题当中，麦克表现了他诚实、细心的处事态度。在他和比尔之间有了一个"好的开始"后，他们的"好"关系也将持续下去。这是一次成功的推销。

资料来源：锦浩．推销高手行动案例[EB/OL]．（2006-12-05）[2016-02-01]．http://tieba.baidu.com/p/117923073?pn=2.

问题：结合案例谈谈售后服务的重要性。

【启示与思考】

不论销售什么产品，如果不能提供良好的售后服务，就会使努力得来的生意被竞争对手抢走。赢得订单，固然是推销工作的一个圆满"结束"，但从长远看，这只是一个阶段性的结束，不是永久的、真正的结束，反而是拓展推销事业的"开始"——开始提供长久的、良好的售后服务。在本案例中，麦克不仅主动和比尔联系，还为比尔提供不能如期收货的弥补方案，麦克的售后服务打动了比尔的心，也使麦克在同行中具有很大的竞争力。

（二）售后服务的内容

售后服务包括的内容非常丰富。随着竞争的加剧，新的售后服务形式更是层出不穷，提供给顾客更多的利益和需求的满足。从目前来看，售后服务主要包括下列内容。

1．送货服务

对购买大件商品，或一次性购买数量较多，自行携带不便，以及有特殊困难的顾客，企业均有必要提供送货上门服务。原来这种服务主要是提供给生产者用户和中间商的，如今已被广泛地应用在对零售客户的服务中。例如，在激烈的市场竞争中，一些家具经销商十分重视及时送货上门。这种服务大大地方便了顾客，刺激了顾客的购买。

2．安装服务

有些商品在使用前需要在使用地点进行安装。由企业的专门安装人员上门提供免费安装，既可当场测试，又可保证商品质量。同时，上门安装还是售后服务的一种主要形式。例如，著名的海尔公司销售空调后，会为顾客提供免费安装，安装人员为了不给顾客带来麻烦，他们自带鞋套，自带饮水，并在空调安装完毕后帮助顾客将室内收拾整齐，同时给顾客仔细讲解使用、保养方法，耐心解答顾客的疑问，深受顾客欢迎。

3．包装服务

商品包装是在商品售出后，根据顾客的要求提供普通包装、礼品包装、组合包装、整件包装等的服务。这种服务既为顾客提供了方便，又是一种重要的广告宣传方法。如在包装物上印上企业名称、地址及产品介绍，能起到很好的信息传播作用。

4．"三包"服务

"三包"服务是指对售出商品的包修、包换、包退的服务。企业应根据不同商品的特点和不同的条件制订具体的"三包"方法，真正为顾客提供方便。

实质上，包换也好，包退也好，目的只有一个，那就是降低消费者的购物风险，使其顺利做出购买决策，实现真正意义上的互惠互利交易。当顾客认识到企业为顾客服务的诚意时，包退、包换反过来会大大刺激销售。不仅提高了企业信誉，还赢得了更多的顾客。

5．帮助顾客解决所遇到的其他问题

推销人员必须像对待自己的问题那样对待顾客的问题，因为从长远看，只有顾客获得成功，推销人员才能再次与顾客进行交易，来扩大成交额。同时，推销人员处理顾客所遇到的问题的速度，也体现了推销人员对顾客的重视程度。

根据经验，售后服务的质量越高、次数越多，越能获得顾客一再的惠顾，顾客介绍朋友上门的意愿也越高。在经过两年以后，重视售后服务的推销人员会发觉销售额的80%是来自老顾客或老顾客的介绍。

小知识

顾客是怎样失去的：

（1）1%是由于老顾客去世了。

（2）3%是由于老顾客搬迁，离开了原来的区域。

（3）4%是非常自然的流动——因为好奇心而不断更换品牌。

（4）5%是由于购买了朋友或亲人推荐的产品。

（5）9%是由于选择了便宜的产品。

（6）10%是由于长期对产品有抱怨情绪。

（7）68%是由于顾客的需求得不到关注，顾客的抱怨得不到及时处理。

资料来源：刘敏兴. 销售人员专业训练[M]. 北京：中国社会科学出版社，2003.

（三）顾客投诉处理

所谓顾客投诉，是指顾客对企业产品质量或服务上的不满意，而提出的书面或口头上的异议、抗议、索赔和要求解决问题等行为。

顾客投诉的步骤和技巧

有效处理顾客（普通）投诉的方法和步骤如下。

1. 接受投诉

顾客投诉处理方法的第一步叫作"接受投诉"，要求迅速受理，绝不拖延，这是第一个要素。坚决避免对顾客说"请您等一下"，否则你就是在冒险，因为你并不了解这位顾客的性格，这个投诉对他的生活、工作带来多少影响，以及其后顾客会有的反应。

处理顾客投诉的目的不仅仅是避免给企业带来的麻烦，更重要的是希望通过有效处理投诉，能够挽回顾客对企业的信任，使企业的口碑得到良好的维护，有更多的"回头客"，从而化"危机"为"契机"。

2. 平息怨气

顾客在投诉时，多带有强烈的感情色彩，具有发泄性质，因此要平息他们的怨气。在顾客盛怒的情况下，当顾客的出气筒，需要安抚顾客，采取低姿态，承认错误，平息怨气，以让顾客在理智的情况下，分析解决问题。

3. 澄清问题

需要给顾客一个宣泄不满和委屈的机会，来分散心里积压的不满情绪，如果放弃这个机会，就不利于投诉最终的处理。用提问题的方法把投诉由情绪带入事件。

通过提问题，用开放式的问题引导顾客讲述事实，提供资料。当顾客讲完整个事情的过程以后,服务人员要用封闭式的问题总结问题的关键。例如,"您刚才所说的情况是您在石家庄的用户中有一户向您反映,鸡用料后产蛋率下降了两个百分点,并有少数软壳蛋和破损蛋出现,是这样的吗?"

4．探讨解决

探讨解决是指投诉最终怎么处理,是退,还是换,还是赔偿。很多顾客服务人员往往是直接提出解决方案,而未考虑到当顾客失去了选择的余地时,他会没有做"上帝"的感觉。真正优秀的顾客服务人员是通过两步来做:第一步是先了解顾客想要的解决方案,顾客服务人员主动提出:"您觉得这件事情怎么处理比较好?"然后开始第二步,提出你的解决方案,迅速对顾客投诉的问题进行有效解决。这样一来,不管顾客是否已有解决方案的腹案,企业在解决问题时都会居于主动地位。

5．表达感谢

感谢顾客是最关键的一步,这一步是维护顾客的一个重要手段和技巧。服务人员需要说四句话来表达四种不同的意思,具体如下。

第一句话是再次为给顾客带来的不便表示歉意。

第二句话是感谢顾客对于企业的信任和惠顾。

第三句话也是向顾客表谢意,让我们发现问题,知道自己的不足。

第四句话是向顾客表决心,让顾客知道我们会努力改进工作。

任务总结

张伟知道成交是整个推销活动中最重要的一个环节,直接关系推销的成败。他对推销成交的体会如下。

(1)推销人员要想顺利地达成交易,必须能识别顾客发出的各种成交信号,准确捕捉到信号,及时把握成交时机。

(2)在推销成交的过程中,要注意成交中的一些基本问题,如要有正确的成交心态、防止第三者对成交的破坏、关键时刻亮出绝招、锲而不舍地做出推销努力等。

(3)要获得推销的成功,除掌握成交的一些基本技巧外,也应熟悉常用的推销方法,根据推销人员自身、推销品及推销对象的情况,选择合适的一种或几种推销方法在实践中加以运用,并不断提炼总结和完善。这些方法包括请求成交法、假定成交法、选择成交法、总结利益成交法、从众成交法、小点成交法、最后机会成交法、优惠成交法、体验成交法和保证成交法等。

(4)达成交易并不是推销过程的终结,而是关系推销的开始。在推销成交后,要做好成交后的追踪,采取必要的措施保住顾客。由于售后服务是产品价格的一部分,售后服务是顾客对产品正常使用的必备条件,售后服务是与顾客建立信任关系的基础,售后服务是稳定企业及其推销人员业务的有力保障,推销人员必须依据顾客及中间商的不同情况,随同产品的出售提供不同种类的售后服务。

业务技能自测

一、判断题

1. 当顾客发出成交信号时，请立即停止产品介绍，索要订单。（ ）
2. 在顾客同意购买你的商品之前，就假定他已决定要购买，这样做属于强迫推销法。（ ）
3. 在回收货款时，尽量做到有理有节，既不能太软弱，也不能太强硬。（ ）
4. 任何时候都应当让顾客有这样一种感觉：你是在认真地对待他的抱怨，并且对这些抱怨进行事实调查而非逃避责任。（ ）
5. 网络购物中，客服人员告诉顾客"七天内如果产品不影响二次销售，可无条件退货"是一种保证成交法。（ ）

二、选择题

1. 下列现象中，属于成交信号的有（ ）。
   A. 顾客询问新、旧产品的比价　　B. 顾客询问产品售后服务
   C. 客户打哈欠　　　　　　　　　D. 客户皱眉
   E. 客户询问能否试用商品
2. "这种酒有两种包装，您是要精装的还是要简装的？"推销人员使用的这种成交方法是（ ）。
   A. 请求成交法　　　　　　　　　B. 选择成交法
   C. 假定成交法　　　　　　　　　D. 总结利益成交法
3. 推销人员对比较各种口红的客户说："您手上这支口红很适合您的肤色和年龄。来，我替您装好。"这种成交方法称为（ ）。
   A. 保证成交法　　　　　　　　　B. 假定成交法
   C. 小点成交法　　　　　　　　　D. 选择成交法
4. 最佳的成交时机是顾客购买心理活动过程的（ ）阶段。
   A. 兴趣　　　　　　　　　　　　B. 欲望
   C. 确信　　　　　　　　　　　　D. 认识
5. 推销人员对顾客说："小姐，这种牌子的化妆品是××明星常用的，她的评价不错，使用效果很好，价钱也合理，我建议您买来试试看。"推销人员使用的这种成交方法是（ ）。
   A. 请求成交法　　　　　　　　　B. 假定成交法
   C. 从众成交法　　　　　　　　　D. 体验成交法

思考与讨论

1. 阻碍推销人员成交的心理障碍有哪些？如何克服？

2. 作为推销人员,应掌握哪些成交策略?
3. 推销活动中有哪些成交的主要方法?
4. 如何和顾客建立良好的关系?
5. 遇到顾客延期付款时,推销人员该如何处理?

实训题

项目　营销成交模拟

【实训目标】
1. 培养学生掌握推销成交的策略,并能灵活运用。
2. 培养学生掌握推销成交的方法,并能灵活运用。

【实训内容】
运用不同的成交方法与各种类型的顾客成交。

【实训要求】
1. 要求学生在推销成交过程中正确识别并捕捉成交信号。
2. 每个小组必须使用请求成交法、选择成交法、从众成交法、小点成交法、体验成交法、保证成交法与顾客成交。
3. 要求教师对学生的情境模拟进行点评。

【组织与实施评价】
1. 学生分组,每组4~6人。
2. 运用的推销成交方法与技巧不能少于4种。
3. 小组两两结合进行模拟操作。

【考核要点】
1. 根据学生的现场控制能力、观察能力、灵活应变能力、语言表达能力等来进行评分。
2. 学生小组互相评分。

案例分析

案例一　如何处理模糊信息

作为公司的一名推销员,请你判断在处理模糊信息方面,下列哪一种方式是正确的,并说明理由。

方式一:
推销员:我们的标书怎么样?
客户:还可以。
推销员:太好了,何时我们能得到答复?
客户:我们会尽快决定的。

方式二:
推销员:我们的标书怎么样?

客户：还可以。
推销员：我是否可以这样理解，您已经认真考虑过我们的标书，并有可能采用它？
客户：还不能这么说，还有一些事情我们正在考虑。
推销员：有哪些方面还没有最后确定？
客户：我们担心供应商的信誉和按时完工的能力。
推销员：对于我们公司，在这两方面您也有这样的担心吗？
客户：我们担心你们不能按时完工。

资料来源：胡善珍. 现代推销[M]. 北京：高等教育出版社，2010.

分析思考：
方式一和方式二哪个沟通好？为什么？

案例二 交 叉 销 售

当你买车的时候，销售人员对你建议："给您的新车再做个底盘装甲防撞防锈隔音底漆，您看好吗？"

当你对一套西装比较满意并有意购买时，营业员说："这条领带配上你的新西装真是完美。"

再看小李的经历。

小李为客户提供的机器人生产线方案只聚焦在和客户曾经讨论过的问题上，没有涉及其他问题："所有潜在的问题、障碍都被发现并且得到解决，这是一份有说服力的建议书。"小李正在演讲，采购团队的领导打断了他的话："我们不需要再看了，项目可以往前推进。我们希望你们尽快完成这个项目，咱们把合同签了吧。"就在小李拿出合约的一刹那，对方公司的一个技术支持人员不假思索地脱口而出："您应该了解，我们的数据库马上要升级，我们刚刚完成测试，最终版本会在60天内完成。"技术支持人员对未提及问题的描述使得之前本该赢得的订单突然取消，其公司决定暂停签署合约。

资料来源：陆和平. 大客户销售这样说这样做[M]. 北京：中国青年出版社，2019：198.

分析思考：
1. 你认为案例中技术支持人员的做法对吗？
2. 请谈谈在成交环节推销人员应该遵守的职业道德有哪些？

学习情境七　推 销 管 理

知识目标

1. 了解推销管理过程中推销人员的选拔、培训的重要性。
2. 理解推销管理过程中推销人员薪酬与激励管理对企业的重要性。
3. 掌握推销培训的程序和推销培训的方法。
4. 熟悉推销人员的组织结构。
5. 掌握推销管理的基本内容。

技能目标

1. 能够完成基本的推销人员选拔和培训工作。
2. 能够制订推销人员基本薪酬体系。
3. 能够制订推销人员基本的激励管理措施。
4. 能够对推销效益进行科学的评估。

素质目标

1. 爱岗敬业，实事求是。
2. 具有调查、分析、规划能力。

导入案例

如何做好推销员的招聘

张丽是一个服装公司的店长，管理着一个 1000 m² 的店铺，她总感觉在以前招聘中挑选的人入职后并不是她招聘时想象的那样，流动率也较高。为了提高招聘的成功率，张丽重新对需要提问推销员的问题进行了整理，认为应该从四个方面对推销员进行考察：第一，推销员对销售岗位的热爱程度；第二，推销员的销售能力；第三，推销员的抗压能力；第四，推销员的执行力。为了考察这几个方面，张丽又梳理了一个具体问题清单，比如，为了考察推销员的执行力，可以这样问：你认为领导说的话都是对的吗？如果你觉得领导是错的，你会怎么做？你一般如何安排自己的周末时间？如果有业务上的需求，你如何调整自己的周末行程呢？

有了这些准备，张丽感觉自己招聘时心里更有数了。

任务一　推销人员的组织管理

任务引入

张伟经过几年的努力已成长为销售部经理,他深刻地认识到:企业销售收入的实现离不开推销人员,如何最大限度地发挥每一名推销人员的力量,建立科学合理的推销计划、严格执行的考核体系和能充分调动推销人员积极性的激励机制,是关系企业生存和发展的大事。因此,面对目前我国的人力资源市场上称职的推销人员供不应求的状况,如何管理好销售队伍是现在身为销售经理——张伟困惑的问题。

任务 1:推销人员的招聘、甄选、培训、指导与激励。

任务 2:推销人员的绩效评估。

任务分析

商品推销是现代企业营销中的一项重要工作,它的流动性强、弹性大、可控性低,加强对推销行为的组织与管理,完善对推销行为的监督与控制,是非常必要的。推销管理的目的在于把整个推销活动纳入企业的科学化、现代化管理之中,提高推销效率,降低推销成本,巩固推销成果,促进推销目标的实现。

知识链接

企业要获得推销的成功,核心问题是选择具有高素质的推销团队。如果把市场经济中的企业比作一列行驶的火车的话,这列火车行驶速度的快慢则取决于推销人员。广告、公关为推销创造有利的环境,营业推广提供了吸引顾客的有力武器,而沟通企业与顾客的关系则要靠推销人员。他们不仅是企业的对外代表,也是企业的联络员、信息员与服务员,不仅为企业创造价值,同时也在推销着企业的形象。因此,通过招聘选拔一批人数较多、素质较高的推销人员,是企业经营成功的关键。

一、推销人员的选拔

在发展一支高素质的推销团队的过程中,人是最重要的因素。企业一切产品与服务的销售都必须通过推销人员来完成。在销售活动中,推销人员既代表公司,又联系顾客;既要为企业获得利润,又要为客户尽职尽责。要完成如此艰巨的任务,就必须有较高的素质。因此,如何选聘推销人员,并且加以训练,以符合企业的要求,是一项非常重要的工作。

(一)合格推销人员的条件

企业营销实践表明,凡是能够出色地完成销售任务的推销人员,必须具备一定的条件或较高的素质。

关于合格推销人员的任职条件，不同的人有不同的说法。

日本学者认为，推销人员是一切企业成本的回收人员。无论多么巨大的设备投资，无论多么有力的广告宣传，只有通过推销活动才能收到成果。因此，企业应当雇用有推销能力的推销人员。而具有推销能力的推销人员应具备商品知识能力、对顾客的理解能力、搜集信息的能力和丰富话题的能力。商品知识能力包括对商品的制造、使用、市场状况的认识和了解能力；对顾客的理解能力包括识别顾客需求、分析顾客消费行为和发展趋势的能力；搜集信息的能力包括搜集客户、商品、竞争对手、市场和行业等方面信息的能力；丰富话题的能力是指推销人员要能与不同类型的顾客打交道，要能与他们进行有效的沟通。

美国销售管理专家查尔斯·M.富特雷尔认为，成功的推销人员应具备的素质包括精力充沛、高度自信、追求物质财富、工作勤奋、很少需要监督、坚持不懈、有竞争心、良好的外表、讨人喜欢、能够自律、聪明、以成就为导向、良好的沟通技巧。

我国以推销训练见长的林有田先生则认为，合格推销人员应当具备"5A4力"。5A是指善于分析（analysis）、善于接触（approach）、频繁联系（attach）、主动出击（attack）和有利共享（account），4力是指情报力、行动力、吸引力和说服力。

另一学者范扬松认为，要成为推销高手必须具有以下素质。

（1）具有专业精神，义无反顾，不断激励自己，向业绩巅峰挑战。

（2）讨人喜欢的人品，包括诚实、努力、乐观、负责、谦虚。

（3）精通三项知识，包括商品知识、推销知识及人性知识。

（4）了解勇气的价值，具有推销的决断力、自信与意志力。

（5）不可有错误的斗志，坚持己见，随时与顾客"战斗"。

（6）忠诚的心，忠于顾客、忠于公司、忠于上司。

（7）勤勉、手勤（写信）、口勤（联络）、脚勤（热心拜访）。

（8）每次推销都视为一次杰作，不断地修正、创新方法。

由以上可知，要成为合格的推销人员是不容易的，推销人员应努力锻炼和实践，逐步具有较高素质。

（二）推销人员的选拔程序与方法

选拔优秀的推销人员对于企业开拓市场、赢得利润至关重要，如果好的推销人员被企业竞争对手选聘，那么对企业是很大的损失。如果选拔失误，企业不仅不能期望该推销人员创造良好的推销业绩，对企业发展做出贡献，而且还可能对企业的形象和声誉造成损害。企业选拔推销人员，可以选自企业内部，也可以对外公开招聘。从企业内部选拔，由于被选人员已经具备企业产品技术知识，对企业的经营状况、营销目标及策略有所了解，可以减少培训时间与内容，能迅速增强销售力量。

选拔程序通常由应聘人员先填好应聘表格，包括年龄、性别、受教育程度、健康状况、工作经历、本人特长、联络方法等基本项目，据以判断是否符合事先决定的候选人的基本条件，然后进行面试。面试可由企业的销售经理、人事经理和资深推销人员进行，以考察应聘人员的语言能力、仪表风度、推销态度、临场应变能力、健康状况,以及所具有知识的深度、广度等。

除此之外,还可辅之以不同类型的测验。测验的基本类型和内容如下。

(1)能力测验。用以了解一个人全心全力从事一项工作的结果怎样,也称作最佳工作表现测验,既包括语言的运用能力、归纳能力、理解能力、解决难题的能力等智力方面的测验,也包括知觉能力、反应灵敏度、稳定性以及控制能力等特殊资质方面的测验。

(2)性格测验。用以了解应试人员在未来的推销工作中将如何做他每天的工作,也称作典型工作表现测验,包括对工作条件、待遇、晋升等的看法与意见的态度测验,以及个性测验和兴趣测验。

(3)成就测验。用以了解一个人对某一工作或某项问题所掌握知识的多少,因为每项工作都需要特殊技巧,需要不同的知识,企业认为必要时应设计特殊资质方面的测验。

 小知识

在现实中,很多公司关于招聘销售人员的决策都直接由用人主管决定,而且招聘方式是传统的一对一面试。有经验的销售人员一般都能对所面试的公司及经理做深入研究而"投其所好",并在几十分钟的面试中"表演成功"。招聘的轻率和随意,也是导致后续一些绩效问题的直接原因。

为避免出现这样的弊端,销售组织在定义完自己的招聘标准和能力模型后,就需要制定一个系统化的招聘流程和手段。这个流程包括具体的面试及决策办法,具体如下。

1. 拟定一份理想销售的特征描述

企业应该根据自身所处的行业、销售角色、目标客户群等因素,制定一份理想销售人员的特征描述。这些特征可包括销售人员需要具备的软技巧(动力、责任感等),硬技巧(销售、沟通技巧等),以及行业性质、产品经验等。这一步对于识别符合公司特点的优秀销售人员极为关键。

2. 制定一个销售面试流程

很多企业对于销售的招聘一般主要依靠销售经理自身的经验来进行,这也直接导致了较高的招聘失误。一个标准的销售面试流程应能够最大程度地减少招聘失误。这个流程包括需要设置几关面试,每一关的面试人员及面试方式等。一些更为细致的考虑甚至包括面试问题的设计、销售测试案例的准备等。

在销售面试方法的设计中,可以使用仿真实战案例作为销售面试的关键环节,因为最好的能力验证方式是看到销售人员代表公司站在客户面前时的真实表现。

3. 找准寻找优秀候选人、发布招聘广告的途径

从哪里找到和吸引符合条件的候选人,是招聘过程中的重要环节。它一般包括朋友同事推荐(考虑给予奖赏)、招聘网站、猎头、媒体广告等方法。公司也可根据自身条件和行业特点来选择渠道,并制定有效的招聘广告。

4. 制订合适的薪酬计划

合理的薪酬计划是销售激励机制中最重要的部分,它可以吸引和激励新的销售人员达

到最优绩效，同时还可以帮助企业留住优秀销售人员。不合理的薪酬计划，则可能让销售团队失去士气，造成优秀销售人员的流失。不合理的薪酬计划，很容易就让企业在销售招聘、培训中的投入化为乌有。

5. 制定销售指标和行为标准

除销售薪酬计划外，你还需要为每个销售人员制定明晰的销售业绩指标以及行为考核目标。这将确保每个人清楚知道公司对个人的绩效期望，同时还将成为日常管理销售团队的指南。销售人员除要完成分配的硬性销售指标外，一些行为指标如每周拜访客户的次数，每天的电话数等对确保合理的结果和纪律性也很重要。需要注意的是，这些指标的制定是一个不断演化和完善的过程，会随着公司业务和市场发展阶段而不断变化。

6. 制定一个销售报告流程

放羊式的销售管理不但不能确保业绩的完成，更不能打造出一个优秀的销售队伍。如果你不能衡量一件事，你就不能管理好这件事。所以你需要有一套体系能够收集销售的行为和项目状况，并实时同各项销售指标来比较，以判断团队或个人是否在正确的轨迹上。CRM 系统对于销售团队很重要的一个价值就在这里。

7. 制定一个新销售人员的入职流程

当你走完了整个招聘过程，确定找到了有潜质的销售人员时，如何让新进人员快速上手，不但能够提升团队效率，也能让新人感受到公司的重视和投入。一个 30 天或 60 天的标准新人入职流程可以包括公司文化、历史介绍、团队介绍，以及销售绩效标准、报告流程等，同时提供基本的产品知识等。

8. 制订销售培训计划和销售支撑体系

要打造一只高效的销售团队，培训和销售支撑至关重要。小公司的培训可以不像大公司一样正规，但也需要对销售人员进行持续的技巧培训和产品知识培训。此外，公司还需要营建一个完善的销售支撑体系，通常包括销售所需要的资料和知识文档、CRM 系统、销售支撑团队（产品专家，客户服务等）。

9. 做好管理和辅导销售人员的准备

管理好销售人员同其他员工有很大不同，你需要同时扮演导师、战友、领导、鼓励者的角色，甚至同他们一起上前线。很多成功的销售升为经理后，并不知道如何管理和辅导销售人员成长，而是自己大包大揽，这样不仅自己很累，销售也得不到成长。另一些高高在上的管理者，则很少深入一线了解销售人员困难，必要时就难以同销售人员并肩作战。

资料来源：销售彦伦. 销售团队人才流动太快？根源在哪里？[EB/OL].（2017-12-12）[2022-02-01]. https://mp.weixin.qq.com/s/r9K6ehJZixw8v2hfIdtm6A.

二、推销人员的培训

（一）推销人员培训的程序

推销人员培训的程序分为四个步骤，如图 7-1 所示。

推销人员培训的第一步是制订培训计划，培训计划要反映企业目标和推销人员的个目标,同时要考虑企业的资源和员工的现有素质;第二步是决定推销培训的内容、对象和方法;第三步是推销培训的组织与实施;第四步是对推销培训的效果进行评估与考核,总结经验,为下一次培训提供帮助。

图 7-1　推销人员培训的程序

推销人员培训的关键在于培训的有效组织与实施,国外学者提出了一个 LDOS 培训模式。LDOS 分别是英文 lecture(讲解)、demonstrate(示范)、operate(实践)与 summary(总结)这四个词的首字母缩略词,推销人员 LDOS 培训模式也就包括了以下四个方面的内容。

1．讲解

讲解是培训程序中的第一步。在此阶段培训者应准备好各种将要用到的教具,如活页夹、幻灯机、投影仪、录像机、录音机等。特别是以计算机为主的多媒体的运用,更能极大地提高培训的效果,是保证推销人员培训水平的有效方法。在此阶段,讲解的重点是围绕培训目标展开,每一讲都应有明确的教学目标,应向受训者讲清楚从这一讲中可学到什么知识、获得什么技能、得到什么回报或利益,应告诉受训者学什么、做什么,更应告诉他为什么要这样学、这样做,使其知其然,又知其所以然。

2．示范

除讲解外,培训者应有足够的示范来辅助、强化讲解的内容,示范应能展示完成一种推销功能的操作与维护的正确方法,培训者应亲自动手示范,同时也可利用一些教具示范,如表格、录像机、幻灯机等。

3．实践

所谓实践,是在培训者的指导下让受训者动手去做,通过动手做来更好地理解、消化、吸收培训者所讲解的内容,把它变成自己的东西。实践是必要的,尤其是在学习技巧时。有些人光靠听讲、看别人做几遍是无法掌握该技巧的,他们需要动手操作。在实践中,一旦受训者发生错误操作,培训者应及时纠正,严格操作程序,不允许走捷径、草率应付。另外,培训者应善用激励机制,对操作认真、掌握正确的受训者给予及时的肯定与鼓励,以强化动手的效果。作为警示,培训者应告诉受训者操作时易犯或常见的错误,提醒受训者避免发生同样的错误,提高操作的效率。对于操作错误的受训者,可进行适当有效的处罚,如加时操作或对某个环节进行重复操作。对于进步较慢、跟不上进度的受训者,培训者可以用角色扮演、短剧表演以及"教练带受训者"或"师傅带徒弟"等方式,使受训者掌握操作要领与技能。实践最后阶段再安排一些重复练习,以加强实践效果。

4. 总结

总结是 LDOS 程序的最后阶段,培训者和受训者一起对前三个阶段的内容进行回顾、总结,强化受训者已正确掌握的技能和知识,肯定成绩,指出不足,预告下一轮培训的目标与内容。

"讲解—示范—实践—总结"这一培训程序是一个不断重复并逐步提高的过程,每个培训项目总是始于讲解,经过示范、实践,止于总结,由总结再循环至新的讲解。在此程序中,培训者负责讲解、示范和指导,受训者则要用心听讲,用心操作,一起总结。此程序的反复进行,可使受训者不断进步、不断提高,直至掌握全部培训内容。

(二)推销人员培训的方法

推销人员培训的方法很多,企业在选择培训方法时往往根据培训目标和企业实际。培训方法分为四类:第一类是向推销人员集体传授信息的方法,如讲授法、示范法等;第二类是推销人员集体参与的方法,如销售会议法、角色扮演法、案例研讨法等;第三类是向推销人员个人传授信息的方法,如手册、函授、简报等;第四类是推销人员个人参与的方法,如岗位培训法、计划指导法、岗位轮换法等。推销人员培训方法如图 7-2 所示。

	传授信息	参与
集体指导方法	第一类 讲授示范	第二类 销售会议 角色扮演 案例研讨
个人指导方法	第三类 手册 函授 简报	第四类 岗位培训 计划指导 岗位轮换

图 7-2 推销人员培训方法

下面详细介绍企业常用的培训方法。

1. 讲授法

讲授法是企业最广泛应用的训练方法。此方法为单向沟通的训练方法,受训人获得讨论的机会甚少,因此不易对受训情况进行反馈,而培训者也无法顾及受训人的个体差异。此法最适用于有明确资料做内容的培训,可为其他形式的训练奠定基础。使用此方法时必须注意以下几点。

（1）讲授者上课前应有充分准备，如纲要及各种图表之类。

（2）利用如何、何时、何地、何故等问题加以说明，并设法与受训人交换意见，鼓励他们发问。

（3）讲授时以能兼用示范为佳，即利用各种视觉器材，如实物、模型或影片等，特别是要使用多媒体教学，以加强受训人的理解。

（4）每次讲授时间不宜过长，因听讲人能集中注意力听讲的时间甚短，通常半小时后其兴趣即逐渐降低直至消失。

2．销售会议法

现代企业最频繁召开的日常性会议就是销售会议，有总经理主持的整个企业的销售会议，也有销售部经理主持的部门销售会议，一般是对上周或上月或上一季度的销售情况做详尽的总结，讨论当前的销售形势，制订将来的销售方针、策略和计划，并整理会议纪要，编印销售简报，把过去和未来的销售信息传达给所有的推销人员。销售会议是一个很好的推销人员继续培训的机会，只要在每次会议的议题中增加培训的内容即可。有时，特别是召开销售部门会议时，只要让全体推销人员一起参加，便是一个很好的培训机会。与会的推销人员针对销售中遇到的问题和困难，一起讨论，相互学习，取长补短，一是可以提高销售会议的质量，二是可以帮助推销人员进步。

销售会议法为双向沟通的培训方法，可使受训人有表达意见及交换思想、学识、经验的机会，讲师也容易了解受训人对于教材重点问题的掌握程度，还可针对某一专题进行讨论。但会议主持人应注意以下几点。

（1）解释会议的背景、目标及利益。

（2）宣布会议讨论的目的、任务及方法。

（3）介绍会议讨论的计划、如何准备及讨论程序。

（4）特殊实例的应用及讨论。

（5）准备好各种说明图表。

（6）利用各种器材、模型及电影，使会议直观生动。

（7）会议主持人作最后的归纳及评判。

3．案例研讨法

案例研讨法是指选择有关实例，并书面说明各种情况或问题，使受训人运用其工作经验及所学理论寻求解决之道。其目的在于鼓励受训人思考，并不着重于获得某一恰当的解决方案。

这种方法后来又发展成为业务游戏法和示范法两种。

业务游戏法是假装或模仿一种业务情况，让受训人在一定的时间内做出一系列决定。在每一决定做出之后，业务情况都会发生新的变化，如此可观察受训人如何适应新情况。此法的最大优点是，可研究受训人所做的决定在一段时间后及不稳定情况下的效果如何。多利用此法来训练销售经理，而非训练推销人员。

示范法是指运用幻灯片、影片或录像带的示范训练方法。此法适宜在中小型场地中进行的培训中使用。如果主题是经过选择的，且示范用的影视制品由具有经验及权威的机构来制作，则可大大提高受训者的记忆效果。

4．角色扮演法

角色扮演法是指培训者安排受训者分别担任顾客或推销人员的角色来模拟实际发生的推销过程的一种培训方法。这种方法要求受训者以真实的顾客或推销人员自居，面对顾客的种种问题、要求、非难、拒绝进行介绍、讲解、展示、说服、处理异议、交易促成等。角色扮演有两种组织方式：一种是事先认真计划并安排好人选、角色、情节动作、内容说词等；另一种是事先不作计划安排，也不规定情节内容，让受训者在演练中自然地随机应变，机动灵活地处理各种问题。

5．岗位培训法

在销售岗位培训推销人员是一个比较行之有效的方法。推销人员的岗位培训和其他岗位培训一样，有许多有益的方面。例如，适应性强，它适用于各种类型的销售部门，对新、老推销人员进行培训均可采用此法；它不需要大笔的预算，不需要培训工具，也不需要占用工作以外的时间，但是却能多快好省地发现推销人员的长处与短处，帮助他们强化优点、克服缺点、提供动力，促进推销人员能力的提高等。当企业新招聘的推销人员在对本企业以及产品和服务有了必要的了解之后，岗位培训就可以开始了。在岗培训涉及的内容一般有知识、技能、工作习惯和工作态度四个方面。

三、推销人员的激励

（一）激励推销人员的必要性

企业销售目标的实现有赖于推销人员积极努力的工作，如果推销人员的主动性得到充分调动，就能创造良好的推销业绩。对于大多数推销人员来说，经常给予表彰和激励是非常重要的和必要的。从主观上来说，绝大多数人的本性是追求舒适轻松的工作和生活，而回避需要付出艰苦努力的劳动。只有给予物质的或精神的激励，人们才能克服与生俱来的惰性，克服种种困难，满腔热情地投入工作。从客观上来说，推销工作的性质使得推销人员常年奔波在外，脱离企业、同事和家人，极易产生孤独感；推销工作的时间没有规律，会对推销人员的身心健康产生不利影响；推销工作竞争性很强，推销人员常常和竞争对手直接接触，时时感受到竞争的压力；推销人员在工作中被顾客拒绝是常有的事，即使付出艰苦的努力，也不一定能得到订单，经常受到挫败会使他们的自信心受到伤害。管理部门应当充分认识推销工作的特殊性，经常不断地给予推销人员激励，才能使推销人员保持旺盛的工作热情。另外，推销人员经常出差，不能很好地照顾家庭，可能引起家庭矛盾或导致婚姻危机，推销人员个人也会被身体健康状况或债务等多方面问题所困扰。推销管理部门也应注意到这方面的问题，采取妥善的方法激励推销人员克服困难。

（二）激励推销人员的原则

激励推销人员的措施必须具有科学性和合理性，否则将会产生副作用，不仅起不到调动、鼓舞推销人员工作积极性的作用，相反，还会挫伤其原有的工作热情。推销管理部门在对推销人员进行激励时，应当根据企业、产品、销售地区、推销环境和推销人员的不同情况制订出合理的激励方案。其所应遵循的原则如下。

1. 公平竞争

所制订的奖励标准和所给予的奖赏必须公平合理。奖励的标准必须恰当，过高或过低都会缺乏驱动力。所给予的奖赏，应考虑推销人员工作条件的不同和付出努力的差别。

2. 明确公开

推销管理部门实行奖励的有关规定必须很明确，并公开宣布，让推销人员充分了解和掌握奖励目标和奖励方法，促使他们自觉地为实现目标而努力。否则，就不可能产生积极的效果。

3. 及时兑现

对推销人员的奖励，应当按预先的规定，一旦达到奖励目标就兑现许诺，使达标者及时得到奖赏。如果拖延奖励时间，给推销人员造成开空头支票的感觉，将会沉重打击他们的积极性。

（三）推销人员的报酬管理

建立合理的报酬制度，对于调动推销人员的积极性和主动性，保证推销目标的实现，有着重要意义。推销人员自身的工作能力、工作经验和完成任务的情况是确定报酬的基本依据。但是，推销人员的工作具有较大的独立性、流动性和自主性，他们的工作环境极不稳定，风险较大。在选择推销人员报酬制度时，也应考虑企业的特征、企业的经营政策和目标、财务及成本上的可行性、行政上的可行性和管理上的可行性等因素。推销人员的报酬形式主要有薪金制、佣金制和薪金加奖励制等三种形式。

1. 薪金制

薪金制即给推销人员固定的报酬。这种报酬形式主要以工作的时间为基础，与推销效率没有直接联系。这种制度简便易行，可简化管理部门的工作。

薪金制的优点是：第一，推销人员有安全感，在推销业务不足时不必担心个人收入。正在受训的推销人员以及专门从事指导顾客使用产品和开辟新销售区域的推销人员，都愿意接受薪金制。第二，有利于稳定企业的销售团队，因为推销人员的收入与推销工作并无直接关系，领取工资的原因在于他们是本企业的员工。第三，管理者能对推销人员进行最大限度的控制，在管理上有较大的灵活性。因为收入与推销效率不直接挂钩，所以根据需要在推销区域、顾客、所推销的产品等方面进行必要的灵活调整时，矛盾一般也比较少。

薪金制的主要弊端是：缺乏弹性，缺少对推销人员激励的动力，较难刺激他们开展创造性的推销活动，容易产生平均主义，形成吃"大锅饭"的局面。

薪金制适用的情况是：企业希望推销人员服从指挥、服从工作分配；某些推销管理人员，如企业的中高级推销管理人员，若其付出的努力与推销结果之间的关系不密切，需要集体努力才能完成的销售工作。

2. 佣金制

佣金制即企业按推销人员在一定期间内实现销售量或利润的大小支付相应的报酬。这种制度比薪金制有较强的刺激性，可以使推销人员充分地发挥自己的才能，管理部门也可以根据不同的产品和推销任务更灵活、更有针对性地运用激励的手段。

实行这种形式，推销人员的收入便是他们在既定时期内完成的推销额或利润额乘以一个给定的百分比,这个百分比被称为佣金率。推销人员的收入主要取决于两个因素:一是在既定时期内完成的推销额或利润额;二是给定的佣金率。

佣金制的优点是:第一,能够把收入与推销效率结合起来,鼓励推销人员努力工作;第二,有利于控制推销成本;第三,简化了企业对推销人员的管理。为了增加收入,推销人员就得努力工作,并不断提高自己的推销能力,不能吃苦或没有推销能力则自行淘汰。

佣金制的缺点是:第一,收入不稳定,推销人员缺乏安全感;第二,企业对推销人员的控制程度较低,因为推销人员的报酬是建立在推销额或利润额基础上的,因而推销人员不愿意推销新产品,不愿意受推销区域的限制,也不愿意做推销业务以外的工作;第三,企业支付给推销人员的佣金是一个变量,推销的产品越多,佣金也就越多,这样,推销人员往往只注重眼前销售数量的增长,而忽视企业的长远利益,甚至出现用不正当的手段来推销商品的现象。

佣金制一般适用于:某种商品积压严重,需要在短期内削减库存、回收资金;某种新产品为了尽快打开销路,需要进行特别积极的推销。

3. 薪金加奖励制

薪金加奖励制即企业在给推销人员固定薪金的同时,又给不定额的奖金。这种形式实际上是上述两种形式的结合,一般来说,它兼有薪金制和佣金制的优点。这种报酬形式通常是以固定工资为主,再加上占推销额或利润额很小比率的佣金,它尽可能地吸取两种形式的优点,又尽量避免其缺点。这种形式既能保证推销人员获得稳定的个人收入,便于对推销人员的控制,又能起到刺激的作用,求得在安全与刺激之间的某种平衡。但值得注意的是,企业必须处理好固定工资和佣金之间的比例关系。但这种形式实行起来较为复杂,增加了管理部门的工作难度。由于这种制度比较有效,目前越来越多的企业趋向于采用这种方式。

(四)激励推销人员的方法

管理部门可以根据企业自身情况和内部人员状况灵活地运用多种激励推销人员的方法,以便激发推销人员的潜能,保证推销目标的实现,促进企业的发展。具体地说,激励推销人员的方法主要有以下几种。

1. 目标激励法

企业首先建立一些重要的推销目标,如销售数量指标,规定推销人员在一定时期内访问顾客的次数、订货单位平均批量增加额等。这样使推销人员感觉工作有奔头、有乐趣,体会到自己的价值与责任,从而增加了努力上进的动力,使企业的目标变成了推销人员的自觉行动。采用这种方法,必须将目标与报酬紧密联系起来,达到目标就及时给予兑现。

2. 强化激励法

强化激励法有两种方式:一是正强化,对推销人员的业绩与发展给予肯定和奖赏;二是负强化,对推销人员的消极怠工和不正确行为给予否定和惩罚。通过奖惩分明、奖勤罚懒激励推销人员不断地努力。

3. 反馈激励法

推销管理部门定期把上一阶段各项推销指标的完成情况、考核成绩及时反馈给推销人员,以此增强他们的工作信心和成就感。

4. 竞赛激励法

销售工作是一项很具挑战性的工作，每天都要从零开始，充满艰辛和困难，所以销售经理要不时地给推销人员加油和充电，开展业绩竞赛就是一种好的形式。竞赛奖励的目的是，要鼓励推销人员付出比平时更多的努力，创造出比平时更高的业绩。竞赛实施需要对以下各个方面进行深入细致的准备：竞赛主题、参赛对象、竞赛办法、入围标准、评奖标准、评审过程、奖品选择等。

四、推销人员的绩效评估

（一）推销绩效评价指标

案例
两个销售代表

对推销绩效的评价是一个复杂的过程，不能简单地从拥有多少顾客、销售额、销售量等指标评价一个推销人员的能力和业绩。对推销绩效的评价，既要讲求质量，也要讲求数量；既要考察当前，又要考察长远。推销人员对企业的绩效评估体系比较敏感，因为这直接影响他们的收入，间接影响他们的工作积极性和工作方法，从而也影响企业自身的利益。对推销人员常用的绩效评价指标有以下几个。

（1）销售额、销售利润与销售增长率。这是最常用的指标，从静态和动态的角度评价推销人员做出的努力与贡献。

（2）销售资源占用，即推销人员每完成1元钱的销售，需要占用企业多少销售资源，这些销售资源包括被顾客占用的流动资金、使用的促销资源（如赠品、折扣、人力成本）、企业无形资产投入等。

（3）所推销产品的结构。公司出于长期战略方面的考虑，可能会推出系列产品，每类产品完成不同的市场功能，如有的产品是打击竞争对手的，有的产品是获取长期利润的，有的产品是提升品牌形象的，等等。这些不同的产品，企业希望实现的销售目标也不同，如用来打击竞争对手的产品，价格相对较低，推销难度较小，甚至不需要主动推销就可以实现销售，此类产品企业获利较低，甚至是负利润，企业并不希望大量销售，只要完成对竞争对手的包围和打击就可以了；用来获取长期利润的产品，推销起来有一定的难度，但却是企业希望实现大批量销售的产品。这些差异仅从销售额中是看不出来的，忽略了这些，就混淆了不同推销人员对企业长期发展的真正贡献。

（4）拥有的顾客数量、质量及新顾客开发情况。该指标决定了企业长期发展的潜力，并且此项投入与产出有一定的时滞性。追求眼前利益的推销人员极易满足现状，不愿意开发高质量的新顾客，这在短时间内，特别是销售旺季，看不出问题，一旦销售进入淡季，问题就会出现。

忽视这个指标，会打击重视开发新顾客的推销人员的积极性，因为他们花费时间与精力开发新顾客，不一定马上会获得回报，可能还需要更多的投入才能持续下去，这些有可能为企业带来长期的收益。

（5）其他，如工作热情、团队合作精神、坏账情况等。

值得注意的是，对推销人员的评价应当从纵向和横向两个方面进行。纵向评价时，主要比较同一推销人员现在和过去的工作业绩，主要包括销售额、毛利、销售费用、新增顾客数、丧失顾客数等数量指标。横向评价时，要注意不同区域、市场成熟度、竞争激烈程度之间的差异，这样的评价才是客观、合理的。

（二）推销绩效考核的方法

推销绩效考核的方法很多，通常采用的方法主要有横向考核法、纵向考核法和尺度考核法。

1. 横向考核法

横向考核法是通过把参与推销活动的人员的销售业绩进行比较、排队的方式所进行的考核。在对推销人员完成的销售额进行对比和排队过程中，还必须要把推销人员的销售成本、销售利润以及客户对其服务的满意程度等因素考虑进去。

为了说明横向考核法的使用，这里假设有 A、B、C 三位推销人员参加了本年度的推销活动，我们分别从年销售额、订单平均批量和每周平均访问次数三个因素对三人进行综合业绩考核。年销售额、订单平均批量和每周平均访问次数分别列入表 7-1 中。

表 7-1 推销人员的业绩考核表

考核因素	考核指标	推销人员A	推销人员B	推销人员C
年销售额	1. 权数	5	5	5
	2. 目标/万元	5000	4000	6000
	3. 完成/万元	4500	3200	5700
	4. 达成率/%	90	80	95
	5. 绩效水平（1×4）	4.5	4.0	4.75
订单平均批量	1. 权数	3	3	3
	2. 目标/万元	800	800	600
	3. 完成/万元	640	720	540
	4. 达成率/%	80	90	90
	5. 绩效水平（1×4）	2.4	2.7	2.7
每周平均访问次数	1. 权数	2	2	2
	2. 目标/万元	25	20	30
	3. 完成/万元	20	17	24
	4. 达成率/%	80	85	80
	5. 绩效水平（1×4）	1.6	1.7	1.6
绩效合计 1×4		8.5	8.4	9.05
综合效率（绩效合计除以总权数）/%		85	84	90.5

根据各因素的重要性程度，把年销售额的权数定为 5，订单平均批量和每周平均访问次数的权数分别定为 3 和 2。

在建立三个因素的目标时，由于每个因素对不同地区的销售人员建立的目标是不同的，所以应考虑地区差异的影响。考虑到 C 所处的地区潜在顾客较多，竞争对手较弱，我们把推销人员 C 的销售额定为 6000 万元，高于推销人员 A 的 5000 万元和推销人员 B 的 4000 万元，而推销人员 A 所处的地区内有大批量的买主，所以其订单平均批量订得相对高一些。每个推销人员每项因素的达成率等于他所完成的工作量除以目标数，随后将达成率与权数相乘就得出绩效水平，再把各项因素的绩效水平相加，除以总权数10，即可得到各个推销人员的综合效率。从表7-1中可以看出，推销人员A、B、C的综合效率分别为85%、84%和90.5%，推销人员C的综合推销绩效最佳。

2．纵向考核法

纵向考核法是用一位推销人员现在的推销业绩和其过去取得的推销业绩进行比较的方式进行考核的一种方法。这里的推销业绩比较可以选择销售额、毛利、销售费用、新增顾客数、失去顾客数、每个顾客平均购买额、每个顾客平均毛利等数量指标进行比较。这里以推销人员D为例说明，各项指标数据列入表7-2中。

表7-2 推销人员D的业绩考核表

考评因素	年份			
	2017	2018	2019	2020
1．产品A的销售额/元	376 000	378 000	410 000	395 000
2．产品B的销售额/元	635 000	660 000	802 000	825 000
3．销售总额/元	1 011 000	1 038 000	1 212 000	1 220 000
4．产品A定额达成率/%	96.0	92.6	88.7	85.2
5．产品B定额达成率/%	118.3	121.4	132.8	131.1
6．产品A毛利/元	75 200	75 600	82 000	79 000
7．产品B毛利/元	63 500	66 000	80 200	82 500
8．毛利总额/元	138 700	141 600	162 200	161 500
9．销售费用/元	16 378	18 476	18 665	21 716
10．销售费用率/%	1.62	1.78	1.54	1.78
11．销售访问次数	1650	1720	1690	1630
12．每次访问成本/元	9.93	10.74	11.04	13.32
13．平均顾客数	161	165	169	176
14．新增顾客数	16	18	22	27
15．失去顾客数	12	14	15	17
16．每个顾客平均购买额/元	6280	6291	7172	6932
17．每个顾客平均毛利/元	861	858	960	918

销售经理可以从表7-2中了解到推销人员D的有关情况。推销人员D的销售总额每年都在增长（第3行），但并不一定说明他的工作很出色。对不同产品的分析表明，推销人员D推销产品B的销售额大于推销产品A的销售额（第1行和第2行）。对照产品A和B的定额达成率（第4行和第5行），推销人员D在推销产品B上所取得的成绩很可能是以减少产品A的销售额为代价的。根据毛利（第6行和第7行）可以看出，推销产品A的平均利润要高于产品B，推销人员D可能靠牺牲毛利率较高的A产品为代价，推销了销量较大、毛利率较低的产品B。推销人员D虽然在2020年比2019年增加了8000元的销售总额（第3行），但其销售总额所获得的毛利总额实际减少700元（第8行）。销售费用占销售总额的百分比基本得到控制（第10行），但销售费用是不断增长的（第9行）。

从销售费用上升的趋势看，好像无法以访问次数的增加加以说明，因为总访问次数还有下降的趋势（第11行），这也许与取得新顾客的成果有关（第14行）。从每年失去顾客数的上升趋势说明（第15行）推销人员D在寻找新顾客时，很可能忽略了现有顾客。

每个顾客平均购买额和每个顾客平均毛利（第 16 行和第 17 行），要与整个公司的平均数值进行对比才有意义。如果推销人员 D 的这些数值低于公司的平均数，也许是他的顾客存在地区差异性，也许是他对每个顾客的访问时间不够，可用他的年访问次数与公司推销人员的平均访问次数相比较。如果他的平均访问次数比较少，而他所在销售区域的距离与其他推销人员的平均距离并无多大差别，则说明他没有在整个工作日内工作，可能是他的访问路线计划不周。

3．尺度考核法

尺度考核法是给考评的各个项目都配以考核尺度，并制作出一份考核比例表加以考核的方法。在考核比例表中，把每个考核因素划分出不同等级的考核标准，再根据每个推销人员的表现依据进行评分，并可对不同的考核因素按其重要程度给予不同的权数，最后核算出总的考核得分。

任务二　确立推销人员的组织与规模

任务引入

在企业的销售和销售管理过程中，张伟深刻地认识到：要使企业销售活动高效，就必须有一个科学、合理的推销组织与推销规模，因为一个科学、高效的推销组织能凝聚全体推销人员的智慧和才干，使每一位成员心往一处想、劲往一处使，朝着预定目标奋勇前进，圆满完成各项销售任务。一个科学、高效的推销组织协调各子部门的利益，能避免各子部门之间推诿责任、相互扯皮现象的发生，从而使该组织成为一个具有战斗力、凝聚力的团队。

任务 1：张伟需要掌握推销人员组织的建立。

任务 2：张伟需要掌握推销人员组织规模的确定。

任务分析

一个科学、合理的推销组织是提高工作效率的基本保证，能有效调动各位成员的积极性，从而提高组织的效率。

同样，推销人员规模是否适当，直接影响着企业的经济效益。推销人员过少，不利于企业开拓市场和争取最大销售额；推销人员过多，导致成本增高。

知识链接

一、推销人员组织的基本类型

为了实现企业的经营目标，必须根据企业的具体情况选择合适的推销组织形式。大体上，推销组织的种类可以划分为地域型推销组织、产品型推销组织、顾客型推销组织和职能型推销组织四种。

如果一家企业只把一条产品线的产品销售给一个最终用户,其推销人员的组织结构就比较简单,该企业可采取按地理区域划分推销队伍结构;如果企业向多种类型的顾客销售多种产品,可能需要一种按产品划分的或按市场划分的推销队伍结构。

(一) 地域型推销组织模式

地域型推销组织是一种最简单的推销组织模式,即每个销售经理被指派负责一个地区,作为该地区经销该企业全部产品线的唯一代表,而销售经理则向更高一级的销售主管负责。图 7-3 表明按地区规划的销售组织模式。

图 7-3　地域型推销组织模式

(二) 产品型推销组织模式

产品型推销组织是指在企业内部建立产品经理组织制度,以协调职能型推销组织中的部门之间的关系。企业所生产的各类产品差异很大,产品品种太多,以致按职能设置的推销组织无法处理的情况下,建立产品经理组织制度是适宜的。其基本做法是,由一名产品销售经理负责,下设几个产品线经理,产品线经理之下再设几个具体产品经理去负责各具体的产品销售工作,如图 7-4 所示。

图 7-4　产品型推销组织模式

（三）顾客型推销组织模式

企业常常按照顾客类别来组织销售队伍，对不同的行业安排不同的销售队伍，按大客户或一般客户安排推销人员，按现有业务或新业务发展安排不同的销售队伍，如图 7-5 所示。例如，美国国际商用机器公司就在纽约为金融界和经纪人客户分别设立了单独的销售处，在底特律为通用汽车公司设立了一个销售处，在附近的迪邦又为福特汽车公司设立了一个销售处。

图 7-5　顾客型推销组织模式

（四）职能型推销组织模式

当企业只有一种或几种产品，或者企业产品的销售方式大体相同时，按照销售职能设置组织结构比较有效。但是，随着产品品种的增多和市场的扩大，这种组织形式就暴露出发展不平衡和难以协调的缺点。既然没有一个部门能对某产品的整个销售活动负全部责任，那么，各部门强调各自的重要性，以便争取到更多的预算和更大的决策权力，致使销售总经理无法进行协调。推销人员不可能擅长所有种类的销售活动，他可能是某一项具体销售工作的专家（如网络销售、向零售商批发等），基于这一情况，有些企业采用了职能型销售组织模式。

由于这种模式所需管理费用较大，因此，规模较小的企业不宜采用。产品线较多、规模较大的企业，其产品销售覆盖市场范围广泛，很难协调不同的销售职能，故多采用这种专业程度较高的推销组织模式，如图 7-6 所示。

图 7-6　职能型推销组织模式

二、确定推销人员组织规模

推销人员是进行有效推销的关键性因素。推销人员组织规模是否适当,直接影响着企业的经济效益。推销人员过少,不利于企业开拓市场和争取最大销售额;推销人员过多,导致成本增高。因此,合理地确定推销人员组织规模,是设置推销组织的重要问题之一。推销人员组织规模的确定方法有如下两种。

(一)销售能力分析法

该方法是指通过测量每个推销人员在范围大小不同、销售潜力不同的区域内的销售能力,计算在各种可能的推销人员组织规模下,公司的总销售额及投资回报率,以确定推销人员组织规模的方法,其步骤如下。

(1)测定推销人员在销售潜力不同的区域内的销售能力。销售潜力不同,推销人员的销售绩效也不同。销售潜力高的区域,推销人员的销售绩效也高。但是,销售绩效的增加与销售潜力的增加并非同步,前者往往跟不上后者。美国经济学家沃尔特·J.山姆洛通过调查发现,某公司的推销人员在具有全国1%销售潜力的区域内,其销售绩效为16万美元,而在具有全国5%的销售潜力的区域内,其销售绩效为20万美元,即全国销售潜力的每1%平均绩效仅为4万美元。因此,必须通过调查测定各种可能的销售潜力,以确定推销人员的销售能力。

计算在各种可能的推销人员组织规模下,公司总销售额的计算公式为

$$公司总销售额 = 每人平均销售额 \times 推销人员数 \tag{7-1}$$

(2)根据投资报酬率确定最佳推销人员组织规模。根据以上方法计算所得的各种可能的推销人员组织规模的总销售额(销售收入),以及通过调查得出的各种情况的销售成本和投资情况,就可算出各种推销人员组织规模的投资报酬率,其计算公式为

$$投资报酬率 = \frac{销售收入 - 销售成本}{投资额} \tag{7-2}$$

其中:投资报酬率最高者即为最佳推销人员组织规模。

运用这种方法来确定推销人员组织规模,首先必须有足够的地区来作相同销售潜力的估计,运用时比较困难。另外,在研究中仅将该地区的销售潜力作为影响销售绩效的唯一因素,忽略了地区内顾客的组成、地理分散程度及其他因素的影响。

(二)推销人员工作负荷量分析法

该方法是根据每个推销人员的平均工作量(如企业所需拜访的顾客数)来确定推销人员组织规模的方法,其步骤如下。

(1)将顾客按年度销售额分为若干个等级。

(2)确定各等级顾客的最佳访问次数。

(3)计算该公司推销人员的总工作负荷量。将各等级的顾客数与该等级中每个顾客的每年拜访次数相乘,得出公司推销人员对各等级顾客的推销工作负荷量;对各等级顾客的

推销工作负荷量的总和，应为公司推销人员的总工作负荷量。

（4）测量并规定每一个推销人员每年的平均拜访次数。

（5）计算该公司所需推销人员数。以公司的总工作负荷量除以该公司每一个推销人员每年的平均工作量，即为所需的推销人员数。

案例 7-2

某公司估计有 1000 个 A 级顾客、1500 个 B 级顾客、1000 个 C 级顾客。由经验得知，对每位 A 级顾客每年需做 20 次业务拜访，对每位 B 级顾客每年需做 12 次拜访，对每位 C 级顾客每年只需做 5 次拜访。

问题：若规定每个推销人员每年的工作量为 860 次拜访，则需要多少个推销人员？

【启示和思考】

我们必须先算出该公司的总工作负荷量，再推出该公司需要多少个推销人员。

任务三　客户管理

任务引入

又到年底了，张伟销售部门新来的小刘觉得有些困惑：自己从事销售工作已经有一年了，工作努力是有目共睹的，每天花费大量时间联系顾客、供货、结算、介绍新品等，忙得不亦乐乎。一年下来，手头也有了数量不少的忠诚顾客。年终总结时，小刘的销售额在公司推销人员中的排名遥遥领先，可是当按照销售利润排名时，小刘就落在后面了。拿公司会计的话来说，小刘是"吃力不讨好""事倍功半"。小刘如何才能做到"事半功倍"呢？

任务 1：小刘需要掌握客户管理的原则。

任务 2：小刘需要掌握客户管理的方法。

任务分析

小刘碰到的问题是许多推销人员都感觉困惑的问题。工作态度不是不积极、不努力，每天都感觉很忙，也有许多老顾客和忠诚顾客，但就是业绩上不去。其实，小刘应该知道：忠诚顾客≠利润，即便有大量的老顾客，如果顾客质量不高，即使他们的忠诚度很高，也不会带来好的业绩。小刘所犯的错误就是没有区别对待顾客，对顾客一视同仁，平均花费了时间和精力，没抓住重点。

知识链接

客户管理是推销人员的重要职责之一，通过对客户科学而有效的分析与管理，推销人员可以从中了解客户整体的销售状况及其发展动态，以对市场需求做出正确的判断，并采取相应的对策，真正实现以客户为中心的营销理念，提高企业的销售业绩。

客户管理是指通过培养企业的最终客户、分销商和合作伙伴对企业及其产品更积极的偏爱和偏好，留住他们并以此提升企业业绩的一种营销策略。

客户管理的目的在于，促使企业从以一定的成本取得新顾客转向想方设法留住现有顾客，从取得市场份额转向取得顾客份额，从发展一种短期的交易转向开发顾客的终生价值。总之，客户管理的目的是从实现顾客和企业两方面利益考虑，追求顾客价值的最大化。

一、客户管理的内容

为赢得顾客的高度满意，建立与顾客的长期良好关系，在客户管理中应开展多方面的工作。

（一）客户分析与识别

客户管理的目的不是对所有与企业发生关系的顾客都一视同仁，而是从所有这些顾客中识别哪些是一般顾客，哪些是主力顾客，然后以此分类，有针对性地提供合适的服务，使企业价值目标与顾客价值目标相协调。因此，企业对顾客的管理，首先是要分析谁是自己的顾客，分析顾客的基本类型是什么（是个人购买者、分销商，还是制造商），分析顾客的需求特征和购买行为，分析顾客差异对企业利润的影响，等等。

对顾客进行差异化分析时，可采用美国数据库营销研究所休斯教授的RFM模型。

R——recent，顾客最近一次购买的情况。对顾客最近一次购买情况的信息进行收集和跟踪，用以分析顾客在沟通之后是否能够持续购买，从而了解顾客对企业提供的即时产品和服务是否有所反应。

F——frequent，购买频率，即顾客在测试期间的购买次数。高消费频率意味着更大的市场感召力。如果将该信息与最近一次购买情况和花费金额相参照，就能够准确判断一定区域和时期内的一般顾客和主力顾客，使企业的营销策略更有针对性。

M——monetary，花费金额。花费金额能够为企业提供顾客在一定时期的需求量信息。如果将该信息与其他信息相参照，可以准确预测一定时期、一定区域内的销售量、市场占有率等信息，从消费金额中确定哪些人的需求量大、原因是什么，为供应链上的企业生产、采购提供依据。

案例 7-3

一般人都会认为做出租车司机是靠运气。运气好的话，就能拉几个高价值的长途客人，运气不好的话，拉的都是低价值客人。在招手即停的几秒钟内，普通的出租车司机很难判断出客人的价值。但是善于观察和分析的臧勤却不这么认为。他举例说明了以下两个场景。

场景一：医院门口，一个人拿着药，另一个人拿着脸盆，两人同时要车，应该选择哪一个客人？

答案是：选择拿脸盆的那个客人。因为拿着脸盆在医院门口打车的是出院的病人，出院的病人通常会有一种重获新生的感觉，重新认识生命的意义——健康才最重要，因此他不会为了省一点车钱而选择打车去附近的地铁站，而后换乘地铁回家。而拿药的那个客人，很可能只是小病小痛，就近选择不远的医院看病，所以打车的距离不会很远。

场景二：人民广场，中午12:45，三组人在前面招手：一个年轻女子，拿着小包，刚买完东西；还有一对青年男女，一看就是逛街的；第三组是个里面穿绒衬衫的、外面穿羽绒服的男子，拿着笔记本包。应该选择哪一个客人？

答案是：选择拿笔记本包的那个客人。因为在这个时刻拿笔记本包出去的是公务拜访，很可能约的客户是下午两点见面，车程约一小时。而那个年轻女子是利用午饭后的时间溜出来买东西的，估计公司很近，赶着13:00回到公司上班。那对青年男女手上没什么东西，很可能是游客，也不会去远。

资料来源：肖东军. 出租车司机的 CRM 启示[EB/OL].（2015-07-12）[2022-02-01]. http://www.ccmw.net/article/11301.html.

问题：企业和出租车司机识别客户有何相同点和不同点？

【启示与思考】

如何从茫茫人海中有效识别不同价值的客户，提高企业的总体收益和利润，许多企业已经在利用客户属性和消费行为特征来进行客户识别了。出租车司机"三秒钟识别客人"功夫讲究的是又快又准。与此相比，许多企业识别客户特征和客户价值的过程和方式要复杂得多。

（二）企业对客户的承诺

承诺的目的在于明确企业提供什么样的产品和服务。顾客在购买任何产品和服务时，总会面临着各种各样的风险，包括经济利益、产品功能和质量以及社会和心理方面的风险等，因此要求企业做出某种承诺，以尽可能降低顾客的购物风险，获得最好的购买效果。企业对顾客承诺的宗旨是使顾客满意。

（三）与客户交流信息

企业与客户之间的交流是一种双向的信息交流，其主要功能是实现双方的互相联系、互相影响。实质上，客户管理过程就是企业与客户交流信息的过程，实现有效的信息交流是建立和保持企业与客户良好关系的途径。

（四）以良好的关系留住客户

为建立和保持企业与客户的长期稳定关系，首先需要良好的基础，即取得客户的信任；其次要区别不同类型的客户关系及其特征，并经常进行客户关系情况分析，评价关系的质量，保持企业与客户的长期友好关系。

 小知识

有资料显示，获取一个新顾客的成本是保留一个老顾客成本的 5 倍，一个公司如果将其顾客流失率降低5%，其利润就能增加25%~85%，企业利润率的高低取决于老顾客的寿命期限。可见，加强顾客管理，发展和维系与顾客的关系非常重要。

二、客户管理的原则

对客户进行管理应遵循以下原则。

（一）客户反馈管理原则

客户反馈对于衡量企业承诺目标实现的程度、及时发现在为客户服务过程中的问题等方面具有重要作用。投诉是客户反馈的主要途径，如何正确处理客户的意见和投诉，对于消除客户不满、维护客户利益、赢得客户信任是十分重要的。更新、调整、剔除过时的或已经变化了的资料，及时补充新的资料。对客户的变化进行追踪，使客户管理保持动态性。

（二）突出重点原则

有关不同类型的客户资料很多，我们要透过这些资料找出重点客户的重点资料。重点客户不仅要包括现有客户，而且还应包括未来客户或潜在客户，为企业选择新客户、开拓新市场提供必要的资料帮助。

（三）灵活运用原则

客户资料的收集管理，目的是在销售过程中加以运用。所以，在建立客户档案、客户数据库之后，不能束之高阁，要以灵活的方式及时全面地提供给销售人员及其他有关人员，为其决策提供依据，提高客户管理的效率。

（四）专人负责原则

许多客户资料都是保密的，不宜流出企业，只能供内部使用，尤其不能落入竞争者之手。所以，客户关系的管理就规定明确的管理办法，客户管理系统应由专人负责管理，严格控制对客户资料的利用和借阅。

三、客户分析

（一）确定客户组合

客户管理中有一条重要的原则，就是帕累托的"80/20"法则，即企业的80%利润来自于20%的客户；企业的80%的麻烦来自于20%的客户；企业付出的80%的时间只带来20%的优质服务。因此，通过"80/20"法则对客户进行分析，可以发现其中的某些客户及其给企业带来的影响，以便找出不同类型的客户：给企业带来大部分利润的客户，只买某些产品或某种服务的客户，需要最多服务的客户及最少服务的客户。得到这些信息后，就会发现，最费时间，花费又多的服务，是为很小一部分客户提供的服务；最大宗的买卖及最大的利润来自相对很小的一部分客户。当知道某些客户比其他客户给企业带来的影响更大时，企业就可以做出正确的决定：如何使用有限的资源进行更加有效的服务。

为此，要按照不同的方式划分出不同类型的客户，根据其需求特点、需求方式、需求量的不同，采取不同的管理方式。划分客户意味着企业将向不同的客户提供不同的服务，采用不同的销售模式。划分客户的方法很多，销售经理可以考虑按不同的因素划分客户类型，如按客户所在地、客户所购买产品的类型、客户在企业的采购额度等划分客户类型；按客户的收入、年龄与个性特征、购买的频率等划分客户类型；按客户与公司的交易数量、客户的经营范围等划分客户类型。

在划分客户类型的基础上，企业所选择的客户类型构成了企业的客户组合。在确定客户组合时，有下列三种策略可供企业选择。

1．集中策略

企业对市场上所有的客户不加区别地对待，把构成市场的客户群当作一个整体。选择这一策略的前提是，所有的客户都为企业创造相等的价值。企业之所以假设所有的客户给企业创造了相等的价值，是因为鉴别不同客户的价值会花费很大的成本，或者按不同客户的价值选择企业的行动方案会耗费很高的成本。

在这种客户组合中，买者和卖者之间的关系经常是可以替代的，并且以宽泛的同质性和自我选择为基础，所以比较适合于大市场物品营销的企业。

2．区分策略

企业把精力集中于能给企业带来更大总体收益的特殊销售区域，或者某种类型的客户身上。企业要这样做，需要更充分的客户信息资料，以对客户进行有价值的划分，即使这样也不可避免地会带来一部分利益上的损失。此外，企业将自己的命运放在一部分客户的身上，也会使企业营销的风险增加。

企业可以选择对一个市场内的几个客户群提供服务，前提是企业生产的产品在吸引其他客户群的同时，不减小或破坏对企业最好客户群的吸引力。

3．个性化策略

当企业所面对的客户在关系价值、偏好或者需求上存在很大差异时，企业可以以单个客户为对象，管理其关系组合。这比其他的管理策略需要更深入的客户信息，而且需要更成熟的联系技术。随着信息技术的改进和客户模型的完善，企业完全有可能在个人层面上对大量的客户进行管理，实现一对一的营销。

（二）客户分析的方法与程序

进行客户管理，不仅要对客户资料进行采集，而且要对客户资料进行多方面的分析，包括客户构成分析、客户与本公司的交易业绩分析、不同产品的销售构成分析、不同产品的销售毛利率分析、产品周转率分析、交易开始与交易中止分析等。

1．客户构成分析

（1）将自己负责的客户按不同的方式进行划分，如可以分为批发店、零售店、代理店、特约店、连锁店、专营店等。

（2）小计各个分类客户的销售额。

（3）合计各个分类客户的总销售额。

（4）计算各个客户销售额在分类中占分类销售额的比重及其在总销售额中的比重。

（5）运用 ABC 分析法将客户分为三类：A 类客户，企业的重点客户，占企业总销售额的 80%；B 类客户，企业未来的潜力客户，占企业总销售额的 15%左右；C 类客户，企业的小客户，占企业总销售额的 5%左右。

 小知识

重点客户管理十策：
（1）优先保证大客户货源充足。
（2）充分调动大客户中的一切与销售相关的因素，包括最基层的营业员与推销员，提高大客户的销售能力。
（3）新产品试销应首先在大客户中进行。
（4）充分关注大客户的一切公关及促销活动、商业动态，并及时给予支援或协助。
（5）安排企业高层主管对大客户的拜访工作。
（6）根据大客户不同的情况，和每个大客户一起设计促销方案。
（7）经常性地征求大客户对营销人员的意见，及时告诉营销人员，保证沟通畅顺。
（8）对大客户制订适当的奖励政策，如各种折扣、促销让利、销售竞赛、返利等，有效刺激客户的销售积极性和主动性。
（9）保证与大客户之间信息传递的及时、准确，把握市场脉搏。
（10）组织每年一度的大客户与企业之间的座谈会。

2．客户与本公司的交易业绩分析
（1）掌握各客户的月交易额或年交易额，方法是：直接询问客户、查询有关资料、由本公司销售额推算、咨询有关机构等。
（2）统计各客户与本公司的月交易额或年交易额。
（3）计算出与各客户的交易额占本公司总销售额的比重。
（4）检查该比重是否达到了本公司所期望的水平。

3．不同产品的销售构成分析
（1）将自己对客户销售的各种产品按销售额由高到低排列。
（2）合计所有产品的累计销售额。
（3）计算各种产品销售额占累计销售额的比重。
（4）检查是否完成公司所期望的产品销售任务。
（5）分析不同客户产品销售的倾向及存在的问题，检查销售重点是否正确，将畅销产品努力推销给潜力客户，并确定以后产品销售的重点。

4．不同产品的销售毛利率分析
（1）将自己所负责的对客户销售的产品按毛利额大小排序。
（2）计算各种产品的销售毛利率。

5．产品周转率分析
（1）核定客户经销产品的库存量。通过对客户的调查，将月初客户拥有的本公司产品库存量和月末客户拥有的本公司产品库存量进行平均,求出平均库存量。

(2)将销售额除以平均库存量,得出产品周转率。

6. 交易开始与交易中止分析

(1)交易开始。企业应制订详细的销售人员客户访问计划,销售人员如果访问客户5次以上而无进展,则应从访问计划表中删除。如果访问成功,则开始交易。开始交易时,销售人员应填写客户交易卡。客户交易卡由企业统一印制,一式两份,有关事项交由客户填写。客户交易卡主要项目包括客户名称、总部所在地、交易对象所在地、通信地址及电话、开业时间、资本额、职工人数、管理者人数、设备、经营者年龄、信用限度申请额、基本约定、回收条件等。销售人员向销售主管提交客户交易卡,得到认可后向销售经理提交报批手续,然后才能与客户进行交易。无论是新客户还是老客户,都可依据信用调查结果设定不同的附加条件,如提供个人担保、提供连带担保或提供抵押担保等。

(2)交易中止。在交易过程中,销售人员如发现自己所负责的客户信用状况发生变化,应及时报告上级主管,采取对策,甚至停止交易。例如,当遇到客户的票据或支票被拒付或延期支付时,销售人员要尽一切可能收回货款,将损失降到最低点。如果确需停止交易,则经请示销售经理同意后,通知客户。

四、客户管理的流程

(一)建立客户档案

在实施客户关系管理之前,首先要做好客户信息的收集,即建立客户档案。为了控制资金回收,必须考核客户的信誉,对每个客户建立信用记录,规定销售限额。对新老客户、长期或临时客户的优惠条件也应有所不同。客户档案一般应包括以下三个方面的内容。

1. 客户原始记录

即有关客户的基础性资料。它往往也是企业获得的第一手资料,具体包括以下内容:客户代码、名称、地址、邮政编码、联系人、电话号码、银行账号、使用货币、报价记录、优惠条件、付款条款、税则、付款信用记录、销售限额、交货地、发票寄往地、企业对口销售员号码、佣金号码、客户类型等。

2. 统计分析资料

主要是通过顾客调查分析或向信息咨询业购买的第二手资料,包括顾客对企业的态度和评价,履行合同情况与存在的问题、摩擦,信用情况,与其他竞争者交易情况,需求特征和潜力,等等。

3. 企业投入记录

企业与顾客进行联系的时间、地点、方式(如访问、打电话)和费用开支,给予哪些优惠(如价格、购物券等),提供产品和服务的记录,合作与支持行动(如共同开发研制为顾客产品配套的零配件、联合广告等),为争取和保持每个客户所做的其他努力和费用。

以上是客户档案的一般性内容。要注意,无论企业自己收集资料,还是向咨询业购买资料,都需要一定的费用,各企业收集信息的能力也是不同的。所以,客户档案应设置哪些内容,不仅取决于客户管理的对象和目的,而且也受到企业的费用开支和收集信息能力的限制。各企业应根据自身管理决策的需要、顾客的特征和收集信息的能力，选择确定不同的客户档案内容，以保证档案的经济性、实用性。

案例 7-4

乔·吉拉德刚开始做销售工作时，常把收集到的客户资料写在纸上，塞进抽屉里。后来，有几次因为缺乏整理，忘记追踪某一位准客户，他开始意识到动手建立客户档案的重要性，于是去文具店买了笔记本和一个小小的卡片档案夹，建立起了他的客户档案。

乔·吉拉德认为，销售员应该像一台机器，具有录音机和计算机的功能，在和客户交往的过程中，要将客户所说的有用情况全部记录下来，以便从中收集一些有用的材料。

乔·吉拉德说："在建立自己的卡片档案时，你要记下有关客户和潜在客户的所有资料，他们的孩子、嗜好、学历、职务、成就、旅行过的地方、年龄、文化背景及任何与他们有关的事情，这些都是有用的销售情报。所有这些资料都可以帮助你接近客户，使你能够更有效地跟客户讨论问题，谈论他们自己感兴趣的话题。有了这些材料，你就会知道他们喜欢什么，不喜欢什么，你可以让他们高谈阔论，兴高采烈，手舞足蹈。只要你有办法使客户心情舒畅，他们就不会让你失望。"

资料来源：每天了解一个人：乔·吉拉德 世界上最伟大的推销员[R/OL].（2017-06-19）[2022-02-01]. https://www.163.com/dy/article/CN9NI6V90523FCQ4.html.

问题：该案例对我们有什么启示？

【启示与思考】

该案例让我们看到推销人员建立客户档案的必要性，建立客户档案不仅是简单记录一下顾客的联系方式、联系人、地址，而且档案应具有促进销售的作用。

（二）监测客户信息

企业必须了解客户的需求。企业通过建立一种实时的客户信息监测系统，将客户信息和服务融入企业的运行中，从而有效地在企业内部传递客户信息，尤其是在销售部门和生产部门之间。

企业经常会发现不同的客户存在不同的服务要求：大企业允许较长的供货期，而小企业则要求在一两天内供货。根据客户需求，企业可以建立大型分销中心和产品快速供应中心，将销售、订单处理和管理集成在一起，将客户服务和销售结合在一起，建立起一种既提高服务又降低成本的方法。

（三）采取适当行动

获知客户的喜好和需要并采取适当行动，建立并保持客户的忠诚度。这是做起来事半功倍，但也是最容易被忽视的一项工作。如果企业与客户保持广泛、密切的联系，价格将不再是最主要的竞争手段，竞争者也很难破坏企业与客户之间的关系。例如，在你为母亲的生日订购蛋糕后，店员会于次年你母亲生日来临之前提醒你；当你打电话给一家饭店的客房服务部时，他们可能以你的名字来向你问候。通过提供超过客户期望的服务，可将企业极力争取的客户发展为忠实客户,因为争取新客户的成本要远远超过保留老客户。而且随着客户和企业之间的来往,客户的个别需求和偏好也会变得更详细、明了。

客户关系管理如此重要,以至于许多企业已经把它作为当前工作的重点。但是我们也应该看到,要维护完整、即时且跨部门的客户信息是一项较难完成的工作。

小知识

当一位业务遍及全球的经理,刚从纽约飞往伦敦并下榻于与他在纽约入住的同一家连锁酒店时,他在卫生间发现了他最喜欢的牌子的洗发水,而这个信息是他离开酒店上飞机前不经意告诉酒店人员的。你能想象他今后一定会乐意继续入住这家连锁酒店。这就是酒店快速将顾客资料进行整理、分类并进行运用的结果。

任务总结

张伟在长期的推销工作以及推销队伍管理实践中,通过不断地探索及理论的学习,及时地总结反省,得出以下几点心得。

(1)推销战略目标的实现需要对推销人员进行有效的组织与管理,推销人员的组织与管理包括推销人员的甄选、培训、报酬、激励、监督和评估等环节,推销人员的甄选因企业而异。

(2)推销培训是推销人员组织和管理的必要环节。事实证明,训练有素的推销人员所增加的销售业绩要比培训成本更大。而且,那些未经培训的推销人员其工作并不理想,他们的推销工作很多是无效的。做好推销培训,首先要有培训计划,培训计划需要明确以下问题:培训目标、培训时间、培训地点、培训方式、培训师资、培训内容等。制订了培训计划后,就要选择培训方法,常用的培训方法主要有讲授法、销售会议法、案例研讨法、角色扮演法、岗位培训法。

(3)对推销人员激励的方法有目标激励法、强化激励法、反馈激励法和竞赛激励法等。竞赛是企业常用的激励推销人员的工具,它可采取多种形式,充分发挥推销人员的潜力,促进销售工作的完成。

(4)推销绩效的评估是指企业或推销人员对一定时期内推销工作状况的评定与估价。具体地表现为对推销业务的核算。推销绩效评估的具体内容是通过一定的项目或指标系列的核算来实现的。推销绩效评估的指标主要有:销售额、销售利润与销售增长率;销售资源占用;所推销产品的结构;拥有的顾客数量、质量及新顾客开发情况;其他。如工作热情、团队合作精神、坏账情况等指标。推销绩效评估的主要方法有横向考核法、纵向考核法和尺度考核法等。

(5)为了实现企业的经营目标,必须根据企业的具体情况选择合适的推销组织形式。大体上,推销组织的种类可以划分为地域型推销组织、产品型推销组织、顾客型推销组织和职能型推销组织四种。

(6)客户的分析与管理是推销管理的重要环节,其主要包括客户分析、客户管理和大客户管理等内容。客户分析包括建立客户档案、客户分类、客户管理分析。

业务技能自测

一、判断题

1. 销售绩效的增加与销售潜力的增加并非同步，前者往往跟不上后者。（　　）
2. "讲解—示范—实践—总结"这一培训程序是一个一次性过程，不需要重复循环。（　　）
3. 销售会议法为双向沟通的培训方法，可使受训人有表达意见及交换思想、学识、经验的机会。（　　）
4. 所有产品、所有顾客的利润提成都应该是一样的。（　　）
5. 客户管理的目的不是对所有与企业发生关系的顾客都一视同仁。（　　）
6. 各企业应根据自身管理决策的需要、顾客的特征和收集信息的能力，选择确定不同的客户档案内容，以保证档案的经济性、实用性。（　　）

二、选择题

1. 推销组织的类型有哪些？（　　）
   A. 地域型推销组织模式　　　　B. 产品型推销组织模式
   C. 顾客型推销组织模式　　　　D. 职能型推销组织模式
2. 林有田先生认为，推销人员应具备"5A4力"，其中"4力"指什么？（　　）
   A. 情报力　　　　　　　　　　B. 行动力
   C. 吸引力　　　　　　　　　　D. 说服力
3. 激励推销人员的方法主要有以下哪几种？（　　）
   A. 目标激励法　　　　　　　　B. 强化激励法
   C. 反馈激励法　　　　　　　　D. 竞赛激励法
4. 美国数据库营销研究所休斯教授的RFM模型进行客户分析，RFM指（　　）。
   A. 顾客最近一次购买的情况　　B. 购买频率
   C. 购买愿望　　　　　　　　　D. 花费金额
5. 客户管理的原则包括（　　）。
   A. 客户反馈管理原则　　　　　B. 突出重点原则
   C. 灵活运用原则　　　　　　　D. 专人负责原则

思考与讨论

1. 试述推销激励对推销工作有何意义。
2. 客户管理的主要工作是什么？
3. 如何做好大客户管理？

实训题

项目一 推销人员的选拔与应聘

【实训目标】
使学生掌握选拔推销人员的原则和来源,具有优秀推销人员的素质和能力。

【实训内容】
选择日用品、饮料等行业,观察学习其选拔推销人员的原则和来源,并实际参与应聘。

【实训要求】
1. 按照选拔推销人员的来源进行分析。
2. 选择一个行业进行分析,讨论在选拔推销人员时,应该看重其经验、学历,还是应该看重其他方面,为学生提供一个相互交流、学习、促进的平台。教师进行评议。

【组织与实施评价】
1. 以小组为单位,到相关行业企业了解企业选聘推销人员的要求和内容,做好记录。
2. 要求学生到相关行业企业实际参与应聘。
3. 要求每个学生将自己遇到的各种困难罗列出来;小组讨论解决方法,并写出多种方案。
4. 以小组为单位向全班汇报这次实训遇到的困难及感受。
5. 以小组为单位写一篇实训总结。

【考核要点】
1. 根据学生所写出的文案,教师进行评分。
2. 根据学生在班里的汇报、别的小组给予的评价进行评分。

项目二 推销组织的建立

【实训目标】
训练学生"推销组织结构"的设计能力、推销人员的选派能力。

【实训内容】
某大城市有一家生产饮料的企业,主要产品有乌龙冰红茶、怡神橙汁、大力神运动饮料三种产品。公司计划在该市东部、西部和中部作为重点推销区域。请学生为该公司设计"推销组织结构"。

【组织与实施评价】
1. 每5人组成一个推销小组,以小组为单位进行讨论。
2. 以小组为单位,一个小组介绍自己设计的推销组织结构,其他小组做评委。

【考核要点】
1. 以小组为单位写一份实训报告,根据学生所写出的文案,教师进行评分。
2. 根据学生在班里的汇报、别的小组给予的评价进行评分。

案例分析

案例一 推销人员的绩效考核

有一家家电销售公司,家电制造和销售是其主营业务,2020年的销售额为5亿元人民币。当时这家企业正在改制，改制之后必须自负盈亏。如果销售额达不到 5.5 亿元预定目标的 90%，即 4.95 亿元人民币，企业将陷入严重的财务困境。

为了在改制后增强竞争力，提高利润和销售额，并且塑造一种以业绩为导向的企业文化，公司总经理希望在改制之前投资一条新的空调生产线，力争通过销售夏季新产品为公司增加 25%的收入，同时他还决定采用一套新的绩效考核和管理体系。2021 年年初，该公司的改制基本完成，新的生产线引进到位，调试成功后即可生产新产品，而新的绩效考核和管理体系也随即启动。

眼看年中考核将至，该公司的销售副总裁开始着急起来，因为他刚刚得知销售部有可能完不成前半年的主要考核指标。在此之前，他已经花了很大力气拿到了大批新型空调的订单。但是，这批订货必须在炎热天气到来之前送到客户手中。如果不能在 5 月 15 日前发货，客户就有权取消订单。然而，几个月来新生产线一直处于调试阶段，很可能不能如期交货。

相比之下，主管生产的副总裁却显得踌躇满志，他的两项主要考核指标——质量和产量都完成得非常出色，例如次品率比原来降低了近 50%，远远超过了设定的目标。对于新产品他不是不关心，可是如果现在就生产新产品，那么根据经验，机器的停工时间肯定会增加，从而导致产量下降。此外，新产品质量达标也是一个费时费力的过程，搞不好会顾此失彼，导致次品率上升。年中考核马上就开始了，他决定等考核后再着手完成新产品的生产任务。

不难看出，该家电公司的销售部和生产部矛盾突出，由于生产部门要把新产品的投产时间推迟到年中绩效考评之后，销售部门有可能无法按时交货。最终的结果可能是：新产品无法使公司的销售额增加 25%，公司无法达到预定销售目标的 90%。

资料来源：绩效管理：案例[R/OL]. （2010-06-22）[2022-02-01]. http://wenku.baidu.com/view/09f6c70f76c66137ee061900.html.

分析思考：

1. 造成销售目标完不成的主要原因是什么？
2. 绩效考评体系有什么问题？如何改进？

案例二　推销人员培训是多余的

关金庸是某厂的推销人员，当他看到报纸上刊登了"推销人员培训班"的招生启事，就去找推销科长要求报名。这位 20 世纪 50 年代就从事推销工作的老科长不以为然地说："推销不是书本上、课堂里能够学到的。有的人天生就是推销的坯子，有的人再学习、再苦练也不行。我劝你别花那份冤枉钱，也别费那么多时间，有时间多跑几个客户比什么都强。"

资料来源：刘志敏. 推销策略与艺术[M]. 北京：中央广播电视大学出版社，2011.

分析思考：

这位老科长的话是否有道理？你是怎样想的？

学习情境八　综合模拟实训

实训目的

1. 通过实训掌握推销的基本方法和技能，提高综合运用已学理论知识去分析和解决问题的能力。
2. 通过实训了解推销各环节的准备工作。
3. 通过实训掌握推销礼仪和与客户沟通的技巧。
4. 通过实训了解顾客购买的基本心理活动，熟悉顾客类型。
5. 通过实训掌握寻找顾客、接近顾客、推销洽谈、处理顾客异议、推销成交的整个环节和过程。
6. 通过实训训练学生推销中顾客拜访与沟通的能力、促成交易的能力、推销案例分析的能力、提出问题与解决问题的能力。
7. 通过实训了解推销的组织与管理，培养学生的团队精神，提高协作能力。

实训要求

1. 组建销售团队。全班学生自由组合，分为若干小组，每一组为一个销售团队。
2. 各销售团队根据前期收集的顾客资料，完成一项真实的销售任务。
3. 对销售团队整体要求：凝聚力强，运作状况佳，分工协作，按时、优质完成每一环节的任务。
4. 对个人的要求：服从团队利益，履行职责完成销售任务，团队成员在实训项目中要承担不同的角色，并进行角色轮换。
5. 团队负责人应全面协调本团队的各项工作，应根据实训的任务，合理分配实训项目的时间，明确团队成员的分工。各团队成员应团结协作，共同完成实训任务。
6. 每人须完成实训内容设计中的相关练习。
7. 在实训结束后一星期内，以团队为单位提交一份实训报告，总结团队成功经验与教训，实训报告的字数不得少于3000字。

任务一　推销准备

一、推销岗位准备

1. 寻访准备

（1）每位学生以家人介绍、朋友介绍、教师推荐、主动接近等方式，选择三名推销从业人员作为自己的寻访对象。

（2）了解你所选中的寻访对象的个人基本情况，如年龄、工作年限、工作经验、推销业务范围、主要工作经历。

（3）制作寻访卡片。自己设计内容，要能全面记录寻访内容。

（4）拟定向寻访对象要提出的几个主要问题。

（5）约定具体的寻访时间。

2．寻访推销人员

（1）和推销人员见面，介绍自己的寻访目的、寻访内容。

（2）向推销人员提问，了解他（她）的推销工作情况，并记录在卡片上。重点了解推销工作的性质和重要性，同时了解一些推销技巧。

（3）整理寻访资料，补充完整。

（4）撰写寻访报告 1000 字，记录寻访过程，总结收获和心得。

推销岗位准备评分表如表 8-1 所示。

表 8-1　推销岗位准备评分表

评价项目	评价要求	分值	得分
自制卡片	卡片制作规范、内容设计合理、全面	10	
填写卡片	资料填写翔实、真实	20	
推销工作重要性	能从推销人员的工作中总结出推销工作的重要性及含义并具有特色	20	
推销工作的特点	根据推销工作的特点，对推销工作有一定的了解	20	
推销工作的原则	能举例说明推销人员在具体的推销工作中是如何运用推销原则的	20	
综合性	报告文体正确、语言流畅、逻辑性强	10	
合计		100	
评语			

二、职业素养准备

（1）学生按照教师的要求，每人独立填写一份教师提供的素质调查问卷。

（2）在填写的过程中，注意读清题目，如实填写，保证问卷数据的真实性和完整性。

（3）问卷完成后，根据自己的填写情况，总结自己的得分。

（4）教师讲解问卷得分情况所表示的含义。

（5）收集全班同学得分情况分布。

（6）教师对学生的能力倾向、素质状况予以分析点评，并帮助学生确立自信。

三、推销礼仪准备

1．项目准备和学习

（1）选择某一特定工作场景（如化妆品推销、礼品推销、儿童用品推销、办公用品推销等）。

（2）确定工作场景的特点，明确推销工作的重点内容和重点对象是什么。

（3）了解推销人员服饰仪容礼仪、体态礼仪、拜访礼仪等内容规范。

（4）根据工作场景确定推销人员个人形象设计的突出特点。

2．推销人员服饰设计

（1）选择得体的服装、鞋袜款式和颜色。

（2）试穿服装，征询其他同学的意见。

3．推销工作模拟

（1）根据礼仪要求，各团队针对拜访工作（或接待工作）设计相应的推销工作过程。

（2）团队讨论，成员可以充分发表自己的意见。

（3）模拟演练。各团队分出接待方和拜访方，对推销工作进行模拟。

（4）团队总结，改进方案。

办公室拜访礼仪评分表如表 8-2 所示。

表 8-2　办公室拜访礼仪评分表

评 价 项 目	评 价 要 求	分　值	得　分
办公室拜访礼仪	提前预约	15	
	拜访有礼	20	
	适时告退	15	
	合计	50	
评语			

办公室接待礼仪评分表如表 8-3 所示。

表 8-3　办公室接待礼仪评分表

评 价 项 目	评 价 要 求	分　值	得　分
办公室接待礼仪	问候	5	
	引见	15	
	上茶	10	
	交谈	10	
	送客	10	
	合计	50	
评语			

应用练习：你为完成销售任务做了哪些准备？列出你的销售计划。

任务二　寻找目标顾客

一、顾客需求调研

（1）根据本地经济发展特点，结合市场需求，选择某一产品作为推销品。

（2）选择有网络资源的场所，要求学生对推销品资料进行收集。

① 推销品的基本情况、产地、品牌、主要特点或优点。

② 推销品的目标顾客群体情况。

③ 推销品的主要销售渠道和价格。

④ 推销品在本地区的市场占有情况和主要竞争对手。

⑤ 其他需要的资料。

（3）整理记录网络资料，总结顾客需求总体情况。

（4）团队间相互交流情报信息。

应用练习：客户需求分析。重要的不是客户要买什么，而是为什么要买。

二、顾客资料整理

(1) 至少用三种以上的方法寻找顾客。
(2) 记录寻找顾客的工作日志。
(3) 对收集到的顾客信息进行分析、筛选。
(4) 制作顾客信息卡。

项目评分表如表 8-4 和表 8-5 所示。

表 8-4　项目评分表（一）

评 价 项 目	评 价 要 求	分　　值	得　　分
顾客资料卡	设计精美，项目齐全，资料真实有效	30	
约见备忘录	时间安排合理，工作程序流畅完整，资料齐备	30	
接近顾客语言设计	语言精练、经典	40	
	总分	100	
评语			

表 8-5　项目评分表（二）

评 价 项 目	评 价 要 求	分　　值	得　　分
寻找方法	用三种以上方法寻找顾客	10	
工作日志	内容记载全面、认真	20	
评价方法	方法运用得当，能根据推销品的特点确定相应的目标顾客	30	
审查报告	审查项目全面，报告叙述过程具有逻辑性，结论合理	40	
	总分	100	
评语			

三、顾客资格审查

(1) 依据收集的顾客信息，分析顾客的需求状况、支付能力、决策权限。
(2) 确定推销品的目标顾客。
(3) 撰写 500 字的顾客资格审查报告。
(4) 提交报告，由教师与其他团队评价。

应用练习：你打算如何寻找顾客？列出你的销售机会。待开发顾客：有足够的购买力；销售方的产品或服务能给对方带来的利益。

任务三　推销约见和接近

一、顾客约见

（1）团队讨论，撰写约见个人顾客的备忘录。
（2）团体讨论，撰写约见法人顾客的备忘录。
（3）确定约见对象、明确约见目的、安排约见时间、选择与确定约见地点。
（4）由团队负责人分配角色，设计电话约见场景。掌握约见顾客的方式与技巧。
（5）由教师和别的团队对电话约见评价。

应用练习：约见顾客前的准备——推销品准备。

产品特性分析如表 8-6 所示。

表 8-6　产品特性分析

项　目	特　征	优　点	利　益	证　据
性能				
外形				
用途				
材料				
耐用性				
方便程度				

你的准备：我们卖什么？我们与竞争对手有什么不同？我们的优势或卖点是什么？如果我们的价格并不是最低，顾客有什么理由买我们的产品与服务？我们知道顾客的业务与行业吗？我想好了如何与顾客沟通吗？

二、顾客接近

（1）列出准备接近的顾客名单。
（2）根据顾客的个人信息，判断顾客的类型及特点。
（3）选择接近顾客的方法与技巧。
（4）团队讨论，设计见面语。
（5）各团队展示设计的见面语，并互相点评。

应用练习：介绍产品，写出一个产品陈述，以满足顾客需要，从而接近顾客。

任务四　推销洽谈

一、洽谈方案制订

1. 根据选择的推销品制订洽谈方案

（1）洽谈方案的资料准备。通过网络、实地调查等方式掌握推销品的特点、定位、市场地位及主要竞争对手的相关信息。

（2）撰写洽谈方案。确定推销洽谈的目标；洽谈时的准备工具；洽谈的具体内容。最重要的是要选择合适的推销洽谈方法和策略。

2. 评出最优方案，团队按最优方案进行洽谈

应用练习：根据针对性、倾听性、鼓动性、参与性、诚实性原则与顾客洽谈，需要适应不同的人际沟通风格。

你的准备：
为了更好地与驾驭者（主管者型）的顾客沟通，你将如何准备和变通风格？

为了更好地与富有表情（易动感情型）的顾客沟通，你将如何准备和变通风格？

_____

_____

为了更好地与善于分析（深思熟虑型）的顾客沟通，你将如何准备和变通风格？

_____

_____

为了更好地与亲切（支持型）的顾客沟通，你将如何准备和变通风格？

_____

_____

二、洽谈过程实施

（1）各销售团队两两对应，分角色扮演推销人员和顾客，实施模拟推销。

（2）项目准备。

① 将最优方案再次完善与优化。

② 根据产品与顾客的特点，选择恰当的推销洽谈方法。

③ 推销洽谈时，关注个人形象设计及拜访等礼节。

④ 准备摄像机，对各团队的推销洽谈过程进行全程录像。

（3）项目执行。

① 各团队抽签决定模拟洽谈的出场顺序。

② 各团队布置各自项目实施场景。

③ 每一团队模拟洽谈结束后，由教师和其他团队根据评分表（见表8-7）打分。

④ 学生可以点评，教师对每个团队进行点评。

表8-7 项目评分表

评 价 项 目		评 价 要 求	分　值	得　分
方案（洽谈实施的模拟方案）	操作程序与步骤	计划周密，工具齐全，模拟准确，洽谈关键内容无遗漏，总结及时	10	
	文字表达	专业、流畅、用词准确	10	
	方法运用	合理，符合场景设计	10	

续表

评价项目		评价要求	分值	得分
模拟洽谈	礼仪	符合推销人员的礼仪要求	10	
	语言	洽谈过程中语言流畅、表述清楚、逻辑性强	20	
	方法	方法运用准确，富有成效	20	
	技巧	技巧应用灵活，现场控制力强	20	
		总分	100	
评语				

应用练习：就你所销售的产品，你打算如何与客户沟通？请按照 SPIN 提问式销售法准备你的询问问题清单。

S：情况性问题（situation questions）

目的：用来探求顾客现状的客观信息。

你的准备：

_____

_____

_____

P：难题性问题（problems questions）

目的：用来发现顾客正经历的问题或不满的问题，正是销售方能够解决的问题。

你的准备：

_____

_____

_____

_____

I：隐喻性问题（implication questions ）

目的：使顾客感受到隐藏性需求的重要与急迫性。

你的准备：

_____

_____

_____

_____

N：需求－代价的问题（need-pay off questions）

目的：让顾客产生明确的需求，以鼓励顾客将重点放在解决方案上，并明了解决问题的好处与购买利益。

你的准备：
_____
_____
_____
_____

三、顾客异议处理

（1）教师组织各团队到当地商场进行实地观察（注意事前安全教育）。

（2）各团队成员假扮顾客与营业员接触，记录营业员接待顾客的态度、举止及如何处理顾客的异议。

（3）有意识地设置购买障碍，并针对营业员处理顾客异议的方法撰写短评。

处理顾客异议评分表如表 8-8 所示。

表 8-8　处理顾客异议评分表

评价项目	评价要求	分　值	得　分
出勤表现	团队出勤情况由团队负责人评价	20	
观察记录	记录翔实	20	
障碍设置	障碍设置合理，并具备一定的专业性	30	
短评	能从处理顾客异议的原则、策略、方法等方面入手	30	
总分		100	
评语			

应用练习：回答异议练习。

真的有效果吗？
_____
_____
_____

我没有时间。
_____
_____
_____

考虑下再说。

我现在不需要。

价格太贵了。

任务五 交易达成

一、成交洽谈

1．成交准备
（1）各团队根据前期选定的推销品，准备成交方案。
（2）模拟成交场景准备。
2．项目实施
（1）各团队采用角色扮演法、情境演练法进行成交模拟，并全程录像。
（2）模拟过程中要快速识别并捕捉成交信号，灵活运用成交策略、方法及技巧。
（3）演练结束后，由学生及教师点评打分。
推销成交评价表如表 8-9 所示。

表 8-9 推销成交评价表

评价项目		评价要求	分值	得分
方案	操作程序与步骤	计划周密，工具齐全，模拟准确，交易内容全面，总结及时	20	
	文字表达	专业、流畅、用词准确	10	

续表

评价项目		评价要求	分值	得分
模拟成交	方法运用	合理，符合场景设计	10	
	礼仪	符合推销人员的礼仪要求	10	
	语言	语言流畅、逻辑清晰	20	
	信号识别	能准确识别顾客的各种成交信号	10	
	方法	成交方法运用准确、富有成效	10	
	技巧	技巧应用灵活，现场掌控自如	10	
		总分	100	
评语				

应用练习：以前面练习所确认的需要为基础，写出一个达成交易的陈述。主要目的是了解对方对价格的预期；倾听沟通信号；促成交易。

回顾利益：

下一步骤：

确认：

二、买卖合同拟订

（1）查阅买卖合同范本。
（2）根据团队的推销品及交易条件拟订一份买卖合同。
（3）学生及教师对各团队的买卖合同评价并打分。

项目评价表如表 8-10 所示。

表 8-10 项目评价表

评价项目	评价要求	分值	得分
资料查询	至少在 5 个网站查阅相关资料（记录网址）	10	
	整理的资料完备、知识性强	20	

续表

评价项目	评价要求	分值	得分
拟订合同	合同的订立符合基本原则及相关法律	10	
	买卖合同的内容、项目齐全	40	
	合同拟订格式规范	20	
总分		100	
评语			

三、售后服务

（1）根据推销品的特点，确定售后服务的种类。
（2）确定售后服务的频次。
（3）对售后服务进行抽检，增加对企业及产品的满意度。

应用练习：通过优质的售后服务，培养长期合作关系，创造重复购买机会，提高客户满意度，附加值营销。

最后，根据上述各个实训环节进行综合评价，综合评价表如表 8-11 所示。

表 8-11 综合评价表

项 目	评 分 标 准	分 值	得 分
组织、设计	场景设置、氛围、道具安排与摆放	4	
	参加人员占团队人数的 50%以上	3	
	角色分配合理、均衡	3	
推销品	推销品的选择是否有代表性，是否有特点，是否有样品	5	
寻找顾客	潜在顾客的确定方法是否恰当，准顾客是否符合条件（根据推销品的特点）	10	
推销接近	接近顾客的方法和技巧的实施情况	10	
推销洽谈	洽谈的导入、技巧和方法是否适当	15	
异议处理	处理异议的方法、技巧是否得当	15	
达成交易	能否把握有效的成交时机，成交策略和方法的运用是否得当	15	
推销现场表现	服饰及握手、接（打）电话、递（接）名片、面谈的礼节	5	
	营销理论的运用情况	5	
	演示过程的完整性	5	
综合印象		5	
合计		100	

参 考 文 献

[1] 李玮．金牌推销员的100个细节[M]．深圳：海天出版社，2005．
[2] 谭一平．推销精英的十年总结：中式推销[M]．北京：企业管理出版社，2006．
[3] 威兹，卡斯伯里．销售与顾客关系管理[M]．坦纳，胥悦红，等译．北京：人民邮电出版社，2008．
[4] 夏凯，田俊国．赢单九问[M]．厦门：鹭江出版社，2010．
[5] 刘德胜．甜言蜜语推销法[M]．西安：陕西旅游出版社，2000．
[6] 胡善珍．现代推销：理论、实务、案例、实训[M]．北京：高等教育出版社，2010．
[7] 张晓青．现代推销实务[M]．北京：地质出版社，2010．
[8] 吴健安，等．现代推销学[M]．大连：东北财经大学出版社，2006．
[9] 孟昭春．成交高于一切[M]．北京：机械工业出版社，2010．
[10] 简彩云，等．推销与谈判：原理·技巧·实务[M]．上海：上海财经大学出版社，2008．
[11] 梁洪波．现代推销实务[M]．北京：人民邮电出版社，2010．
[12] 吴金法．现代推销理论与实务[M]．大连：东北财经大学出版社，2002．
[13] 马里．世界上最伟大的推销员杰拉德的故事[M]．北京：海潮出版社，2002．
[14] 刘志敏．推销策略与艺术[M]．北京：中央广播电视大学出版社，2011．
[15] 李情民．现代推销理论与实务[M]．合肥：合肥工业大学出版社，2009．
[16] 薛辛光．实用推销技术[M]．北京：中国经济出版社，2008．
[17] 刘厚均．推销技术[M]．郑州：郑州大学出版社，2008．
[18] 易开刚．现代推销学[M]．上海：上海财经大学出版社，2008．
[19] 陈守则．现代推销学[M]．北京：机械工业出版社，2010．
[20] 龚荒．商务谈判与推销技巧[M]．北京：清华大学出版社，2010．
[21] 艾敏，刘军．推销一点也不难：掌握成功推销的技巧[M]．北京：中国宇航出版社，2008．
[22] 冯华亚．推销技巧与实战[M]．北京：清华大学出版社，2010．
[23] 张照禄．谈判与推销技巧案例评析[M]．成都：西南财经大学出版社，2009．
[24] 谢和书．推销实务与技巧：学习情境·案例分析·项目训练[M]．北京：中国人民大学出版社，2010．
[25] 张敬贤．推销理论与技巧[M]．北京：机械工业出版社，2005．
[26] 彭先坤．推销技巧[M]．北京：北京理工大学出版社，2011．
[27] 董原．商务谈判与推销技巧[M]．广州：中山大学出版社，2009．
[28] 施米特，等．谈判与冲突化解[M]．北京：中国人民大学出版社，2003．
[29] 付晓明．超级销售细节训练[M]．北京：北京科学技术出版社，2004．

[30] 邱少波．现代推销技能[M]．上海：立信会计出版社，2005．

[31] 张晓青，高红梅．推销实务[M]．大连：大连理工大学出版社，2007．

[32] 于雁翎．推销实务[M]．广州：广东高等教育出版社，2006．

[33] 刘敏兴．销售人员专业技能训练[M]．北京：中国社会科学出版社，2003．

[34] 杨子明．业务员销售技能培训金典[M]．北京：中国纺织出版社，2005．

[35] 漆浩．推销员特训教程[M]．北京：中国盲文出版社，2003．

[36] 李涤非．推销技术[M]．北京：中国劳动社会保障出版社，2008．

[37] 谢宗云．销售业务实务[M]．大连：东北财经大学出版社，2009．

[38] 熊银解．销售管理[M]．北京：高等教育出版社，2005．

[39] 肖军．推销理论与技巧[M]．长沙：湖南大学出版社，2005．

[40] 克拉姆．关键客户：如何与最有价值的客户建立有活力的关系[M]．北京：中国人民大学出版社，2005．

[41] 索布查克．销售人员电话沟通技巧[M]．刘艳霞，译．北京：电子工业出版社，2014．

[42] 王军旗．商务谈判：理论、技巧与案例[M]．北京：中国人民大学出版社，2014．

[43] 万融．商品学概论[M]．北京：中国人民大学出版社，2016．

[44] 邓超明．新零售实战[M]．北京：电子工业出版社，2018．

[45] 林望道．最伟大的推销员：原一平与乔·吉拉德的财富传奇[M]．上海：立信会计出版社，2012．

[46] 20分贝商学院．客流荒：会员制打造门店爆客与持续盈利[M]．北京：清华大学出版社，2019．

[47] 陆和平．大客户销售这样说这样做[M]．北京：中国青年出版社，2019．

[48] 孙路弘．大客户销售：能力测试与成长[M]．杭州：浙江人民出版社，2012．

[49] 陆和平．工程项目大客户销售攻略[M]．北京：北京燕山出版社，2020．